本书是2019年江苏省社科基金后期资助项目（项目编号：19HQ005）、2018年江苏省"双创计划"（"双创博士"）项目、2021年江苏大学专著出版基金项目成果

江苏大学五棵松文化丛书

乡村公共数字文化服务能力提升策略研究

Research on the Strategies to
Enhance Capability of Rural
Public Digital Cultural Services

王 锰 著

中国社会科学出版社

图书在版编目（CIP）数据

乡村公共数字文化服务能力提升策略研究/王锰著.—北京：中国社会科学出版社，2021.10

（江苏大学五棵松文化丛书）

ISBN 978-7-5203-9444-4

Ⅰ.①乡… Ⅱ.①王… Ⅲ.①农村文化—公共管理—文化工作—研究—中国 Ⅳ.①G12

中国版本图书馆 CIP 数据核字（2021）第 267352 号

出 版 人	赵剑英
责任编辑	刘晓红
责任校对	周晓东
责任印制	戴 宽

出　　版	中国社会科学出版社
社　　址	北京鼓楼西大街甲 158 号
邮　　编	100720
网　　址	http://www.csspw.cn
发 行 部	010-84083685
门 市 部	010-84029450
经　　销	新华书店及其他书店
印　　刷	北京君升印刷有限公司
装　　订	廊坊市广阳区广增装订厂
版　　次	2021 年 10 月第 1 版
印　　次	2021 年 10 月第 1 次印刷
开　　本	710×1000 1/16
印　　张	20
插　　页	2
字　　数	309 千字
定　　价	118.00 元

凡购买中国社会科学出版社图书，如有质量问题请与本社营销中心联系调换
电话：010-84083683
版权所有　侵权必究

序

  这部专著是王锰博士历经多年心血完成的一部力作，从中我看到了他的学术成长轨迹。2011年，他成为我的硕士研究生，由于在学术方面表现突出，2014年他又成为我的博士研究生。这些年来，他对学术的执着、热爱和不怕吃苦的奋斗精神，深深地感染了我的硕士、博士研究生。2017年6月毕业后，他进入江苏大学科技信息研究所从事教学和科研工作，2018年入选江苏省"双创计划"（"双创博士"）项目，2019年获批教育部人文社科项目，2020年主持国家社会科学基金项目。这些进步和成绩，是对他学术研究的莫大肯定，我作为他的授业导师备感欣慰。现在他打算出版专著，并请我写序，我很乐意，并借此机会谈一些思考和感受。

  我认为，青年研究者在科学研究中不仅要具备自我努力、自我奋进和自我超越的精神，更重要的是能在艰辛而枯燥的学术研究中找准兴趣点，并长期关注党和国家的重大战略发展趋势和现实中出现的新情况、新问题、新挑战，才能在学术研究的小领域，紧跟科学研究的大趋势，建构与之相应的学术体系、话语体系，在守正创新上实现新作为。为坚持图书馆学的守正和创新相统一，推动图书馆学平衡充分地高质量发展，南京大学信息管理学院在2018年举办了"彰显图书馆学新作为，实现守正创新新担当——新时代图书馆学学科建设与人才培养高质量发展学术论坛"。我认为随着中国特色社会主义进入新时代，中国图书馆学发展处于黄金时期。对于开展图书馆学研究和实践的工作者，要提高自觉自信，构建中国特色图书馆学学术体系和话语体系，是谋求学科长远、稳定发展的重中之重。当下，学科专业体系不断交集与融合，我们对于历经时间检验、得到认可的揭示学科的本质和规律的核心概念、范畴、命题，必须一以贯之地加以坚持和发扬，做好推动高质量发展的顶层设计和总体规划，并结合新的实践不断作出新的理论创造，培育壮大学科发展新动能。公共文化服务研究领域当然也不例外。公共文化服务研究需要准确把握科学研究中的传承创新，用发展着的理论指导不断变化的实践，永葆公共文化研究的生机与活力。

公共文化是一个社会得以存在和延续的基本要素。随着社会经济的发展，不同地域、民族和社会形态的公共文化，有着自身的特色，不断改变形式、扩大范围和增添新的内容，呈现为不同的发展形态。孔子把《诗经》的基本特点概括为"兴观群怨"，反映了《诗经》作为西周公共文化的社会功能和基本特征。在西方文明中，古希腊罗马的神话传说真实地展示了当时的宗教生活，反映了宗教文化对于人们日常生活的影响和约束。进入21世纪，"公共文化"一词的内涵在中国语境中更是有了深刻转变。《国家"十一五"时期文化发展规划纲要》首次将"公共文化服务"纳入其中，并指明了"以公共文化服务均等为原则，完善博物馆、图书馆、文化馆等公益性文化设施网络建设，加强农村公共文化服务设施建设，普及文化知识，建立公共文化发展的援助机制，鼓励社会力量兴办公益性文化事业"的路径。

随着数字化时代的到来，互联网技术的发展与变革，公共文化服务有了新的内涵，被推上新的高度。党的十八大以来，以习近平同志为核心的党中央对现代公共文化服务体系建设做出一系列重要部署，将公共文化服务体系建设作为全面建成小康社会的重要内容。《中华人民共和国公共文化服务保障法》《中华人民共和国公共图书馆法》从法律保障了公共文化服务的贯彻与实施。"乡村振兴""数字乡村"等面向重大现实问题的国家发展战略，更是对现代公共文化服务体系提出新的要求。作为现代公共文化服务体系重要组成部分的乡村公共文化服务在弥合城乡数字鸿沟、提高农民科技文化素质、培育信息时代新农民、推动乡村人才振兴方面面临着新的机遇与挑战，使公共文化服务研究有了更为丰富的学术滋养空间。

越来越多的研究者和实践工作者认为要解决乡村公共数字文化服务缺位、失位问题，需要从乡村数字设施、资源、网络、宣传、人才队伍、公众信息素养入手，以解决乡村公共数字文化服务利用率低，资源配置不平衡及其导致的数字鸿沟、数字化贫困问题。正是基于此，王锰博士以敏锐的学术嗅觉，大胆吸收交叉学科知识，在乡村公共数字文化服务研究领域取得较为丰硕的成果。到目前为止，我们还未看到以数字乡村背景下的公共文化服务能力研究为主题的学术专著出版，他算得上是一种新的尝试。《乡村公共数字文化服务能力提升策略研究》一书，整合乡村公共数字文化服务主体、资源、保障、公众信息素养、效能各要素，发挥多主体之间的互动、协同效应，开启乡村公共文化建设的新思路，丰富了乡村公共数字文化建设理论研究架构，促进了理论研究的应用转化。

数字乡村背景下的公共文化服务能力研究，一方面需要借鉴公共文化服务的理论体系和方法；另一方面则需要立足于科学研究范式的变革，逐步推进并完善跨学科、跨领域的学术交流及合作。鉴于已有研究聚焦公共文化机构、公共文化服务相关项目，侧重于从资源、技术、公众接受及使用等局部方面探究微观图书馆、文化站、农家书屋等文化机构及其服务，尚未形成统一的体系，在实践探索上也缺乏较为成熟的应用推广方案。本书以数字乡村背景下公共文化服务能力作为研究对象，针对当前乡村公共文化服务主体角色不清、功能模糊和保障机制缺失而影响服务能力的现状，识别服务中出现的不平衡不充分问题，分析其产生的原因及机理，理顺原因—结果链条，主张跨主体协作，提供必要的保障条件及建立公众参与机制，形成乡村数字文化服务能力提升策略，以满足乡村公众更高质量、更广范围、更深层次的精神文化需求，挖掘了数字乡村背景下公共文化服务能力提升作为科学研究命题的理论与实践意义。

就这部专著而言，呈现出五大较为明显的特点和优点：

第一，顺畅严密的理论逻辑。这部专著辨析数字乡村、公共文化服务、公共文化服务能力的含义、基本特征、作用，主要借鉴整体性治理、信息场等理论，对乡村公共数字文化服务态势作分析，挖掘影响要素，识别机理，揭示了乡村公共数字文化服务能力提升的模式，并进一步解析模式，开发量表，验证模式，最后针对政府和社会力量对乡村公共数字文化服务能力的差异化影响，公众服务采纳、规避、流失行为分别提出应对策略，明确数字乡村背景下公共文化服务能力的内涵，确定了研究边界，指明了乡村公共数字文化服务能力提升的方向。

第二，高屋建瓴的多元主体协同思维。这部专著提出发挥社会主体在乡村公共数字文化服务中的作用，引入整体性治理、信息场理论等理论，作为深入开展的分析工具，认为要提升乡村公共数字文化服务能力，必须从整体性治理的角度认识企业、社会组织、公众等社会主体的作用，使其充当积极的建设者角色，在分析乡村公共文化服务使用、使用满意度、持续使用行为中，在提供服务内容、完善服务保障、培育公众信息素养、评估效能中，发挥不同的作用，为数字乡村背景下的公共文化服务能力提升的模式提供了理论依据。

第三，洞悉深刻的战略行动。这部专著揭示数字乡村背景下公共文化服务能力提升的模式，明晰乡村公共数字文化服务能力涉及的主体、环境、内容、素养、效能要素，认为服务主体、服务保障、服务内容、公众信息素养、服务效能要素相互作用，形成乡村公共数字文化服务能力提升的模式。其中，主体要素包括政府、文化单位、社会组织、企业、公众，保障要素包括经济、目标、制度、能力、动力保障，内容要素包括产品、活动类因素，素养要素涉及公众信息意识和信息技能，服务效能要素体现了公众对服务的使用及满意度情况。这些内容都在实证研究中得到详细阐释。

第四，科学合理的问题解决方案。这部专著认为要重视公众信息素养因素，指出乡村公共文化服务能力提升的两条路径：一个是政府和社会主体通过服务内容作用于信息素养，进而影响服务效能；另一个是政府和社会主体依次作用于服务保障、公众信息素养进而影响服务效能。这两条路径都与公众信息素养因素密切相关，公众信息素养与服务内容、服务主体、服务效能共同成为数字乡村背景下公共文化服务能力提升模式的重要组成部分。

第五，具体入微的实施路径。这部专著主张从"人"的发展视角来看待和解决乡村公共数字文化服务中出现的问题，提出了能力提升策略。这部专著基于乡村公共数字文化服务能力提升的模式，结合我国乡村公共数字文化服务的具体情况，探究政府和社会主体对乡村公共数字文化服务能力的差异化影响，针对乡村公共数字文化服务中公众信息行为问题，比如采纳行为、规避行为、流失行为，都提出了应对策略。

这部专著虽说是初步的探索和尝试，但是从数字乡村背景下的公共文化服务的基本问题入手，借助于多理论视角，形成乡村公共数字文化服务能力提升的模式及实施路径，鲜明地体现出作者对这一新的议题的学术功力和独特视角，内容丰富，结构严谨，引证完整，体现了作者求实创新的治学态度与较高的学术水平。对于公共文化机构而言，这部专著挖掘的要素机理有助于科学地定位乡村公共文化服务内容，培养服务人员专业素养，提升公共文化服务管理水平，设计的路径也能在很大程度上提升公众的获得感、满足感和体验感。从社会的角度，数字乡村背景下的公共文化建设是保障公民基本文化权益、满足公民基本文化需求的有效途径，也是提高中国特色社会主义文化治理能力的必然要求。我希望王锰博士以此专著出版为契机，在未来科学研究的艰辛征途中，以科学的态度和严谨的精神深耕公共文化基础理论及其应用领域，为国家、地方发展和人民美好生活贡献科学智慧。

我是王锰博士的硕士生导师和博士生导师，缘于这层学缘关系，我早于读者看到这部关于乡村公共数字文化服务能力提升策略研究的专著。作为一名研究者，我非常高兴地看到年轻学者关心和关注转型时期公共文化服务领域发展面临的公共问题和挑战，展开深入细致的研究，形成高质量、有分量的学术成果。出于以上原因，我写下了上述文字，向广大同人推荐这部著作。

是为序。

南京大学信息管理学院教授、博士生导师
教育部图书馆学教学指导委员会副主任委员

2021 年 4 月 20 日

前　言

　　文化是一国综合国力的象征，也是民族凝聚力和创造力的重要源泉。在数字技术环境下，文化的产生和传播已超越地缘的限制，在世界范围内加速流动和碰撞。公共文化服务是普及群众文化的重要载体，是弥合城乡数字鸿沟，提高民众素质的一种"平台"，也是实现公众基本文化权利、支持终身学习的有效方式。2019年5月，中共中央办公厅、国务院办公厅印发《数字乡村发展战略纲要》，指出农村信息服务存在顶层设计缺失、资源统筹不足、基础设施薄弱、区域差异明显等问题，亟须进一步发掘信息化在乡村振兴中的巨大潜力。并强调要着力弥合城乡"数字鸿沟"，培育信息时代新农民。2020年11月，《中共中央关于制定国民经济和社会发展第十四个五年规划和二〇三五年远景目标的建议》把乡村建设摆在社会主义现代化建设的重要位置，提高农民科技文化素质，推动乡村人才振兴。这体现了党和国家对推进乡村发展的持续探索，抓住了乡村文化振兴与乡村振兴的关系本质，指明了中国乡村振兴的重要实现举措，是新时代推动乡村振兴的必然选择。乡村文化振兴具有丰富的内涵，在理论、政策以及应用层面有许多问题值得研究，必须对它作多角度、全方位的系统分析，建立有效、可持续的发展体系，这既是重要的理论课题，也是迫切的时代课题。

　　随着数字技术的发展和网络环境的形成，公共数字文化服务以满足社会公共文化需求为目的，以政府公共财政为支撑，以数字化资源为依托，以网络化传播为载体，向全体社会公众提供产品和服务，是信息技术环境下提高公共文化服务水平的重要途径。在公共文化服务日趋深入的同时，乡村公共数字文化服务出现缺位、失位问题，乡村数字设施不齐全，资源更新滞后，网络不畅，公众信息素养较低，再加上工作人员专业性不强，服务宣传不到位导致乡村公共数字文化服务利用率低下出现文化资源不平等、数字鸿沟、数字化贫困等问题，不能有效满足公众的文化信息需求，因而需要进一步从保基本、兜底线、促公平等多重角度加强乡村公共文化服务研究，以发挥其对于数字乡村和乡村振兴的基础支撑作用。

回顾乡村公共文化服务方面的文献，这些研究涉及政治学、管理学、心理学等跨学科领域，主题大多集中在公共文化机构、公共文化服务相关项目。从视角看，专门研究农村地区的研究较少，其中多以落后地区作为分析对象。多数成果从资源、技术、公众接受及使用等方面探究具体的图书馆、文化站、农家书屋等文化机构及其服务，从将乡村公共文化服务作为内核作系统性研究的成果尚少。从内容看，面对文化生存和发展的经济基础、体制环境、社会条件等外部环境的变化，为满足公众的多层次文化需求，相较于国外多无主体共同参与的公共文化服务模式，国内多注重局部要素的驱动，对于主体、服务、保障等多种要素之间的关系把握不够，对多种要素与社会环境的关系认知仍存在不足，缺乏跨学科层面的理论整合和实践应用型代表性成果，仍需要进一步理顺逻辑关系，发挥理论对于实践的指导作用。

面对新时代数字乡村背景下的乡村公共文化服务这一崭新课题，本书强调理论结合实践，以乡村公共数字文化服务能力提升为研究对象，从宏观理论范式层面，到微观的应用实践层面，再到具体实施层面，逐层深入探索，剖析数字乡村背景下的公共文化服务现状、建设内容、建设效果，提出乡村公共数字文化服务能力提升的差异化路径以及行动方案。

《乡村公共数字文化服务能力提升策略研究》共十一章，分为五个部分：

第一部分是理论整合研究，包括第一章和第二章。采取文献调研法，对国内外相关文献、实践案例作收集与分析，梳理和比较已有成果的研究思路、方法，明确研究范畴，建立研究框架，为综述和总体研究框架的建立作铺垫。

第二部分是问题特征与机理研究，包括第三章和第四章。基于基本概念、成熟的理论依据，从典型性和代表性的角度选取政策文本与调查样本，扎根分析乡村公共数字文化服务的突出问题，对现象作揭示，得出乡村公共数字文化服务的影响因素及其内在机理。

第三部分是模式研究，包括第五章。从多学科视角出发，对相关要素作提炼和整合，同时利用乡村公共数字文化服务的影响机理研究的成果，再采取专家访谈法和开放式访谈法，解析公共数字文化服务的关键影响要素内涵，分析要素之间的关系，并提出研究假设。

第四部分是模式验证和建构研究，包括第六章和第七章。进一步采取行动研究范式开发量表，在问卷设计上采用李克特量表，数据采集上采用抽样技术，利用定量分析工具处理数据，验证多元影响因素的逻辑关系，发现数字乡村背景下公共文化服务能力提升模式。

第五部分是提升策略研究，包括第八章、第九章、第十章和第十一章。进一步通过田野调查、问卷调查获取乡村公共数字文化服务的客观数据，使用定性比较分析法，揭示多种不同影响因素组合导致公众不同行为，从公众采纳、规避、流失方面对乡村公共数字文化服务背后的机理作深层次挖掘，提出差异化路径以及行动方案，促进乡村公共数字文化服务能力的有效提升。

本书认为，研究主体和客体需要统一到乡村公共数字文化服务能力提升研究中。乡村公共数字文化服务不足的一个重要原因是供需不平衡不充分，当前研究主体与客体的分离又使得理论与实践脱节。所以，如何在公共数字文化服务使主体和客体"在场"，是有效地解决公共数字文化服务供需问题的重要路径。乡村公共数字文化服务能力提升是一个宏观的社会现象，需要研究者、服务人员、公众全面参与，才能有效避免观点没有实践支撑，及过分关注理论和概念而忽视具体实践问题的情况发生。

本书认为，乡村公共数字文化服务能力提升模式的提出需要以公众基本文化需求为导向。乡村公共数字文化服务研究只有贴近乡村公众这一目标群体及其服务使用现实情况才能更深入理解研究对象的意义建构。乡村公共数字文化服务是一个链条，在研究中可以借鉴整体性治理理论、信息场理论等，将乡村公共数字文化服务公众使用动因研究与特

乡村公共数字文化服务能力提升策略研究

征机理研究有效结合，通过公共文化机构服务人员与研究者、服务人员与公众、研究者与公众的交流与合作，对访谈和调研的主客观数据作深入分析，提炼主体、内容、保障、素养、效能要素及其机理，才能揭示研究的层次，形成科学的乡村公共数字文化服务能力提升模式。

本书认为，乡村公共数字文化服务模式中要素之间的关联互动显现整体协同效应。乡村公共数字文化服务能力提升模式的提出，整合了主体、资源、内容方面的研究成果，同时突出了公众信息素养这个关键变量，为公共数字文化服务研究提出了更加深入、全面的整体性研究框架。同时，模式将社会主体引入公共数字文化服务的研究范畴，为服务效能成因分析以及能力提升研究提供相对有效、更具操作性的分析方法，进而丰富和发展了公共文化服务的内涵和外延。模式中公众信息素养要素的引入，更能拟合数字乡村情境下行为主体在技术接受方面所表现出的认知过程与行为差异。

本书力图充分获取和利用第一手资料和数据，对乡村公共数字文化服务发展情况开展实地考察和调研，并作实证研究，以使提出的差异化实施路径更具可操作性。这些尝试明确了乡村公共数字文化服务能力建设在我国数字乡村战略推进中的作用，为乡村公共文化发展战略部署和策略制定提供了参考和借鉴，具有极强的应用和推广意义。

由于研究场域，合作者、团队、资金、技术、时间等研究资源条件的限制，乡村公共数字文化服务能力提升模式及策略的实证研究尚未全面展开，乡村公共数字文化服务能力提升的战略发展环境分析仍需要结合不同地区社会主体的具体情况，结合参与方式和作用发挥过程作进一步研究，以使实证成果与研究情境更为契合，在最大程度上将成果转化为具有较强应用性的操作步骤和行动方案，增强本成果的生命力。

本书的出版，首先要感谢郑建明教授和陈雅教授长期以来的鼓励、关怀、提携，从他们的身上我看到了"坚守"与"创新"的学术品格，他们的治学态度、工作作风和处事风格都是我追求和奋斗的目标。本书在修改和完善过程中蒋琳萍、华钰文、田一、钱婧、朱晟颖、孙红蕾、马岩等付出较大心力，没有他们的帮助，本书肯定会逊色不少。此外，江苏省内的国家级和省级公共文化服务示范区中公共文化机构的管理人员、工作人员和当地群众在田野调查中积极参与和协作，本书在写作过程中引用了大量的国内外相关学术成果。在此向他们表示衷心的感谢。

本书出版同时得到2019年江苏省社科基金后期资助项目（项目编号：19HQ005）、2018年江苏省"双创计划"（"双创博士"）项目、2021年江苏大学专著出版基金项目的支持，也得到浙江传媒学院傀静秋副教授的鼎力帮助。当然，本书的最终出版是得益于中国社会科学出版社的刘晓红老师及其他工作人员，他们的大力支持和敬业、高效、出色的工作，给本书增色良多。在此一并表示最诚挚的谢意。

由于个人学术水平有限，谨请各位专家、学者对本书的不当之处予以谅解，对笔者不吝赐教。

王　锰

2021年9月15日于京口扬子江畔

目　录

第一章　绪论 ·· 1

　　第一节　国家公共文化服务体系的提出 ·· 1
　　第二节　公共文化服务体系的社会化构建 ··· 3
　　第三节　数字乡村背景下的公共文化服务定位 ······································· 4
　　第四节　乡村公共数字文化服务的研究对象与研究问题 ·························· 5
　　第五节　乡村公共数字文化服务能力的研究内容与研究
　　　　　　思路 ··· 7

第二章　乡村公共文化服务研究现状 ·· 10

　　第一节　乡村与公共文化服务 ·· 10
　　第二节　乡村公共文化服务供给主体 ··· 11
　　第三节　乡村公共文化服务政策应用 ··· 13
　　第四节　乡村公共文化服务需求偏好 ··· 14
　　第五节　乡村公共文化服务满意度 ·· 16
　　第六节　乡村公共文化服务研究总结 ··· 18
　　第七节　本章小结 ·· 21

第三章　乡村公共数字文化服务能力研究的主要相关理论 ·········· 22

　　第一节　数字乡村背景下公共文化服务能力概念辨析 ···························· 22
　　第二节　整体性治理理论和应用 ·· 27
　　第三节　信息场理论和应用 ·· 32
　　第四节　社会认知理论与压力应对理论及应用 ······································· 38

第五节　刺激—有机体—反应理论与认知负荷理论及
　　　　应用 …………………………………………… 39
第六节　本章小结 ………………………………………… 42

第四章　乡村公共数字文化服务能力建设的态势 ……… 43

第一节　乡村公共数字文化服务能力建设分析………… 43
第二节　乡村公共数字文化服务能力的研究设计……… 46
第三节　乡村公共文化服务示范区政策文本分析……… 47
第四节　乡村公共文化服务示范区访谈文本分析……… 51
第五节　乡村公共数字文化服务能力的研究发现……… 54
第六节　乡村公共文化数字服务能力提升的理论框架… 77
第七节　本章小结 ………………………………………… 79

第五章　乡村公共数字文化服务能力提升模式的要素解析 ……… 81

第一节　乡村公共数字文化服务环境情境……………… 83
第二节　乡村公共数字文化资源供给情境……………… 84
第三节　乡村公共数字文化服务供给情境……………… 84
第四节　乡村公共数字文化服务使用情境……………… 86
第五节　乡村公共数字文化服务情境与公众使用行为… 87
第六节　乡村公共文化数字服务能力提升模式的
　　　　研究假设 ………………………………………… 89
第七节　本章小结 ………………………………………… 94

第六章　乡村公共数字文化服务能力提升模式的量表开发 ……… 95

第一节　乡村公共数字文化服务能力量表开发计划…… 98
第二节　乡村公共数字文化服务能力量表开发行动…… 101
第三节　乡村公共数字文化服务能力量表考察………… 105
第四节　乡村公共数字文化服务能力量表评估与反思… 108
第五节　乡村公共数字文化服务能力量表形成………… 116
第六节　本章小结 ………………………………………… 116

第七章　乡村公共数字文化服务能力提升模式的实证分析 ……… 118

第一节　乡村公共数字文化服务能力的样本数据采集 ……… 118

第二节　乡村公共数字文化服务能力的样本分析 ……… 119

第三节　乡村公共数字文化服务能力的数据内在质量检验 ……… 130

第四节　乡村公共文化数字服务能力的结构方程模型构建 ……… 132

第五节　乡村公共文化数字服务能力提升模式的研究发现 ……… 138

第六节　本章小结 ……… 146

第八章　政府和社会力量对乡村公共数字文化服务能力的差异化影响及应对 ……… 147

第一节　政府、社会力量与乡村公共数字文化服务能力 ……… 147

第二节　政府和社会力量对服务能力影响的研究设计 ……… 150

第三节　政府和社会力量对服务能力影响的研究过程与结果 ……… 154

第四节　政府和社会力量对服务能力影响的研究发现 ……… 161

第五节　乡村公共数字文化服务公众采纳行为的自我归因 ……… 165

第六节　乡村公共数字文化服务公众采纳行为的激发策略 ……… 177

第七节　本章小结 ……… 181

第九章　乡村公共数字文化服务中公众信息规避行为及应对 ……… 182

第一节　乡村公共数字文化服务信息规避行为 ……… 183

第二节　乡村公共数字文化服务信息规避行为的研究设计 ……… 184

第三节　乡村公共数字文化服务信息规避行为研究的

过程与结果 ………………………………………… 187

第四节　乡村公共数字文化服务信息规避行为模式的
构建 ………………………………………………… 191

第五节　乡村公共数字文化服务信息规避行为的
研究发现 …………………………………………… 196

第六节　乡村公共数字文化服务信息规避行为的
生成逻辑 …………………………………………… 197

第七节　乡村公共数字文化服务信息规避行为的
应对策略 …………………………………………… 207

第八节　本章小结 ………………………………………… 214

第十章　乡村公共数字文化服务中公众流失行为及应对 ……… 215

第一节　乡村公共数字文化服务中流失行为 …………… 215

第二节　乡村公共数字文化服务中公众流失行为
研究设计 …………………………………………… 218

第三节　乡村公共数字文化服务中公众流失行为的
研究过程与结果 …………………………………… 220

第四节　乡村公共数字文化服务中公众流失行为模式的
构建 ………………………………………………… 224

第五节　乡村公共数字文化服务中公众流失行为的
研究发现 …………………………………………… 228

第六节　乡村公共数字文化服务中公众流失行为的
生成逻辑 …………………………………………… 229

第七节　乡村公共数字文化服务中公众流失行为的
应对策略 …………………………………………… 244

第八节　本章小结 ………………………………………… 246

第十一章　协同提升乡村公共数字文化服务能力 ……………… 247

附录 A　访谈提纲 ………………………………………………… 254

目　录

附录 B　调查问卷 ·· 257

参考文献 ··· 275

第一章

绪 论

公共文化服务体系建设与发展是文化大发展大繁荣的重要方向，关系到综合国力竞争和国家文化软实力，也关系到国家和民族的伟大复兴，是我国发展文化事业的必然。加强公共文化服务体系建设，是繁荣发展社会主义先进文化、构建社会主义和谐社会的必然要求，是实现好、维护好、发展好人民群众基本文化权益的主要途径。

第一节 国家公共文化服务体系的提出

公共文化服务体系的提出是党和国家关于新时期文化的国家战略。2005年11月召开的党的十六届五中全会明确提出要"积极发展文化事业和文化产业，加大政府对文化事业的投入，逐步形成覆盖全社会的比较完备的公共文化服务体系"。[1] 中共中央政治局于2006年6月召开会议，研究加强公共文化服务体系建设，要求各级党委和政府要深刻认识公共文化服务体系建设的重要意义，把公共文化服务体系建设放在全局工作的重要位置，切实加强领导，建立健全工作机制，加大投入力度，完善投入机制，加强队伍建设，有重点分阶段地

---

[1] 中国共产党第十六届中央委员会第五次全体会议：《中共中央关于制定国民经济和社会发展第十一个五年规划的建议》，http://www.gmw.cn/01gmrb/2005-10/19/content_319036.htm。

把公共文化服务体系建设抓紧抓好。① 2007年10月，党的十七大第一次全面论述文化的重要性，提出推动社会主义文化大发展大繁荣。党的十七大报告指出："当今时代，文化越来越成为民族凝聚力和创造力的重要源泉、越来越成为综合国力竞争的重要因素，丰富精神文化生活越来越成为我国人民的热切愿望。要坚持社会主义先进文化前进方向，兴起社会主义文化建设新高潮，激发全民族文化创造活力，提高国家文化软实力，使人民基本文化权益得到更好保障，使社会文化生活更加丰富多彩，使人民精神风貌更加昂扬向上"，明确突出"覆盖全社会的公共文化服务体系基本建立"这一新目标，并将其视为"保障人民基本文化权益的主要途径"。

为进一步推进公共文化事业，2011年3月，《中华人民共和国国民经济和社会发展第十二个五年规划纲要》提出深化文化体制机制改革，创新文化内容形式，繁荣发展文化事业，坚持一手抓公益性文化事业、一手抓经营性文化产业，始终把社会效益放在首位，实现经济效益和社会效益有机统一，增加公共文化产品和服务供给，建立健全公共文化服务体系，为公益性数字文化建设提供制度安排和保障。在此基础上，在财政部的大力支持下，文化部在"十二五"期间制定、出台以公益性文化建设为内容的指导意见，以推动、加强公益性数字文化建设，继续实施文化共享工程、数字图书馆推广工程、公共电子阅览室建设计划三大文化惠民工程。2013年11月，党的十八届三中全会首次提出"构建现代公共文化服务体系"。公共文化的数字化服务是体现标准化、均等化内涵与特征的"现代"服务方式。2015年1月，中共中央办公厅、国务院办公厅印发《关于加快构建现代公共文化服务体系的意见》②，从推进公共文化服务与科技融合发展、创新公共文化管理体制和运行机制、加大公共文化服务保障力度等七个方面放宽准入条件，引导社会力量参与公共文化资源建设和服务应用。配

---

① 新华网：《研究加强公共文化服务体系建设》，http://news.xinhuanet.com/politics/2007-06/16/content_6250508.htm。
② 新华网：《中办、国办印发〈关于加快构建现代公共文化服务体系的意见〉》，http://news.xinhuanet.com/2015-5-01/14/c_1113996696.htm。

套公布的《国家基本公共文化服务指导标准（2015—2020年）》，明确公共文化服务的具体方向。2015年6月，文化部办公厅印发《文化部公共数字文化工程管理办法》，对公共数字文化工程的工作机制、责任机构和职责、实施管理、重点任务、评价以及考核奖惩等方面作明确规定，并明确数字图书馆推广工程重点建设与公共文化服务相适应的资源。为进一步从体系建设上深化公共文化服务，丰富人民群众精神文化生活，促进中华优秀传统文化的传承，2017年3月1日起《中华人民共和国公共文化服务保障法》施行。2018年2月，中央一号文件提出实施"数字乡村"战略，做好整体规划，开发适应"三农"特点的信息技术、产品、应用和服务[1]，2019年5月，中共中央办公厅、国务院办公厅印发《数字乡村发展战略纲要》，指出要着力弥合城乡"数字鸿沟"，培育信息时代新农民。[2] 2020年11月，《中共中央关于制定国民经济和社会发展第十四个五年规划和二〇三五年远景目标的建议》把乡村建设摆在社会主义现代化建设的重要位置，强调要提高农民科技文化素质，推动乡村人才振兴。[3]

第二节 公共文化服务体系的社会化构建

公共文化服务体系涵盖公共文化基础设施建设体系，包括图书馆、博物馆、美术馆、文化馆（站）、群众艺术馆、影剧院等公共文化机构，也包括网络、设施设备、现代服务手段；公共文化组织管理体系，涉及政策法规、管理领导、人才与队伍建设、经费保障等方面；公共文化活动体系，包括公共文化需求、活动内容、形式、服务

---

[1] 新华社：《中共中央 国务院〈关于实施乡村振兴战略的意见〉》，http://www.moa.gov.cn/xw/zwdt/201802/t20180205_6136402.htm。

[2] 新华社：《中共中央办公厅 国务院办公厅印发〈数字乡村发展战略纲要〉》，http://www.gov.cn/zhengce/2019-05/16/content_5392269.htm。

[3] 人民网：《中共中央关于制定国民经济和社会发展第十四个五年规划和二〇三五年远景目标的建议》，http://cpc.people.com.cn/n1/2020/1104/c64094-31917780.html。

项目①体系。在公共文化服务体系中，公共文化服务不但作为必备的基础设施占主体地位，而且在公共文化组织管理体系中发挥智囊职能，体现重要的支撑作用，特别是在公共文化活动体系中，更是凸显引领作用，体现了繁荣文化活动的核心地位。

随着国家"知识工程""共享工程""创新型国家战略"的大力实施，文化大繁荣大发展的实践目标要求公共文化机构进一步明确自身战略定位，为创新公共文化服务做出更大贡献。② 公共文化机构作为其中的重要组成部分被高度重视，正以公共文化服务中心的方式介入国家文化战略。公共文化机构本身是一个文化象征，体现了文化水准、文化特征、文化模式以及文化个性，在文献收藏、信息传递、文化普及、文化传统延续方面发挥着重要的社会作用，体现了物质文化、制度文化与精神文化的统一，是不可缺少的文化要素，在为公众提供文化服务中，展现了文化的独特魅力。

第三节　数字乡村背景下的公共文化服务定位

数字乡村是伴随网络化、信息化和数字化在农业农村经济社会发展中的应用，以及农民现代信息技能的提高而内生的农业农村现代化发展和转型进程。2015年7月，国务院发布《积极推进"互联网+"行动的指导意见》，将"互联网+"行动发展重点放在"互联网+"和创新与创业、现代农业等方面，鼓励创新创业、培育新业态等。2016年7月，中共中央办公厅、国务院办公厅印发《国家信息化发展战略纲要》，2018年2月，中央一号文件《中共中央国务院关于实施乡村振兴战略的意见》提出实施"数字乡村"战略，做好整体规划，开发适应"三农"特点的信息技术、产品、应用和服务，弥合城

---

① 柯平等：《构建我国基本公共文化服务体系研究》，《国家图书馆学刊》2015年第2期。

② 柯平：《图书馆战略规划研究的时代背景与理论视角》，《图书馆工作与研究》2010年第2期。

乡数字鸿沟。2018年9月,中共中央办公厅、国务院办公厅印发《乡村振兴战略规划(2018—2022年)》,2019年5月,中共中央办公厅、国务院办公厅印发《数字乡村发展战略纲要》,这些文件具体而深入,从国家战略的高度推动乡村全面发展。

乡村公共文化服务本身是普及群众文化的重要载体,是提高公众素质的一种平台,也是实现基本文化权利、支持终身学习的有效方式。[①] 数字乡村背景下公共文化服务必须明确文化事业的公益性,文化产品或服务的公共性。从文化发展的基本脉络看,文化事业发展经历了重构初期的混乱、自发、无序状态时期,公共和市场的边界以及文化事业职能等界定模糊的发展时期,明确区分文化产业和文化事业的二元发展格局时期。文化产业和文化事业发展格局的划分,为明确新时期我国文化发展的概念和形式指明了方向。可以说,自觉构建相对于文化产业概念的文化事业、公共文化服务体系的概念和发展格局,一方面能更好地定位乡村文化事业的角色,另一方面有利于重新定位不能被产业化的公共文化领域、功能和发展路径。那么数字乡村背景下的公共文化服务包括什么内容,公共文化产品和服务的合理收费与盈利如何界定,如何保障公众的基本文化需求这一公共文化服务目标都需要作进一步探讨。

第四节 乡村公共数字文化服务的研究对象与研究问题

一 研究对象

公共数字文化服务表现为以满足公众的基本数字文化需求为目标,以国家财政投入为主,以数字化资源、智能化技术、实体化管理、网络化传播、泛在化服务为表现形式,是追求均等、公开、普惠

[①] 王冰:《文化立市战略下公共图书馆事业发展思考》,《中国图书馆学报》2005年第5期。

的同时又体现透明、互动的一种文化服务范式。当前公共数字文化服务取得较大进展，但是系统论述乡村公共数字文化服务的论著明显缺乏，已有的相关研究成果倾向于针对实践中存在的某一具体问题，比如资金保障，农家书屋建设，文化惠民工程满意度等作研究。这些研究没有兼顾乡村的历史文化传统，也没有关注乡村社会文化组织的运行，同样没有涉及农民参与文化活动积极性低，文化活动参与度不足等问题，导致研究结论对乡村公共文化服务能力的提升作用有限。即使发达国家在公共文化服务相关研究方面比较成熟，实践也取得了一定的成效，但是国外的情况与我国的乡村现实差异较大，其公共文化服务的研究成果必须与我国具体实际相结合才能更好地为我所用，切实解决我国乡村公共文化服务的典型问题。本书以乡村公共数字文化服务能力作为研究对象，探讨乡村公共文化服务能力相关研究的背景、现状，梳理当前服务中出现的典型问题，发现问题生成逻辑，理顺原因—结果链条，最终挖掘数字乡村背景下公共文化服务能力提升作为科学研究命题的理论与实践意义。

二 研究问题的提出

随着国家加快推进公共文化服务与科技融合发展、创新公共文化管理体制和运行机制、加大公共文化服务保障力度，引导社会力量参与公共文化资源建设和服务[1]，以及对公共数字文化工程的工作机制、责任机构和职责、实施管理等作明确规定[2]，并从体系建设上深化公共文化服务，丰富人民群众精神文化生活[3]，乡村公共文化服务迎来数字化、网络化、智能化融合发展的契机，数字一体化能力得到极大提升。然而政府和社会主体角色定位不合理，分工不明确，导致资金、人才、法制等保障协调机制不完善，乡村公众反馈机制缺失，制

---

[1] 新华网：《中办、国办印发〈关于加快构建现代公共文化服务体系的意见〉》，http://news.xinhuanet.com/2015-5-01/14/c_1113996696.htm。

[2] 文化和旅游部：《文化部印发〈文化部公共数字文化工程管理办法〉》，https://www.mct.gov.cn/whzx/bnsj/ggwhs/201506/t20150630_764891.htm。

[3] 新华社：《中华人民共和国公共文化服务保障法》，http://www.gov.cn/xinwen/2016-12/26/content_5152772.htm。

约了乡村公共数字文化服务的进一步发展。

在我国,乡村公共文化服务一般由政府主导,实施流程为自上而下,层层落实,从中央到基层政府,再由基层政府提供给公众。但是,乡村文化管理部门与服务机构倾向于把公共文化建设当作行政任务,其服务的内容和项目往往紧跟上级政府的规定,造成公共文化服务过程缺少公众的参与,公众的实际需求不能得到有效的满足,导致公共文化服务能力得不到充分发挥。在当前的乡村公共数字文化服务背景下,公众的基本文化权利得到扩展,但是传统文化管理造成的弊端在乡村仍然存在,公众参与度不足的现象很常见[1],社会力量在公共文化建设方面的优势和积极作用没有得到发挥,加上乡村公共文化服务内容供给不明确,服务保障不到位,这都极大影响乡村公共文化服务的高质量发展。因此,本书的主要问题如下:

数字乡村背景下公共文化服务的内涵是什么?

当前乡村公共数字文化服务存在什么突出的问题,以及这些问题产生的原因是什么?

哪些关键因素将影响乡村公共数字文化服务能力?这些因素之间有何关联?能否成为一个模式?

如何系统提升乡村公共数字文化服务能力,推动我国乡村公共文化服务高质量发展?

第五节 乡村公共数字文化服务能力的研究内容与研究思路

一 研究内容

本书按照提出问题、分析问题、解决问题的逻辑思路作研究和论证。首先,作问题诊断。通过对国内外乡村公共文化服务实践和研究文献作梳理与分类,包括理念、方法与手段等的梳理、分析和比较,

---

[1] 李少惠:《转型期中国政府公共文化治理研究》,《学术论坛》2013年第1期。

为乡村公共数字文化服务能力提升的模式发现提供支撑；对乡村公共数字文化服务的实践障碍作分析，进而发现研究方向。其次，对相关概念辨析，包括数字乡村、公共文化服务、公共文化服务能力的含义、特征，以确定乡村公共文化服务的边界。同时，引入相对成熟的理论作为理论基础，包括信息场理论、整体性治理理论、社会认知理论、压力应对理论、刺激—有机体—反应理论、认知负荷理论等，为本书的理论框架建立、实证分析，以及策略推导提供理论判据。再次，对乡村公共数字文化服务模式构成及要素特征、要素间的逻辑关系作分析和验证。最后，根据以上分析，针对乡村公共数字文化服务中的典型问题，比如对政社主体联动、公众自我归因、公众采纳、规避及流失行为作探索和方案设计，提出数字乡村背景下的公共文化服务能力提升的差异化实施路径。

二 研究思路

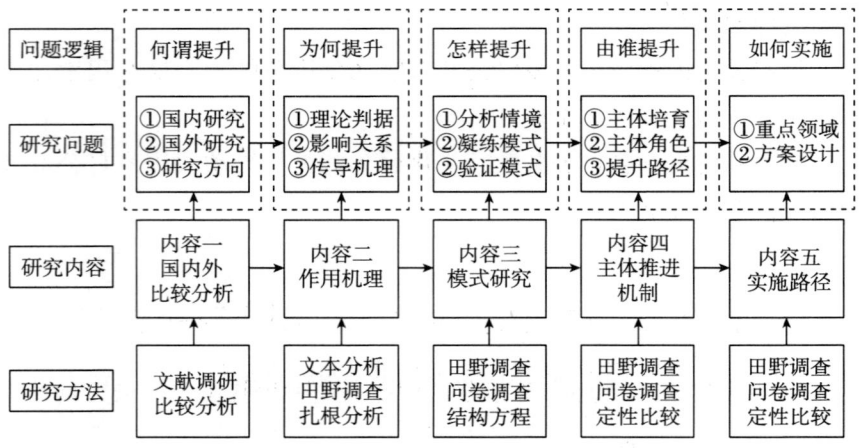

图1-1 乡村公共数字文化服务能力的研究思路

本书从乡村公共数字文化服务中出现的问题出发，借助于理论整合和实践分析，层层深入主题，探讨如何促进乡村公共文化服务高质量发展。具体方法应用如下：

在理论整合阶段，采取文献调研法，收集与分析国内外相关文献、实践案例，梳理和比较已有成果的研究理论、思路、方法，建立研究框架，明确研究范畴，为综述和总体研究框架的建立作铺垫。

在问题特征与机理分析中，基于成熟的理论，通过田野调查，从典型性和代表性的角度选取公共数字文化服务对象，针对不同类型公共数字文化服务问题采集公众反馈数据作文本数据提取，在乡村公共文化服务的问题诊断、要素识别等环节作扎根分析，逐步概念化和范畴化，对现象作揭示，得出乡村公共数字文化服务的影响因素及其内在机理。

在模式探索阶段，从多学科视角出发，对环境、资源、服务、使用相关情境要素作提炼和整合，同时利用乡村公共数字文化服务的影响机理研究的成果，解析公共数字文化服务的模式内涵，分析主体、资源、保障、素养、效能要素内涵、要素之间的影响关系，并提出研究假设及概念模型。

在验证和建构研究阶段，进一步采取行动研究范式开发量表，在问卷设计上采用李克特量表化，数据采集上采用抽样技术，利用定量分析工具处理数据，构建结构方程模型，分析诸多影响因素的相互关系，实现对路径解释度的挖掘，从而验证相关假设，发现数字乡村背景下公共文化服务能力提升模式。

在策略供给阶段，通过田野调查、问卷调查获取乡村公共数字文化服务的客观数据，考虑到采集时间、范围，以及结构化和半结构化数据处理方式的不同，使用定性比较分析法，以构型思想为基础，分析解释变量不同组合所构成的多重并发因果关系，揭示多种影响因素组合所导致的公众不同信息行为，从公众采纳、规避、流失方面研究典型问题，比较分析不同环境的影响，对乡村公共数字文化服务各层面出现的问题以及背后的机理作深层次挖掘，提出差异化路径，在一定程度上减少主观性分析的负面影响，促进差异化路径的有效实施。

第二章

乡村公共文化服务研究现状

随着数字技术与公共文化服务的深度融合，公共数字文化服务在范围上大为拓展，多种公共文化机构类型以合作的方式类聚、融合、重组并集成分散、异构的数字资源，为公众提供公共数字文化设施、产品以及其他相关服务。当前学者从公共文化服务普遍、开放、共享及平衡充分的角度开展乡村公共文化服务的研究逐渐增多，针对公共文化服务的基本概念、供给主体、服务模式、体系构建形成诸多观点。本章的主要目的是通过文献调研，梳理国内外乡村公共数字文化服务相关研究的最新进展，为后续明确概念内涵和外延，进一步明确研究方向奠定基础。

本部分采用文献调研法，以国外数据库（WOS、LISA、PQDT）和国内数据库（中国知网、万方）为信息源，以"公共文化服务""乡村"等为主题词作组配检索。考虑到公共文化服务主题复杂，本书作扩词处理：根据内涵，从形式和类型上将公共文化机构拆分成图、博、档、文建设以及数字图书馆项目和推广工程。同时被纳入的还有移动、手机、云图书馆，公共图书馆微博、微信、云平台服务应用于公共文化服务的相关成果。

第一节 乡村与公共文化服务

与中国乡村振兴战略类似，国外也作了乡村复兴、乡村建设、乡村再造等政策实践和研究①，体现在农村金融扶持、乡村产业扶持、乡村治理和政府政策干预②③等主题。结合 Samuelson④ 对公共产品的界定，文化服务也是一类重要的公共产品，并以之为理论起点，后续研究逐步关注到公共文化服务模式、经济社会效益、政府责任等方向。

国内学者的研究起步较晚，"公共文化服务"概念于 2005 年被正式提出，之后诸多学者从不同角度作研究。张哲⑤从我国公共文化服务体系建设的角度认为政府应发挥主导作用，注重多元化投入，优化现有资源的配置方式；刘俊生⑥发现，政府在公共文化服务体系中居于主导地位，企业、社会组织等其他主体的积极作用也不断显现；柯平等⑦认为，目前尚未形成统一的基本文化服务共识，对于如何构建公共文化服务体系仍需要深入研究。

第二节　乡村公共文化服务供给主体

乡村公共文化服务是公共文化建设的领域之一，发挥着保障公众权益的功能。Musgrave⑧ 发现，政府公共服务支出与经济发展程度相

---

　①　欧阳建勇：《乡村振兴战略下我国农村公共文化服务建设的财政政策研究》，博士学位论文，江西财经大学，2018 年。

　②　Johnson T. G.，"Entrepreneurship and Development Finance：Keys to Rural Revitalization：Discussion"，*American Journal of Agricultural Economics*，Vol. 71，No. 5，1989.

　③　Mclaughlin K.，"Infectious Disease，Scandal Clouds China's Global Vaccine Ambitions"，*Science*，Vol. 352，No. 6285，2016.

　④　Samuelson P. A.，"The Pure Theory of Public Expenditure"，*The Review of Economics and Statistics*，Vol. 36，No. 4，1954.

　⑤　张哲：《论我国公共文化服务体系的完善》，硕士学位论文，吉林大学，2008 年。

　⑥　刘俊生：《公共文化服务组织体系及其变迁研究——从旧思维到新思维的转变》，《中国行政管理》2010 年第 1 期。

　⑦　柯平等：《我国基本公共文化服务研究评述》，《国家图书馆学刊》2015 年第 2 期。

　⑧　Musgrave R. A.，"The Theory of Public Finance：A Study in Public Economy"，*Journal of Political Economy*，Vol. 99，No. 1，1959.

关，发达地区公共支出倾向于公共文化和社会福利；Guttman[①]认为，政府作为主体，在坚持社会公平的原则下，可为农民群众提供普遍一致的公共服务；Stoker[②]认为，新时代网络普及程度越来越高，如何利用网络实现公共服务供给的目标，需要政府在完善网络化管理、引导建立公共服务新模式方面加以重视。

在主体供给方面，为了深入推进公共文化服务，韦冉[③]指出农村公共文化服务可从多元主体参与的风险共担利益共享机制方面着手；陈建认为有序互动、合作供给的多元主体参与方式在解决乡村地区公共文化建设面临的政策体系低效、失效的功能性失灵方面的问题优势明显[④]；为改善乡村公共文化建设存在的文化供给与需求脱节、文化内生动力不足、文化认同危机等问题，冯永财则提出培育乡村文化自信体系、完善乡村公共文化治理体系等建议和措施。[⑤]

关于供给机制，政府在经济保障中的作用显著。Zimmer 和 Toepler[⑥]发现，英国主要以财政和税务收入的形式建立艺术发展基金，法国将部分税款直接投入影视等行业，日本主要通过设立基金或奖励等方式，来支持公共文化服务的建设。Brown 等[⑦]肯定其他资金投入主体的重要性，认为除各级政府联合投资外，需要激发其他主体投资

---

① Guttman D., "Public Purpose and Private Service: The Twentieth Century Culture of Contracting out and the Evolving Law of Diffused Sovereignty", *Administrative Law Review*, Vol. 52, No. 3, 2000.

② Stoker G., "Public Value Management: A New Narrative for Networked Governance", *American Review of Public Administration*, Vol. 36, No. 1, 2005.

③ 韦冉：《公共文化服务多元主体供给研究》，硕士学位论文，长安大学，2017 年。

④ 陈建：《超越结构性失灵：农村公共文化服务供给侧改革研究》，《图书馆建设》2017 年第 9 期。

⑤ 冯永财等：《新民风引领乡村公共文化治理能力现代化制度设计》，《图书馆》2020 年第 8 期。

⑥ Zimmer A. and Toepler S., "The Subsidized Muse: Government and the Arts in Western Europe and the United States", *Journal of Cultural Economics*, Vol. 23, No. (1-2), 1999.

⑦ Brown A. et al., "Local Music Policies within a Global Music Industry: Cultural Quarters in Manchester and Sheffield", *Geoforum*, Vol. 31, No. 4, 2000.

的积极性；Everitt[1]提出，应建立跨部门合作机制，协调多主体参与公共文化服务供给管理。

公共服务效率、供给模式和治理机制等方面的研究也取得一些成果。吴理财[2]认为，从国家治理的高度解决行政部门效率不高、地方政府间竞争、考核机制落后的问题，促进各主体的协调合作[3]来实现文化治理目标。在加强公共文化服务均等化建设方面，陈立旭[4]认为可充分利用政府的组织协调能力，在文化行业率先实现均等化；齐勇锋和李平凡[5]认为，可从改革现有文化体制机制，缩小城乡文化差距等方面着手开展文化建设，树立"以政府为主导，以公共财政为支撑，以公益性文化事业单位为基本队伍"的创新服务理念。

第三节 乡村公共文化服务政策应用

关于政策效用，李国新指出完善公共文化服务社会化发展政策体系，解决不同部门之间政策的相互冲突、互不协调问题是加强农村公共文化服务建设的重要任务[6]；完颜邓邓等将乡村公共文化供给不到位归因于政策落实不到位，认为其直接影响乡村公众对乡村数字文化服务的使用率[7]；雷兰芳认为可借助文化精准扶贫，将城市的公共图

---

[1] Everitt A., *The Governance of Culture*: *Approaches to Integrated Cultural Planning and Policies*, *Cultural Policies Research and Development Unit*, Belgium: Council of Europe Publishing, 1999, p.18.

[2] 吴理财：《公共文化服务的运作逻辑及后果》，《江淮论坛》2011年第4期。

[3] 吴理财：《把治理引入公共文化服务》，《探索与争鸣》2012年第6期。

[4] 陈立旭：《推动基本公共文化服务均等化》，《浙江社会科学》2011年第12期。

[5] 齐勇锋、李平凡：《完善公共文化服务体系 提高国家文化软实力》，《中国特色社会主义研究》2012年第1期。

[6] 李国新：《关于加强农村公共文化服务建设的思考》，《中国图书馆学报》2019年第4期。

[7] 完颜邓邓、胡佳豪：《欠发达地区农村公共数字文化服务供给与利用——基于湖南省衡南县的田野调查》，《图书情报工作》2019年第16期。

书馆服务延伸至乡村，提高精细服务水平①；王明、闫慧则从社会资本的角度，认为社会资本是摆脱农村数字化贫困的重要因素。②

在应用方面，主要体现在国家公共文化服务平台、农家书屋、乡村图书馆等数字设施建设。在公共电子阅览室研究中，闫慧等发现县级图书馆在资源和话语权方面扮演重要角色③；邱焕双等从供给、监管、信息、协调等角度对农村文化信息资源共享工程的有效运行提出建议④；王华祎等分析农家书屋信息化发展状况⑤；余波等提出营造数字化氛围、加强信息素养教育、革新服务内容等推动贫困地区公共图书馆数字化建设为策略。⑥

第四节　乡村公共文化服务需求偏好

乡村公共文化建设不仅仅是一个供给问题，还要科学把握公众需求及其偏好，这对于促进乡村公共文化服务绩效大有裨益。Omeluzor等认为，数字服务要重点关注农村居民的显性需求与潜在需求，拓展其信息选择的"自由度"⑦；Morris等认为，面对信息需求模糊的用户，需求评估能够帮助信息提供者计划、传递、满足用户需求，但信

---

① 雷兰芳：《基于精准扶贫视角的公共图书馆服务研究》，《图书馆工作与研究》2017年第11期。
② 王明、闫慧：《农村居民跨越偶现式数字鸿沟过程中社会资本的价值——天津静海田野调查报告》，《中国图书馆学报》2013年第5期。
③ 闫慧、林欢：《中国公共数字文化政策的评估研究——以公共电子阅览室建设计划为样本》，《图书情报工作》2014年第11期。
④ 邱焕双、王玉英：《互联网背景下农村文化信息资源共享工程建设研究》，《情报科学》2019年第10期。
⑤ 王华祎等：《农家书屋信息化服务发展的SWOT分析及策略研究》，《图书馆工作与研究》2018年第11期。
⑥ 余波等：《贫困地区公共图书馆数字化建设策略研究》，《图书馆》2018年第6期。
⑦ Omeluzor S. U. et al., "An Assessment of Rural Libraries and Information Services for Rural Development: A Study of Delta State, Nigeria", Electronic Library, Vol. 35, No. 3, 2017.

息提供者应具备识别和差异化评估农村居民信息需求的能力[1];张贵兰等通过半结构化访谈调研农户知晓国家政策、种子购买及粮食收购渠道等情况,发现农户对于信息获取渠道的选择偏向,剖析了农户信息选择行为的影响因素及其理论依据[2];孔祥智等[3]发现政府和农民对最急需投资的公共产品存在认知差别,农民最需要个体急需但又不太愿意投资或者是没有能力支付的公共产品。

在研究方法层面,多数文献使用实证分析方法。一部分学者,例如,方堃[4]通过问卷调查方法发现公共卫生支出、社会保障性福利支出、生产性投入支出和农村地区的教育投入支出是农村公共文化服务的需求位次;谢迪、吴春梅[5]运用数据分析方法探索农村公共文化服务效率,以及需求优先序排名;李志、毛惠玉[6]将问卷调查法和访谈法结合调研贫困地区乡村公众对文化建设的满意度以及需求层次。也有学者从农户的视角展开分析,确定了农户对农村公共文化服务的真实需求意愿。朱红根等[7]通过聚类分析,划分出不同公共数字文化服务需求的优先顺序;睢党臣、肖文平[8]使用聚类分析法研究了我国农村地区的公共文化服务的质量差异,确定了不同公共服务质量的优化

---

[1] Morris C. D. and Stilwell C., "Getting the Write Message Right: Review of Guidelines for Producing Readable Print Agricultural Information Materials", *South African Journal of Libraries and Information Science*, Vol. 69, No. 1, 2003.

[2] 张贵兰等:《农户信息渠道选择及其影响因素的探索性研究——以河北省南宫市大寺王村村民为例》,《现代情报》2016年第5期。

[3] 孔祥智等:《农户对公共产品需求的优先序及供给主体研究——以福建省永安市为例》,《社会科学研究》2006年第4期。

[4] 方堃:《农村公共服务需求偏好、结构与表达机制研究——基于我国东、中、西部及东北地区的问卷调查和统计》,《农业经济与管理》2011年第4期。

[5] 谢迪、吴春梅:《农村公共服务效率:机理与效应》,《南京农业大学学报》(社会科学版)2015年第6期。

[6] 李志、毛惠玉:《贫困地区农村文化建设的居民满意度及提升对策探讨——基于重庆市的调查研究》,《重庆工商大学学报》(社会科学版)2020年第1期。

[7] 朱红根等:《农民工择业政策需求优先序及其影响因素分析——基于江西等10省市的调查数据》,《农业经济与管理》2014年第2期。

[8] 睢党臣、肖文平:《农村公共服务质量测度与提升路径选择——基于因子聚类分析方法》,《陕西师范大学学报》(哲学社会科学版)2014年第5期。

方式；刘力、阮荣平[①]使用有序 Probit 模型测算了乡村地区需求得分排在前列的公共文化设施和公共文化活动。

第五节　乡村公共文化服务满意度

执行协商对农民满意度评价产生一定的影响[②]，目前我国财政政策存在执行难、失灵及农民满意度较低等问题，主要原因在于乡村治理工作的复杂性、多面性、多变性。但是，尚未有文献讨论乡村公共文化服务财政政策实施过程中的执行协商对于农民满意度的影响。已有研究中，寇垠、刘杰磊[③]对东部农村居民的公共文化服务满意度作研究，认为文化程度、年龄、个体幸福感等是影响满意度的重要因素；陈波、邵羿凌[④]以江西省三村居民为样本，分析文化惠民工程的参与度情况及影响因素，研究认为农村居民文化参与机会的缺失抑制了参与热情，提出乡间艺人角色、服务思路调整、农村公共文化空间建设三个方面作改善；邹卫韶、周彤认为，影响经济不发达地区公共图书馆用户流失的因素主要是服务质量、读者整体素质、图书馆自身实力、领导重视程度等[⑤]；完颜邓邓、胡佳豪发现，基础利用条件不佳、供给不到位、管理不合理、宣传力度不足等问题是导致湖南欠发达地区村民使用公共数字文化服务积极性不高的原因。[⑥] 也有研究者

[①] 刘力、阮荣平：《农村公共文化需求排序及其影响因素研究》，《图书馆》2019 年第 5 期。

[②] 蔡晓莉、刘丽：《中国乡村公共品的提供：连带团体的作用》，《经济社会体制比较》2006 年第 2 期。

[③] 寇垠、刘杰磊：《东部农村居民公共文化服务满意度及其影响因素》，《图书馆论坛》2019 年第 11 期。

[④] 陈波、邵羿凌：《影响中国农村居民文化参与的因素研究——以江西省三村九十户调查为例》，《中国软科学》2018 年第 12 期。

[⑤] 邹卫韶、周彤：《经济不发达地区公共图书馆用户流失成因分析及对策研究》，《高校图书馆工作》2012 年第 4 期。

[⑥] 完颜邓邓、胡佳豪：《欠发达地区农村公共数字文化服务供给与利用——基于湖南省衡南县的田野调查》，《图书情报工作》2019 年第 16 期。

主张将参与度①、与政府互动效果②、服务保障③等纳入影响满意度因素。

随着数字化的深入，互联网越来越覆盖和渗入乡村社会经济各方面，并提供了极大便利。Samsuddin 等④以信息通信技术作为中介变量探究了青少年对于农村图书馆的满意度；Mehra 等⑤发现，情景技术的引入是克服农村图书馆边缘化及弥补数字鸿沟的重要手段。学者对于乡村公共文化服务数字化建设的研究开始关注公众个体效能。比如农民掌握了将物联网、云计算等先进互联网技术，可运用于农业生产经营、个体创业就业。然而，目前农民的信息素养欠缺，自我效能不足，影响了乡村公共文化服务使用。刘济群、闫慧通过田野调查发现，农村女性群体信息需求和信息搜寻行为之间的关系⑥；韩正彪、林延胜发现，苏南、苏中、苏北地区农民信息搜寻和信息获取倾向之间存在的差异性⑦；陈立梅等以江苏省农民群体为研究对象，从顾客满意度视角探索信息服务的感知价值、信息质量、满意度对于信息采纳行为和持续使用行为的影响和机理⑧。

为解决此类问题，公共数字文化营销研究开始出现。戴艳清、孙颖博总结了印度农村地区开展的"墙上之窗""数字农村""数字印

---

① Nogare C. D. and Galizzi M. M., "The Political Economy of Cultural Spending: Evidence From Italian Cities", *Journal of Cultural Economic*, Vol. 35, No. 3, 2011.

② Ragaigne A., "Functions of the Evaluation of Public Services by Users' Satisfaction, Between Discipline and Learning", *Comptabilite Control Audit*, Vol. 17, No. 2, 2011.

③ Camarero C. and Garrido M. J., "Fostering Innovation in Cultural Contexts: Market Orientation, Service Orientation, and Innovations in Museums", *Journal of Service Research*, Vol. 15, No. 1, 2012.

④ Samsuddin S. F. et al., "Youth Development in Rural Library: ICT Gratification as Mediating Effect", *Information Science & Library Science*, Vol. 23, No. 2, 2018.

⑤ Mehra B. et al., "Scenarios of Technology Use to Promote Community Engagement: Overcoming Marginalization and Bridging Digital Divides in the Southern and Central Appalachian Rural Libraries", *Information Processing & Management*, Vol. 57, No. 3, 2019.

⑥ 刘济群、闫慧：《农村女性居民信息搜寻行为研究——甘皖津三地的田野发现》，《图书情报知识》2015 年第 1 期。

⑦ 韩正彪、林延胜：《社会资本视角下农民日常生活信息搜寻行为实证研究：以江苏省为例》，《图书情报工作》2016 年第 13 期。

⑧ 陈立梅等：《基于信息质量的农民移动信息服务使用行为调节效应研究——基于江苏 939 位农户微观数据的分析》，《图书与情报》2019 年第 5 期。

度"等项目的成果,认为当前印度农村地区的公共数字文化营销呈现出体验式营销、需求营销、精准营销及创意营销等多元化方式[①];Heather认为合理使用社交媒体可拉近与边缘用户之间的关系,发掘潜在用户[②],提升农村和贫困地区的数字文化服务效能。

为增强服务的针对性和有效性,不同地区乡村公共数字文化服务差异化研究也相继展开。孔繁秀、张哲宇提出,通过"互联网+公共文化服务"的服务方式,可保护和挖掘西藏文化,提高用户参与度[③];段宇锋等分析浙江省嘉兴市城乡一体化公共图书馆服务体系建设,认为以总分馆制为基础,与多方组成合作联盟、共建数字资源,并对社会文化资源作整合共享,是满足城乡居民多元文化需求的重要路径。[④]

第六节 乡村公共文化服务研究总结

回顾乡村公共文化服务方面的文献,这些研究横跨政治学、管理学、心理学等学科或领域,开始从理论探索转向实证研究,主题大多集中在公共文化机构、公共文化服务相关项目,取得一定的进展。但已有成果过于侧重局部问题,缺乏跨学科层面的理论整合和实践应用代表性成果。具体表现为:

从研究视角看,专门研究乡村地区的国内外研究较少,这些研究的分析对象又多为落后地区。多数成果探究的是微观图书馆、档案馆、博物馆等公共机构及其服务。虽然有公共文化资源、技术、公众接受及使用等方面的成果,但从宏观角度将公共文化服务作为内核作

---

① 戴艳清、孙颖博:《印度公共数字文化项目服务营销探析》,《图书馆建设》2017年第1期。
② Heather N., "Tips from the Trenches: Marketing in A Small Public Library", *Feliciter*, Vol. 60, No. 4, 2014.
③ 孔繁秀、张哲宇:《西藏康马县数字公共文化服务平台构建研究》,《西藏大学学报》(社会科学版)2019年第1期。
④ 段宇锋等:《嘉兴市城乡一体化公共图书馆服务体系建设》,《图书馆杂志》2019年第3期。

系统性研究的成果尚少。因此，在后续研究中，可深入探析乡村公共文化服务的内涵和外延，以进一步定位服务；在切入点可进一步与公共文化服务能力结合，为确立建设重点提供标准和方向。

从研究内容看，面对文化生存和发展的经济基础、体制环境、社会条件等外部环境的变化，为满足公众的多层次文化需求，不同于国外多元主体共同参与的公共文化服务模式，国内研究多以图博档公共机构为立足点，政府为主导，以公共数字文化项目为导向。然而，这些探究虽然较为系统，但是过于注重局部要素的驱动，对于主体、服务、保障等多种要素之间的宏观关系把握不够，对多种要素与社会环境的关系认知不足。因此，后续研究可将公共文化服务融入数字乡村背景，同时理顺政府与社会主体，如企业、社会组织、公众的协作关系，形成乡村公共文化服务的模式，才能切实提升公共数字文化服务能力。

从研究方法看，思辨性的宏观论述比较常见，文字阐述类的成果较多，包括综述、问题描述、对策分析等，只有少数研究借鉴观察访谈、网站调查、问卷调查等研究方法。然而，公共文化服务作为一种活动，其需要贴近乡村公众基本文化需求，只有将定性与定量分析方法综合运用于乡村公共数字文化服务，才能显示模式适用性、策略的针对性与可操作性。

总体上看，已有研究在以下方面基本达成一致：一是乡村公共文化建设具有重要的实践意义和理论价值。乡村公共文化服务是短板，在城乡差距显著的情况下，针对地区差距、均等化服务等问题的研究有待进一步深入。二是有关公共文化服务绩效评价等领域的研究形成一些特色研究方法，乡村公共文化服务供给主体、供给机制和供给评价体系基本形成。三是公共文化服务效能评价不仅取决于供给侧结构性改革，还取决于需求端的评价，绩效的改进依赖供给和需求的匹配和动态调整。[①] 尤其是随着乡村公共文化建设的逐渐深入，要提升服

---

① 欧阳建勇：《乡村振兴战略下我国农村公共文化服务建设的财政政策研究》，博士学位论文，江西财经大学，2018 年。

务能力，公共文化服务必须适应社会环境的变化，在系统研究中明确主体关系，理顺资源、服务、保障等治理要素内容，形成体系，才能拓展和深化乡村公共文化服务。本书将从以下层面着手：

一是适应外部情境的变化，对乡村公共数字文化服务研究作整体思考。随着公共文化服务的深入，西方国家和我国公共数字文化服务均呈现出社会化和一体化趋势，表现为不同机构数字资源的整合开发与利用和社会主体的深度参与。针对公共数字文化服务的外部环境变化，为解决公共数字文化服务的不平衡、不充分问题，公共数字文化服务研究必须引入相对成熟的理论作为基础，同时研究结合公共文化事业的公共性、数字资源的泛在性，进一步厘清公共数字文化服务治理的基本内涵，确定公共数字文化服务的内容与体系，从服务理念、政策、法规、主体、外部环境等方面全方位探讨公共数字文化服务驱动的理论架构，才能更好地为数字乡村背景下的公共文化服务提供实践依据。

二是协调多元主体关系，研究社会主体的作用。随着党的十八届三中全会"深化文化体制改革，加快完善文化管理体制和文化生产经营机制，建立健全现代公共文化服务体系"要求的提出，《中华人民共和国公共文化服务保障法》《中华人民共和国公共图书馆法》等法律对公共文化机构引导社会力量参与文化服务的促动，公共文化服务经过初期和快速发展阶段，当前呈现出明显的社会化趋势。不同类型的社会主体可协同，充当不同的角色，与政府共同在公共文化服务标准化均等化建设中发挥关键作用。在多元主体协同的基础上，还可进一步探究每一类主体的动机及其在每一层次问题的表现，分清多类社会主体角色，合理区分其功能。

三是以需求为导向，研究如何使社会主体驱动与公众驱动共同促进乡村公共文化服务发展。由于公共文化服务需要以满足公众基本需求和基本文化权益为导向，所以公众在公共数字文化服务中不应被动，而是可充当积极的建设者和参与者。公共文化服务要发挥"治理"优势，进一步引入企业、社会组织等社会主体，使其与公众合作，根据公众基本文化需求，理顺服务过程及结果评估的逻辑关系，识别乡村公共文化服务的驱动因素，才能增强公共文化服务策略的有效性和针对性。

四是研究驱动模式与应对策略的逻辑关系。针对政府主导乡村公共文化建设导致服务效能低的问题，需要厘清驱动与激励的关联关系，以明确驱动方向，增强公共文化发展动力。在乡村公共文化服务能力提升研究中，需要明确服务的动因，整合政府和社会多元主体力量，挖掘资源、服务、保障等关键因素的本质，提炼多元主体驱动模式。同时为进一步保障乡村公共文化服务的可持续性，要紧扣多元驱动模式设计差异化实施方案，以理顺服务动因、模式与路径的关联，才能促进策略转化。

五是在理论和实践中应用新的实证分析方法。在公共文化服务中，还需进一步将理论分析与实证研究结合，选择适用的定性和定量方法。比如数字乡村情境下，识别公共文化服务的关键要素及其特征需要综合运用文献调研、案例分析、访谈、问卷调查等方法，建立可用的政府和社会主体多元驱动模式需要引入结构方程模型法、定性比较分析法等应用性方法来优化，才能确保实证研究的严谨性，多层面验证乡村公共文化服务差异化策略的可行性。

第七节　本章小结

本章通过文献调研方法，梳理国内外乡村公共数字文化服务相关研究的最新进展，发现国内外学者主要围绕乡村公共文化服务的概念内涵、供给主体及机制、服务政策及实践、公众需求偏好、满意度及服务差异化展开研究。在此基础上，对现有研究视角、研究内容、研究方法作总结，明确了从整体的角度把握乡村公共数字文化服务研究，关注多元主体协调共促发展，研究驱动模式与应对策略的逻辑关系，以及在研究中应用新的实证分析方法等具体实施内容和方向。

第三章

乡村公共数字文化服务能力研究的主要相关理论

通过第二章，本书发现当前无论是在理论研究还是在政策实践中，乡村公共文化服务都是"短板"，主要体现在理论与实践相对脱节、资源有效供给不足、服务能力欠缺、公众关注度不高且积极性不够，这些直接导致我国乡村公共文化服务无法较好地适应外部情境的变化，协调多元主体关系不利，无法应对有效需求，服务的驱动模式与应对策略见效较慢、显示度相对较低。本章主要解析数字乡村背景下的公共文化服务的相关概念，着重分析乡村公共文化服务相关理论的渊源、内涵应用领域，以及其是否适用于分析和解决数字乡村背景下公共文化服务中出现的问题，推动乡村公共数字文化服务系统研究与实践。

第一节 数字乡村背景下公共文化服务能力概念辨析

一 数字乡村

作为新概念的"数字乡村"，属于国家信息化战略的重要组成部分，其内涵界定需要结合数字中国、智慧社会等概念。《数字中国建设发展报告（2017）》指出，作为新时代国家信息化发展的新战略的数字中国覆盖经济、政治、文化、社会、生态等各领域，具体涉及"宽带中国"、"互联网+"、大数据、云计算、人工智能、数字经济、电子政务、新型智慧城市、数字乡村等内容。中国智慧社会发展与展望论坛提出，继农业社会、工业社会、信息社会之后，智慧社会是一种更为高级的社会形态，深度融合了数字化、网络化、智能化，实现万物感知、万物互联，使得社会在治理、产业、商务、服务、生活、生态等方面更加智慧化。

结合已有成果，本书认为作为数字中国战略组成部分的数字乡村，是智慧社会在乡村的延伸，通过现代信息技术在乡村经济、政治、文化、社会、生态各领域的应用，实现乡村在线化、精准化、智能化升级改造，驱动农业农村发展质量、效率、动力变革，形成新的经济发展、公共服务、社会治理模式，全面融入数字中国、智慧社会的现代化乡村。

二　数字乡村发展阶段

数字乡村与信息化密切相关。信息化是一个长期发展的过程，不同阶段展现的发展特点不同。国内外学者对信息化发展阶段的研究包括诺兰模型、"S"形曲线理论等。李道亮[1]提出，我国农业信息化处于诺兰模型的第二、第三阶段，即信息化普及和发展阶段。在乡村信息化基础上实施数字乡村战略，可融合数字化、网络化、智能化发展，结合不同地区和领域的建设需求，推进产业数字化、数字产业化、服务在线化、治理精准化、数字一体化。[2]

经过近些年的发展，物联网、大数据、人工智能等新一代信息技术已经在农业农村得到应用。通过实施宽带乡村战略，我国农村网民规模达3.09亿人，占网民整体的31.3%，较2020年3月增长5471

---

[1] 李道亮：《中国农村信息化阶段化发展战略》，《中国信息界》2007年第3期。
[2] 王耀宗、牛明雷：《以"数字乡村"战略统筹推进新时代农业农村信息化的思考与建议》，《农业部管理干部学院学报》2018年第3期。

万人①，公共服务在线化、治理精准化、数字一体化取得一定的进展。②再加上智慧城市建设为系统推进区域性信息化工作积累了经验，在新时代实施数字乡村战略的条件基本具备，农业农村信息化的重点开始从分领域推进转变为系统实施数字乡村战略。

三 公共文化服务能力

公共服务重视民主、公民权和公共利益③。将公民置于治理中心的以政府与社区、公民之间的对话、沟通与合作为追求的公共服务理论推崇公共精神，致力于建立公民利益表达机制。陈志华④认为，公共服务可分为两种，其中维护性公共服务主要指维护市场经济秩序、保卫国家和社会安全等；社会性公共服务包括提供教育、社会保障、文化等社会发展项目。李璐⑤认为，公共服务是以满足公众基本需求为主要目的，以公益性为主要特征、以公共资源为主要支撑、以公共管理为主要手段的服务。可以看出，公共服务具有公有性（全体社会成员普遍享用）、公众性（基本、同质）、公益性（不以营利为目的、满足基本文化需求）三个特征。

在公共服务上发展起来的公共文化服务，更加注重公共服务中文化层面的表达。周超⑥认为，公共文化服务是政府部门为保障居民的基本文化权利，而向公众供给文化服务设施、各种人财物、政策等保障性制度等文化产品和服务的总称。《中华人民共和国公共文化服务保障法》也明确指出，公共文化服务是由政府主导、社会力量参与，以满足公民基本文化需求为主要目的而提供的公共文化设施、文化产

---

① 中国网信网：《第47次〈中国互联网络发展状况统计报告〉发布》，http：//www.gov.cn：8080/xinwen/2021-02/03/content_5584518.htm。

② 中国网信网：《第47次〈中国互联网络发展状况统计报告〉发布》，http：//www.gov.cn：8080/xinwen/2021-02/03/content_5584518.htm。

③ Denhardt R. B. and Denhardt J. V.，"The New Public Service：Putting Democracy First"，*National Civic Review*，Vol. 90，No. 4，2001.

④ 陈志华：《政府购买服务——社会公共服务改革的新途径》，硕士学位论文，厦门大学，2006年。

⑤ 李璐：《我国政府购买社会公共服务问题研究》，《中国物价》2011年第4期。

⑥ 周超：《天津市公共文化服务信息化体系的现状及发展对策》，《电子商务》2011年第10期。

品、文化活动以及其他相关服务。结合已有定义,本书认为公共文化服务指以政府部门为主导,社会力量参与,为满足公众公共文化需求,而向社会提供的各种公共文化产品和服务以及相关制度的总称,包括各种服务设施、政策保障。

公共文化服务能力侧重考察公共文化服务政策的保障方式、公共设施、资源、服务能否满足公共需求。由于公共文化服务是公共服务的组成部分,可参照公共服务供给能力等相关概念,对公共文化服务能力作界定。张开云等认为政府公共服务供给能力主要受经济、财政、社会发展水平、政治、法律制度、政府工作人员的能力素质、信息与技术等因素的影响。[①] 蒋云根认为,公共服务供给能力是政府在特定的区域和制度背景下,通过获取、配置和整合各种有形资源和无形资源,并通过一定的渠道与方式,提供社会成员需要的公共产品与服务的能力。[②] 淳于淼泠、金莹认为,公共服务能力是公共服务供给主体所具备的生产、提供公共产品和公共服务的客观要素及其主观意愿。[③]

综上所述,本书将公共文化服务能力的解释归纳为两种观点:其一,公共文化服务过程对公共文化服务能力具有决定作用,过程要素涉及宏观制度、技术工具、资源整合、服务供给等;其二,重视公共文化服务结果,由服务质量、水平、效果来衡量。本书认为,公共文化服务能力概念,既要揭示公共文化服务供给能力的影响因素,又要从服务结果反推供给能力,这涉及保障环境、主体调配、资源和服务供给状况,以及服务能否满足社会需求,具体包括主体协作能力、资源配置能力、服务保障能力、服务供给能力。[④]

[①] 张开云等:《地方政府公共服务供给能力:影响因素与实现路径》,《中国行政管理》2010年第1期。

[②] 蒋云根:《提升基层政府公共服务供给能力的路径思考》,《甘肃行政学院学报》2008年第3期。

[③] 淳于淼泠、金莹:《论公共服务供给能力的内涵与研究框架的构建》,《西南政法大学学报》2015年第5期。

[④] 邓晓红:《县级政府公共文化服务供给能力存在的问题与提升对策研究》,硕士学位论文,湘潭大学,2014年。

四 乡村公共数字文化服务能力

在公共文化服务能力概念的基础上，本书认为乡村公共数字文化服务能力是政府提供公共数字文化设施、产品、活动和其他数字文化服务能力的总和。重视社会效益的乡村公共数字文化服务能为公众提供非竞争性、非排他性的文化服务，是以非营利性为目的的公共文化事业，实质是面向大众的公共文化，是公共文化服务体系的重要组成部分，也是国家文化事业发展的一个主要分支。数字乡村背景下的公共文化服务特点如下：

（1）参与主体多元化。信息技术的发展促使社会需求多元化。政府或市场都无法独立承担公共物品和公共服务的供给。实践已经证明，公共服务中政府和市场可能会失灵。[①]而借鉴公民社会理论，公众在公共物品供给和公共服务中应承担相应的角色，享有发言权，公共问题的探讨和监管同样需要公众。公共文化这种重要的公共资源，自然不能脱离公众，需要政府、企业、非营利组织、公众等多方重视，并通过协同的方式解决乡村公共数字文化服务中出现的问题。

（2）主体关系协作化。就公共数字文化服务而言，不同主体的关注点各不相同。政府的关注点是通过公共文化的提供来促进公众生活质量的提高；逐利的企业则更加在意能否通过公共文化资源的开发创造更多的经济效益；而挖掘和使用公共文化资源是公众所愿。因此，乡村公共数字文化服务需要将"治理"思维运用其中，通过治理机制的建立，实现主体关系再造。

（3）协同过程的全面、动态、持续。在乡村公共数字文化服务中，主体的确立，资金、人才、动力、法制等外部保障的完善，服务资源的提供，公众在使用中是否满意以及这些流程之间的连接状况如何，如何区分影响与被影响关系，这都要求公共文化服务是一个动态持续的协同过程。

公共数字文化服务的着力点是建立有效满足公众服务需求的运行

[①] 李蓉：《甘肃文化资源保护与利用的治理机制研究》，硕士学位论文，兰州大学，2014年。

机制。基于此目的，乡村公共文化服务的多元化供给是现代社会发展的必然要求和现实选择①。多元主体通过履行不同职能②，形成各司其职、功能互补、共治共享的服务供给机制，发挥出公共数字文化服务的整体效应和最优功能，实现服务的共建、共知、共享。从乡村公共数字文化服务能力的边界来看，其基本涵盖产品、服务、活动、基础设施，以及主体因素。本书将对乡村公共数字文化服务的主体、保障、内容、素养等要素作研究，发现乡村公共数字文化服务能力提升的模式以及实施路径，来面向公众平等地提供公共文化服务，建立以缩小城乡数字文化服务差别，保障公众基本文化权益为目标的现代公共文化服务体系。

第二节　整体性治理理论和应用

一　理论渊源

整体性治理借鉴社会学的整体主义研究方法，是多学科融合的理论成果③，著名的社会学家爱弥尔·涂尔干（Emile Durkheim）是整体主义方法的首创者。在涂尔干看来，社会是一个独立的系统，或者是一个整体，这个整体和个体相比具备一种特殊属性，那就是结构属性。

在社会学中得到广泛应用的冲突理论、功能主义和结构主义都是从整体主义方法论中衍生而来的，其中，最具代表性的是美国社会学家帕森斯（Parsons），他是结构功能分析学派的标志性人物。他认为，社会结构是一种"总体社会系统"，是由多层面、多功能的次系统所

---

① 范逢春：《农村公共服务多元主体协同治理的实证研究——对"成都模式"的检验》，《经济体制改革》2014年第2期。
② 赵璟、党兴华：《新公共服务治理模式对中国城市群协调发展的现实意义及其应用》，《经济体制改革》2008年第3期。
③ 吴红梅：《包容性增长背景下我国基本养老保险整合研究——基于整体性治理的分析框架》，博士学位论文，华中师范大学，2012年。

形成的，包含了适应、目标达成、整合、潜在模式维系等条件。

玛丽·道格拉斯（Mary Douglas）是新涂尔干理论的发明者，她十分认同涂尔干关于社会学有确定社会类型任务的观点。同时她认为社会组织具有联合、制约和运转流程的特点，并将格群图式作为社会文化分类的总框架。她在《自然符号》中，提出把规制行为的规则定为格界，并且认为格界是符号系统在一般情况下的作用结果，符合一致性标准。群在某种意义可以被认为是一种共识的集合，对于个体来说这种集合的压力会迫使其同意或者强制性服从。

佩里·希克思（Perry Hicks）在整体性治理基础上，进一步凝炼了格群图式。他从社会整合和社会规则两个维度出发，对社会组织的社会团体类型作了划分，突出了社会组织在组成方面的差异性。他认为这种差异性是导致社会组织产生碎片化及冲突的主要原因，并提出"化异"和"求同"两种解决方法。他主张将社会学研究中结构与功能的方法如整合、联合、协作、合作加以运用，实现跨部门的协作管理。

二 产生的时代背景

新公共管理运动肇始于20世纪70年代末，在优化公共服务，提高公共管理水平的同时，也导致了一些问题的产生。整体性治理正是在探索解决传统的公共利益观与新公共管理理念矛盾，重视公民权，应对现代信息技术应用的冲击等背景中产生的。

（1）传统的公共利益观与新公共管理理念相矛盾。新公共管理理论认为政府要像市场那样为公众提供符合他们自身需要和利益的选择机会。在这种模式下，政府和公众的关系变成了纯粹的市场和客户的关系，两者的共同利益就不容易被区分，容易形成不易监管的利益结合点和冲突点。

（2）新公共管理虽然更加注重发挥企业家的作用，但是对公民权有所忽略。新公共管理理论认为，政府作为管理者不需要也不应当受到财政预算和人事规定方面的限制，应当全力推动一些政策在社区或者民间机构里发挥效用，并且承担必要的风险。这个理念要求政府以最有效率、最小成本的方式满足公众对政府的直接需求，但不自觉地限制了政府的社会责任的发挥。很多执行机构和一些具有独立自主权的自治或者半自治性机构等第三方机构被引入，私有化服务产品盛行，绩效管理的手段被过度运用，直接导致公共利益变成第三方机构主导，忽视政府整体功能及跨部门协同，最终限制了公共服务能力。

（3）现代信息技术的应用带来冲击。相比于传统模式下的面对面的沟通交流、会议、现场支援等产生了巨大的时间和金钱成本，信息技术丰富了公众沟通交流的手段，例如视频会议、远程帮助等技术都在不断提高人们的生活质量，也在促使公共文化服务模式不断改进。面对这种新风险的挑战，需要用一种新的治理思维和机制去解决公共服务问题，那就是充分整合政府、社会和公众的力量。

三 面对的问题

社会在转变过程中，传统体系下的各种主体关系、结构组成和观念逐渐土崩瓦解，取而代之的是各种利益群体的不同诉求以及社会成分的碎片化，"各自为政""视野狭隙""部门主义"是其重要表现。碎片化主要表现如下[①]：

（1）权力的碎片化转移导致的国家空心化。结构性权力转移的三种主要方式为水平专业化、垂直结构性和转向政府以外。水平专业化是指在同一个部门内部行政职能的分离及新专业化的结构的设置。垂直结构性权力转移则是在存在上下级关系的组织之间，上级将权力向下级移交。权力向政府以外的组织转移是指政府将原有职能中一部分商业性质的活动转嫁给企业。但是，这种转嫁存在较大政治和政策风险，尤其是在对职能边界的界定及程序的把握不清晰的情况下。还值得注意的是，企业追逐商业利润和政府注重公平正义的价值取向不一致，如果对企业监管不力，就会导致公共责任缺位，甚至出现公权力私相授受的违法行为。

（2）部门功能碎片化导致机构裂化。目前政府管理体系是建立部门的专业分工之上，然而分工往往意味着"分家"，部门主义可能会

---

① 曾凡军：《基于整体性治理的政府组织协调机制研究》，博士学位论文，武汉大学，2010年。

导致政府的整体效率偏低。这种建立在专业分工基础上的部门设置模式，一旦引入绩效管理模式，便会助长部门过分关注自身利益的不良风气，短视行为也更容易出现，长远利益、全局利益和集体利益难以得到保障，部门之间甚至会形成恶性竞争，导致事倍功半。

（3）权力、部门功能碎片化导致公共服务供给碎片化。政府管理包括政策制定、规章设立、服务提供、监督实施等环节。一是部门政策和项目会产生冲突。政府部门根据自身职能作设定政策目标，而这些职能在设定之初就可能有重复，不同项目间也可能相互冲突。例如，有的公共文化机构活动场所长时间空置，而有的公共服务活动因没有场所还要去建设，这样就造成重复建设。二是业务流程存在问题。政府部门有自己处理工作的程序，而不同程序之间可能互相矛盾。同时，政府部门开发各类信息系统，然而由于牵头部门不一样，各系统互不兼容，形成"信息孤岛"，资源无法得到充分利用。三是政府部门按照专业分工设置，但是公众面临的实际问题具有系统性，需要多个部门联合解决，这直接导致公众办事难。

四　解决问题的模式

要解决碎片化问题，政府需要通过横向协调和纵向整合的方式打破部门之间的壁垒，把不同利益的主体放在一个整体性利益的框架下作考虑，才能实现效益最大化。系统思考是从整体上把握问题解决方案，表现为复杂性问题被分解成一个个问题去解决，大目标被分成小目标去实现，对不同问题作差异化处理，形成不同的目标任务和解决路径。

系统性的方法由于满足解决复杂问题的需要，呈现出多元化的特点。一是系统思考通过探寻复杂性问题的各个方面、各个层次，尽可能全方位地反映这个问题的全貌。二是系统思考需要兼顾涉及这个问题的各个利益主体，将更多的注意力放在对各部分关系的把握、对方法的改进和对措施的优化上面，形成包含数据、目标和解决方案的完整体系。三是系统思考和传统思维在形成解决方案方面有可能相同，也可能不同，其最主要的作用还包括识别解决方案的不完善之处，并预留必要的改进空间。系统思考能有效减少解决复杂问题过程中的风险，有利于设定合理的目标及寻求合适的解决路径。

侧重系统思维的整体性治理重在处理各方关系，同时聚焦核心关系并采取合理的分析层次，对目标作设定，将各个流程作连接整合，最终形成一套解决机制。具体包含三个逻辑过程：一是对目标状态作整合。整体性治理首先要考虑的是：这个问题的责任主体是谁，涉及哪些利益相关方，需要哪些"跨界性"的机构相互协作来实现。二是对组织间关系协调方式作整合。这个过程将会通过组织层级、组织间或内部和公私部门三个层面的整合，实现对目标的分解与行动方案的执行。三是逐渐形成紧密与相互的关系介入。在解决问题过程中，各方形成良好的合作关系，合作方式更加紧密，显示出高度的一致性，并且寻求建立更加长久稳定的同盟关系。

五 对乡村公共数字文化服务的适用性

传统公共管理模式加剧公共服务供给的碎片化，促使整体性治理的提出。在信息技术这一背景下，我国乡村公共数字文化服务面临着政策适用性的问题。由于改革的不确定性和风险性，同时又是渐进式的，老的制度不能适应不断变化的公共数字文化服务现实。大量弱势群体、边缘群体或被排斥在外。信息技术的发展为一体化的公共服务提供了技术基础，从而使普遍均等服务成为可能。近年来，政府正致力于实现公共文化服务的普遍化和均等化的发展目标，让公共文化服务成为广大人民群众最基本的一项权益。可以说，整体性治理理论为解决我国文化发展面临的现实问题提供了可能。

在常规决策模式下，一些复杂的涉及多部门的问题通常易被简单化处理，一是易狭隘地理解问题，二是易将目标设定变小，三是解决措施易简单化。整体性治理将重心从组织内部、组织流程的协调改变为组织关系的整合，改善了管理流程，有效应对了流程整合与再造的新要求，解决了如何兼顾不同主体，如何处理公共数字文化服务的反馈，如何把具体的要素条件与公共数字文化服务整体过程联系起来，发现其中的影响关系及其效果，改变了提升数字背景下的公共文化服务能力的常规思维模式。

整体性治理能有效解决公共文化服务碎片化、社会政策复杂化问题。我国公共文化服务面临的主要障碍与整体性治理处理的问题症状相类似，比如地区分割、人群分割和城乡分割等，都阻碍了城乡公共文化服务一体化发展。整体性治理理论中有助于更深刻地认识文化治理的碎片化问题及其危害，从整体上剖析这些问题产生的根源，并提出更加有针对性的建议。

第三节 信息场理论和应用

信息场（information ground）概念由费希尔（Fisher，之前名为Pettigrew）在1988年提出。[①] 她通过对足疗诊所的老年人和护士、其他人之间如何获取和分享信息的现象作分析，从情境层面提出这一概念。简单地说，人们为了完成某一特定的任务而聚集在某个地方，无意识地偶然地分享信息，这一暂时形成的可供人们分享信息的社会环境就是一种信息场。

一 理论的产生

费希尔通过研究逐步完善信息场这个概念。费希尔较多地借鉴民族志的研究方法，对社区足疗诊室作研究，分析了社区诊所的物理环境（包括建筑物类型、甜点和饮料、天气等）、诊室活动（包括候诊、治疗）、护士情景（包括对当地资源的了解、对患者的了解、专业视角和忙碌程度）和老年患者的情景反应（包括患者个体情况和愿意互动的程度）四大因素，发现特殊的环境因素以不同的方式影响着信息流动。她最初将信息场定义为"为了某一目的，人们偶然创造的协同环境，以及在社会气氛中自发的和偶然的信息分享行为"。[②]

信息场理论的另一个灵感源于欧登伯格（Oldenburg），欧登伯格在1989年出版的《最好的地方：咖啡馆、书店、酒吧、发廊和其他

[①] 肖永英、何兰满：《国外日常生活信息查询行为研究进展（2001—2010）》，《图书情报工作》2012年第5期。

[②] Savolainen R., "Everyday Life Information Seeking: Approach Information Seeking in the Context of 'way of life'", *Library & Information Science Research*, Vol. 17, No. 3, 1995.

第三章 乡村公共数字文化服务能力研究的主要相关理论

放飞心灵的社区》一书中阐述了咖啡厅、餐厅等这些公共场所，即"第三场所"的作用。区别于"第一场所"——家，"第二场所"——工作场地，从表面上看，"第三场所"不一定拥有特别吸引人的环境，但是却能够产生和推进广泛的、具有创造性的社会交往，帮助人们在彼此交往中形成密切的社会关系网络。

哈里斯（Harris）和杜德尼（Dewdney）归纳了信息查询六原则。哈里斯和杜德尼在1994年出版的《信息障碍》（*Barriers to Information*）一书中，总结信息查询行为的六个原则[1]：信息需求产生于能够帮助查询者获取信息的情境；寻求帮助或不寻求帮助的决定受多种因素影响；人们愿意查找最容易获取的信息；人们更愿意通过人际交往获取信息，特别是愿意从那些和他们自身有相似之处的人那里获取信息；信息查找者期望情感支持；人们在寻求信息时遵循习惯模式。

查特曼（Chatman）对信息贫困与日常生活信息行为作研究。[2] 查特曼利用"小世界"的概念分析日常生活中移民的信息获取与分享行为，这深刻地影响了费希尔，促使她在其研究过程之中重点关注弱势群体，因此她早期的许多研究对象是老年人或是经济贫困、信息贫困人群。比如，在信息场理论的最初构建中，费希尔就重点关注了社区诊所中的老年人，研究他们的信息行为。

格兰诺维特（Granovetter）的联结理论[3]是信息行为分析中的重要理论。根据信息行为者彼此联结的强度，可以分为强联结和弱联结。强联结是指具有相同或相似社会背景、彼此相互信任、互动频率较高、情感亲密度较高的群体结成的关系，一般讲来，它维系着群体、组织内部的联结。强联结中的个体优势是容易获得信息，但是由于处于同一圈子，信息的重复性会很高，这就限制了个体对外界新知

---

[1] Roma M. H. and Patricia D., *Barriers to Information: How Formal Help Systems Fail Battered Women*, Westport, CT: Greenwood, 1994, pp. 20–27.

[2] 张海游：《信息行为研究的理论演进》，《情报资料工作》2012年第5期。

[3] Williamson K. and Asia T., "Information Behavior of People Information Age: Implications for the Conceptualization of Information Literacy", *Library & Information Science Research*, Vol. 31, No. 2, 2009.

识的获取。而处于弱联结中的个体之间由于社会背景、经济特征不同，拥有的不同性质的信息会比较多，获取新信息的概率比强联结个体高。信息场是弱联结优势的一个集中体现。

二　理论的深化和发展

在上述基础上，为更系统地构建信息场理论，研究者从社会认知角度对信息场理论框架进行拓展。

（一）信息场中的空间因素

信息场是作为一个人们偶然的信息共享场所构建的，所以空间因素是信息场的重要因素。空间因素在具体信息场环境中包括很多细节，比如信息场的地理位置、建筑物的类型、环境中物理设施的摆放和设置。这些因素可以对信息寻求和分享行为有促进或者限制作用，影响着人们在信息场中信息交换的程度。在关于纽约皇后区的移民信息行为研究中，费希尔等确定了一组信息场，如医药诊所、发廊、理发店和日托中心；通过对城市和农村居民的电话访谈，发现他们最普遍的信息场是礼拜场所、工作地点和各种活动场所，如俱乐部、健身房和一些与兴趣有关的场所。以大学生为中心的研究也表明信息场地理位置的方便性十分重要。[1] 这个因素也对其他因素有影响，比如参与这个信息场的人的熟悉程度、离家近带来的舒适感等。作为信息搜寻和分享的场所，信息场应是积极的、有吸引力的、自由的和没有限制的。

同时，信息场中的活动者感知的隐私涉及程度也会影响人们参与信息场的意愿。例如，那些设置有供谈话的私人领域的场地可以促进个体的谈话，从而可以更好地发挥信息场的作用。相反，"噪声"很大的场所，比如说喧闹的小饭馆，可能会减少人们作信息交流和信息分享的举动。因此，在营造良好的信息场时，要特别注意对环境中具

---

[1] Fisher K. E. et al., "Social Spaces, Casual Interactions, Meaningful Exchanges：'Information Ground' Characteristics Based on the College Student Experience", *Information Research*, http://informationr.net/ir/12-2/paper291.html.

体物理设施作设置。① 总之，从空间因素分析信息场为信息场概念提供了一个新的视角，其独特之处在于它把信息场的空间因素和实践因素结合起来，并且在作为信息场的日常环境中研究空间的实践因素之间的相互作用，从而营建更佳的信息场。

（二）信息场中的社会因素

信息场一般被自发地建立，对所有人开放，活动者可以自由、灵活地选择。②③ 信息场的社会因素涉及信息场中人们的强弱关系，情感因素，活动者扮演的角色和信息场的社会类型等。

关于信息场中人们的强弱关系的研究与格兰诺维特的联结理论一致。强联结中的个体之间容易获得信息，但由于处于同一圈子，信息的重复性较高；弱联结中的个人获取新信息的概率较高。在信息场概念提出之初，费希尔调查足疗诊所信息场，注意到护士与老年人的信息寻求和分享的情景。老年人和护士及其他参与者的互动意愿是构成信息寻求和分享的社会情感因素。对于老年人而言，足疗诊室不仅是一次治疗，也是一次与新老朋友作交流的机会。例如，对纽约皇后区移民的信息行为研究揭示了这样的现象：当问及他们最倾向的信息源时，大部分参与者更喜欢人际信息源。在回答"为什么喜欢这个信息源"时，参与者更强调可靠性、易获取性和熟悉性、便于使用和交流等情感因素。

费希尔等也探讨了活动者的角色和信息场的社会类型在分享信息中的作用。活动者角色是指个体在这些场所的位置，在信息交流中影响着其他参与者的信息角色。信息场的类型可以提供独特的信息入口，人们可以自发地参加信息场。但是，在一些特定场景中，比如等公交车或者商场排队等候中，人们的信息交流和分享行为也很积极，

---

① Yadamsuren B., "Incidental Exposure to Online News Ineveryday Life Information Seeking Context: Mixed Method Study", *Proceedings of the American Society for Information Science and Technology*, Vol. 46, No. 1, 2009.

② Meyers E. M. et al., "Making Sense of an Information World: The Everyday Life Information Behavior of Preteens", *The Library Quarterly*, Vol. 79, 2009.

③ 李月琳、胡玲玲：《基于环境与情景的信息搜寻与搜索》，《情报科学》2012 年第 1 期。

并且在信息提供者和信息接受者两个角色中转换频繁。总之，信息场是一个社会结构，包括地点、人群和信息，和人相关的因素是信息寻求和分享的中心社会因素。

（三）三元论视角下的信息场

费希尔基于"个体特征—场所状况—信息特征"三元论，进一步丰富了信息场理论。

从社会因素视角探讨信息寻求和分享的环境，人的因素是最重要的。因此，构建信息场理论，首先应从个体特征入手。个体特征包括以下几个方面：信息场中参与者的职业、信息敏感度、知识水平等。其中，职业是个体信息需求和行为的决定性因素，参与者的信息敏感度决定着不同行为方式，知识水平则往往决定个体的专门信息需求和行为。

信息场是在具体的环境中构建的，场所状况作为信息场的实现条件决定着行为倾向。与场所相关的因素有环境的舒适度、地理位置的便捷性、场所的持久性、对隐私的保护等。

信息行为必然涉及特定信息。信息场发生的一个基本条件就是存在可获取的信息，与信息相关的因素包括：信息创建和共享的方式、信息被讨论的频次、话题范畴等。①

"个体特征—场所状况—信息特征"三元论从系统的角度构建信息场的概念框架，并且随着时间和社会的发展更新和扩展，使得信息场理论趋于成熟。需要补充的是，上述研究中所涉及的信息场大多来自现实空间。鉴于互联网也是人们获取信息的常用信息源，费希尔等将信息场的概念引入虚拟世界②，认为移动社交网络作为一种新的信息场类型，主要功能就是信息共享。

三 对乡村公共数字文化服务的适用性

信息场理论的研究为日常信息收集和分享行为研究提供一个新的

---

① 迪莉娅：《西方信息行为认知方法研究》，《中国图书馆学报》2011年第3期。
② Counts S. and Fisher K. E., "Mobile Social Net Working as Information Ground: A Case Study", *Library and Information Science Research*, Vol. 32, No. 2, 2010.

理论框架,这为认识特定社会环境中的人类复杂性信息行为提供了有益的工具。国内学者肖永英、何兰满[1]对国外日常生活信息查询行为作研究,孙玉伟[2]依据信息行为的社会学基础探讨了信息场景理论,李鹏、韩毅[3]利用场所理论对信息场作分析,这些信息场理论和应用分析同样对乡村公共数字文化建设具有启发:

(1) 对乡村公共数字文化服务群体信息场开展研究。数字乡村背景下,乡村群体多数处于信息劣势位置,对于这些群体处于何种天然信息场[4],信息场中的行为有何差异,有意识地建立公共文化服务信息场的要素是什么[5],要素之间如何关联,如何引导建立有利于公共文化服务能力提升的信息场,这些都可以借鉴信息场理论加以明确,并付诸实施。

(2) 对乡村公共数字文化服务保障开展研究。信息场应用的目的是满足公众的信息需求,帮助公众解决相关问题。通过对信息场的构建特点、信息场中活动者行为的了解,他们现实和潜在的信息需求满足情况如何,如何有意识地加强与行为者的互动,主动创建信息场,提供集信息资源获取、技术支持、素养交流提高于一体的公共文化服务,有助于保障广大人民群众的基本公共文化服务需求,使其充分享受基本文化权利。

(3) 对乡村公共数字文化精准服务开展深入研究。就物理空间而言,场所担负起信息交流的职能是什么,是受哪些因素影响,这些因素的变化对信息场的维持产生多大的影响,不同类型的信息场持续的

---

[1] 肖永英、何兰满:《国外日常生活信息查询行为研究进展(2001—2010)》,《图书情报工作》2012 年第 5 期。

[2] 孙玉伟:《用户信息行为研究的理论基础探源》(下),《图书馆杂志》2011 年第 11 期。

[3] 李鹏、韩毅:《基于场所理论的信息聚集地研究——对于信息交流行为场所的思考》,《情报资料工作》2013 年第 1 期。

[4] Williamson K. and Roberts J., "Developing and Sustaining A Sense of Place: The Role of Social Information", Library & Information Science Research, Vol. 32, No. 4, 2010.

[5] Williamson K. and Asia. T, "Information Behavior of People Information Age: Implications for the Conceptualization of Information Literacy", Library & Information Science Research, Vol. 31, No. 2, 2009.

时间有何异同，乡村公共文化服务群体的信息场倾向是什么；同时网络信息场与传统信息场不同，在公共数字文化服务中，如何识别乡村公众特点，不同平台信息流动特点如何影响公众，公众使用满意度如何，这都拓展了乡村公共文化服务研究领域，使乡村公共数字文化精准服务成为可能。

第四节　社会认知理论与压力应对理论及应用

社会认知理论中的三元交互模型认为个体、环境和行为三者彼此独立又相互决定，从而形成一个闭环系统，因而可从认知、行为和环境的持续交互作用的角度来解释用户的各种信息行为。Chiang 和 Hsiao[1]通过研究发现，环境因素中的社会规范对用户信息分享行为有积极的作用；柴欢发现个体维度的自我效能和环境维度的服务质量对旅游社交网站用户信息共享行为有正向影响；霍豪爽等证实了自我效能、结果期望、信息质量、系统质量和服务质量对用户持续使用在线健康社区的意愿有显著正向影响[2]；杨建林等将个人自我认知维度的变量确定为自我效能和结果预期，而环境维度的变量通过感知有用性、感知易用性、感知信任、感知收益变量体现[3]，用于研究信息搜寻行为的影响因素。信息规避行为属于信息行为范畴，行为的发生也会受到个体特征和环境的交互影响，同时乡村公共数字文化服务有其独特的环境氛围和人文情怀，而社会认知理论兼顾技术和人文，本书借鉴社会认知理论，分析乡村公共数字文化服务情境中个体维度的信息素养和环境维度的文化氛围对公众信息规避行为产生的影响及其

---

[1] Chiang H. S. and Hsiao K. L.，"YouTube Stickiness: The Needs, Personal, and Environmental Perspective"，*Internet Research*，Vol. 25，No. 1，2015.
[2] 霍豪爽等：《基于社会认知理论的在线健康社区用户持续使用行为影响因素》，《中华医学图书情报杂志》2019 年第 6 期。
[3] 杨建林、陆阳琪：《基于认知视角的社会化信息搜寻影响因素分析》，《情报理论与实践》2017 年第 5 期。

机理。

压力应对理论指出用户在内外压力源的作用下形成压力应变，进而产生相应的物理结果。压力通常指被打破了平衡状态的个体与环境之间的关系[1]，当个体为了处理自身能力范围以外的内外部需求时会作出认知与行为上的努力，包括容忍、降低、规避等。张帅将主观规范、健康信息过载、健康自我效能和健康乐观偏好作为前因变量，研究大学生健康信息规避行为发生的机理[2]，发现个体信息规避行为受社会和信息环境及自身应对能力的影响；陈琼等[3]验证信息过载、感知焦虑、感知严重等压力源会通过防御动机这一中介变量对公众健康信息规避行为产生影响。本书认为，乡村公众在应对服务质量、平台质量、信息质量带来的使用压力时，可能会引发对公共数字文化服务的消极情绪，从而产生对乡村公共数字文化服务的信息规避行为。

第五节　刺激—有机体—反应理论与认知负荷理论及应用

刺激—有机体—反应（Stimuli - Organism - Response，S—O—R）理论是由 Woodworth 在 1926 年提出，是认知心理学的基础理论之一，其原理是用户在某些环境因素的影响下，对所用的产品或服务产生不同感受，从而导致用户表现出不同行为，主要用来解释环境因素对用户情感和行为的影响。[4] S—O—R 理论主要分为环境刺激因素（S）、

---

[1] Folkman S. and Lazarus R. S., "If It Changes It Must Be a Process: Study of Emotion and Coping During Three Stages of a College Examination", *Journal of Personality & Social Psychology*, Vol. 48, No. 1, 1985.

[2] 张帅：《大学生健康信息规避的潜在成因探究——基于压力应对理论》，《图书馆学研究》2020 年第 14 期。

[3] 陈琼等：《突发公共卫生事件中信息过载对用户信息规避行为的影响：基于 COVID—19 信息疫情的实证研究》，《情报资料工作》2020 年第 3 期。

[4] Woodworth R. S., "Dynamic Psychology", *The Pedagogical Seminary and Journal of Genetic Psychology*, Vol. 33, No. 1, 1926.

用户有机体（O）、用户反应（R）三部分。刺激因素分为情景和系统两个维度，情景主要指产品或服务的外部环境因素，例如用户习惯、替代品吸引力等，系统指产品或服务自身的内部环境因素，例如产品、服务的质量等。用户有机体主要是用户对产品或服务的感知、使用体验等。最后反应（R）是指在刺激因素和有机体作用下所导致的用户行为结果。

20世纪80年代，Mehrabian和Russell提出由外部刺激因素、内部用户有机体、用户反应三部分组成的用户流失行为模型，即通过刺激因素对用户有机体产生影响，进而对用户行为作预测的理论。[①] 之后S—O—R理论已被证实可适用于研究用户的认知判断与后续信息行为。[②] Belk在Mehrabian的模型基础上，构建电子商务的S—O—R模型，指出产品及其所在的情景会影响用户的情绪、认知，从而使用户对产品做出积极或消极行为（亲近或流失），正向刺激则产生亲近行为，负向刺激则导致流失行为。[③] 当前S—O—R模型作为用户行为分析的元模型，被用于实证分析政务App[④]、旅游App[⑤]、社交网站等的用户行为模式。在图书情报领域，国内学者已开始使用S—O—R理论研究用户行为。例如，徐孝娟等[⑥]基于S—O—R理论采用民族志与扎根理论相结合的定性分析方法考察人人网等社交网站的用户流失因

[①] Mehrabian A. and Russell J. A., *An Approach to Environmental Psychology*, Cambridge, MA: MIT Press, 1974, pp. 65–77.

[②] Zhang H. et al., "What Motivates Customers to Participate in Social Commerce? The Impact of Technological Environments and Virtual Customer Experiences", *Information & Management*, Vol. 51, No. 8, 2014.

[③] Belk R. W., "Situational Variables and Consumer Behavior", *Journal of Consumer Research*, Vol. 2, No. 3, 1975.

[④] 张海等：《基于S—O—R理论的移动政务App用户使用意愿影响因素研究》，《情报科学》2019年第6期。

[⑤] 汪智：《基于S—O—R理论的社会化旅游App消费者规避行为研究》，硕士学位论文，山东财经大学，2018年。

[⑥] 徐孝娟等：《S—O—R理论视角下的社交网站用户流失行为实证研究》，《情报杂志》2017年第7期。

第三章　乡村公共数字文化服务能力研究的主要相关理论

素。朱红灿等[①]以 S—O—R 为研究框架，将"心流体验"纳入用户有机体中，把政府数据开放平台的功能及社会属性作为刺激因素，探究用户的持续使用行为，总结了刺激、有机体、反应之间的传导机制及影响路径。

本书借鉴 S—O—R 理论，把质量因素、信息素养、替代品吸引力、感知有用性、满意度、涉入度作为乡村公众流失行为分析的解释变量，将公众流失行为作为被解释变量，系统研究环境和有机体因素对公众行为反应的影响机制，解决乡村公共数字文化服务的公众流失问题。本书认为，在乡村数字文化服务的内外部环境刺激因素的影响下，乡村公众对服务的感知、体验感受会产生不同变化，他们会根据自身的使用感受，做出不同的行为反应。当公众在环境刺激因素与有机体的反向刺激下，会逐渐对乡村数字文化服务失去使用欲望甚至不再想与服务产生联系，最终产生流失行为。

认知体现了个体对某项事物的信息处理过程和能力。Sweller 提出认知负荷理论，他认为认知是一种消耗品，在学习知识或解决问题中，需要作认知加工，从而消耗认知资源。当个体认知超出一定程度时，学习会变得无效化。Sweller 将认知负荷分为内部认知负荷、外部认知负荷和关联认知负荷三部分。[②] 认知负荷理论最先运用于教育学领域，后被国内外研究者运用到信息行为研究中。例如，李旭等[③]以微信为例，利用认知负荷理论从过载视角对用户的消极使用行为作定量研究，认为社交过载、信息过载、服务过载是用户对微信使用出现消极行为的重要原因。Gray 和 Durcikova[④] 考察用户对知识库的知识获

---

① 朱红灿等：《基于 SOR 框架的政府数据开放平台用户持续使用意愿研究》，《现代情报》2018 年第 5 期。
② Sweller J.，"Cognitive Load During Problem Solving：Effects on Learning"，*Cognitive Science*，Vol. 12，No. 2，1988.
③ 李旭等：《认知负荷视角下社交媒体用户倦怠及消极使用行为研究——以微信为例》，《图书馆论坛》2018 年第 11 期。
④ Gray P. H. and Durcikova A.，"The Role of Knowledge Repositories in Technical Support Environments：Speed Versus Learning in User Performance"，*Journal of Management Information Systems*，Vol. 22，No. 3，2005.

取行为，研究发现学习去向、风险规避、智力需求等因素影响用户信息行为，可以说认知负荷理论可为用户信息行为研究提供新的有效思路。

认知负荷理论相较于S—O—R理论，对用户信息行为的认知研究更加细化，可以有效区分刺激环境与有机体之间的关系，并补充S—O—R理论中未涉及的影响变量。由于受所处环境、习惯、兴趣等影响，乡村公众的信息素养处于较低水平。公众所具备的认知资源无法适应乡村公共文化服务的数字化转型，无法操作数字设备，不愿了解数字文化服务，形成技术过载、认知过载，产生放弃使用公共数字文化服务的想法。因此，本书运用认知负荷理论，作为S—O—R理论的补充，以加强对乡村公共数字文化服务的公众流失行为的解释力。

第六节 本章小结

本章阐述了"数字乡村"的内涵与特征，解析了公共文化服务能力的概念，总结了数字乡村背景下的公共文化服务能力的概念特点。在此基础上，着重分析整体性治理理论和信息场理论的渊源、内涵、要素对乡村公共数字文化服务的适用性，社会认知理论与压力应对理论、刺激—有机体—反应理论与认知负荷理论内涵及其在乡村公共数字文化服务中的具体应用，以指导和推动乡村公共数字文化服务能力研究。

第四章

乡村公共数字文化服务能力建设的态势

我国社会主要矛盾已经转化为人民日益增长的美好生活需要和不平衡不充分的发展之间的矛盾。公共文化服务与广大群众的生活息息相关，切实提高服务水平对于解决文化服务不平衡和不充分的矛盾，提升生活幸福感很有价值。然而，当前虽然不同的公共文化服务机构通过资源共建、服务方式变革、数字化平台构建，推动了公共文化服务均等化、便利化，但是与人民尤其是乡村公众更高质量、更广范围、更深层次的精神文化需求仍有差距。因此，本章将探索当前数字乡村背景下的公共文化服务实施情况如何，存在哪些问题，这些问题通过哪些因素影响乡村公共数字文化服务能力，以及这些因素之间发生作用的深层次机理。

第一节 乡村公共数字文化服务能力建设分析

公共数字文化服务能力是公共文化服务领域的重要研究内容，也是服务质量的保证。现有研究围绕提升服务能力，从服务的主体、资源、保障及效果评价等多个方面作了探索。公共数字文化服务既涉及服务提供方，又涉及服务受用方；既涉及服务供给质量，又涉及服务体验。当前对服务效能的研究包括两个方面：一是外部因素，即对服务的提供和保障情况作分析；二是内部主观建构因素，即探析与服务使用有关的感知因素。

就外部因素来说，乡村公共文化服务主要涉及主体、资源、保障等。在主体方面，多数学者认可政府的主导作用，但是政府作为唯一供给主体存在"失灵"问题，因而需要与社会力量合作[1][2]，通过理事会制度、业务外包、社会捐助，与图书馆、档案馆、博物馆等公共文化机构合作开展服务[3]；在资源和服务整合方面，可依据信息生态理论[4]、新公共服务理论[5]、信息集群理论[6]，利用本体[7]、XML中间件[8]等技术，整合公共数字文化资源[9][10]，解决资源建设中的内容版权问题[11]；从服务保障着手，主要通过《中华人民共和国公共文化服务保障法》《中华人民共和国公共图书馆法》等政策法规[12][13]明确社会力

---

[1] 吴建中：《再议图书馆发展的十个热门话题》，《中国图书馆学报》2017年第4期。

[2] 戴艳清等：《PPP模式在公共数字文化服务中的应用——基于参与主体职能视角》，《图书馆论坛》2020年第7期。

[3] 曹树金等：《我国公共数字文化建设与服务研究进展及特征分析》，《图书馆论坛》2015年第11期。

[4] 肖希明、唐义：《信息生态理论与公共数字文化资源整合》，《图书馆建设》2014年第3期。

[5] 肖希明、曾粤亮：《新公共服务理论与公共数字文化服务资源整合》，《图书馆建设》2015年第8期。

[6] 肖希明、李硕：《信息集群理论和公共数字文化资源整合》，《图书馆》2015年第1期。

[7] 肖希明、完颜邓邓：《基于本体的公共数字文化资源整合语义互操作研究》，《国家图书馆学刊》2015年第3期。

[8] 刘巧园、肖希明：《基于XML中间件的公共数字文化资源整合研究》，《图书情报知识》2015年第5期。

[9] 肖希明、曾粤亮：《公共数字文化资源整合与服务中的信息交流机制创新》，《图书馆论坛》2015年第6期。

[10] 金武刚：《公共文化服务体系中的图书馆创新发展研究》，《图书馆》2019年第5期。

[11] 韦景竹、李南星：《公众需求视角下公共数字文化资源建设版权问题与对策研究》，《图书与情报》2017年第5期。

[12] 新华网：《中华人民共和国公共图书馆法》，http：//news.xinhuanet.com/2017-11/04/c_1121906584.htm。

[13] 中国人大网：《中华人民共和国公共文化服务保障法》，http：//www.npc.gov.cn/npc/xinwen/2016-12/25/content_2004880.htm。

量如何参与中观与微观层面的服务[1],通过向社会购买、租赁、委托、特许经营、管理、捐助、投资等多种方式解决公共文化服务的经费[2]问题,同时从人员配置、专业技术人才培养层面解决队伍问题。[3][4]主观建构因素主要侧重于服务的使用者角度,研究者结合三大公共数字文化工程以及文化服务体系实践,或调查乡村公众需求及其对服务的认知和使用满意度[5][6],或探讨乡村群体使用公共数字文化的意识、自身技能等影响因素[7][8],或提出乡村公共数字文化建设的评价指标体系。[9]

综上,乡村公共数字文化服务研究涵盖两个方面:一是公共数字文化的外部因素、外部情境的探讨,着眼于政府、社会组织、企业、公众等主体角色,对资源内容、知识产权、服务保障等作分析;二是探讨乡村公共数字文化服务的主观建构因素,如认知、需求、使用技能障碍等问题。然而,在公共数字文化服务中,单个因素固然对服务有影响,但导致公共数字文化服务效能不足往往是多种因素共同作用的结果。所以,本书将进一步探析内外因素如何作用于不同的个体、群体,对这些因素如何导致乡村公众在公共数字文化服务中因使用层次不同而影响到服务效用作归因。鉴于公共数字文化服务体系涉及对多个要素的整合,本书试图对乡村公共文化服务从整体层面、战略层

---

[1] 李国新:《〈中华人民共和国公共图书馆法〉的历史贡献》,《中国图书馆学报》2017年第6期。

[2] 齐勇锋、李平凡:《完善公共文化服务体系 提高国家文化软实力》,《中国特色社会主义研究》2012年第1期。

[3] 曹树金等:《广东省公共数字文化网站调查与分析》,《图书馆论坛》2015年第11期。

[4] 吴理财:《以财政标准化投入推进农村公共文化服务均等化发展》,《行政管理改革》2019年第5期。

[5] 韦景竹等:《公共数字文化服务需求调查》,《图书馆论坛》2015年第11期。

[6] 戴艳清等:《农村公共数字文化服务供需矛盾分析——基于湖南省花垣县的调查》,《国家图书馆学刊》2020年第2期。

[7] 闫慧、林欢:《中国公共数字文化政策的评估研究——以公共电子阅览室建设计划为样本》,《图书情报工作》2014年第11期。

[8] 钱丹、陈雅:《公共数字文化的一体化服务效能探析》,《图书馆》2017年第6期。

[9] 陈则谦等:《公共文化云服务的评价指标构建及应用》,《图书情报知识》2020年第6期。

面考量，不偏重于主体、资金、人才队伍、资源、主观建构等局部因素，并展现这些因素之间可能存在的相互关系，进一步探析共同作用的机理，为提升我国乡村公共数字文化服务能力提供一定的借鉴。

第二节 乡村公共数字文化服务能力的研究设计

  本书的研究问题是：当前乡村公共数字文化服务政策制定情况如何，实施状况怎样，各类人群如何参与公共文化建设与服务，效果怎么样？本书将建构性别、年龄、职业等主体特征，服务保障、服务内容、信息素养等要素如何相互作用，如何影响乡村公共数字文化服务能力。

  为突破乡村公共数字文化服务能力研究的局限，从政策制定和实施效果方面更为全面地研究乡村公共文化服务如何有效布局与协同发展，本书主要选取江苏省内国家级和省级公共文化服务体系示范区建设文本，分析政策规划文本及实施状况报告中乡村数字文化的相关内容，同时结合各示范区实地调查情况，初步判断目前乡村公共数字文化政策制定和落实情况。

  2018年7—8月，本书通过39天的实地访谈作数据采集，以半结构化深度访谈和焦点小组访谈为主，并辅之参与式观察，调研范围遍及乡村图书馆、文化站等公共文化机构。个别深度访谈的用时一般在25—40分钟，焦点小组访谈的用时一般40—60分钟。

  考虑到在现有的乡村公共数字文化服务的经验研究中，区域及受访对象的选取和研究数据的采集受限于特定地区，为保持研究深度，提升研究成果的代表性和覆盖面，本书选取的政策文本覆盖了江苏省三批公共文化服务示范区26个市和县（区），调查点遍及江苏省北部、中部、南部，代表不同的社会经济发展水平和文化特色，能在一定程度上反映跨区域、跨层次范围内服务实践的典型问题。本书在深入挖掘研究对象的微观行为和认知结构的同时，注重加强异质样本之间的比较，以提取更为稳健、适用范围更广泛的服务特征要素及机理，增强研究成果的解释力和应用广度。

为了深入分析政策制定和实施效果，本书采用扎根方法对政策文本、访谈资料作分析，以乡村公共数字文化服务的各方面表现为基本研究内容：第一，剔除重复性较高的样本，原则上尽可能兼顾不同性别、不同年龄段、不同文化程度及不同职业等因素，充分获取公共数字文化服务使用状况的原始资料；第二，利用开放性编码技术，整理和分析所获取的资料，最终形成初始概念，并逐步范畴化，形成初步的概念类属；第三，在开放性编码结果的基础上，发现概念类属之间的各种联系，合并、归纳概念类属，作主轴编码；第四，作选择性编码，抽取核心范畴，在范畴之间建立关系；第五，以获得的核心范畴及其之间的关系为依据，揭示服务机理。

第三节 乡村公共文化服务示范区政策文本分析

本书共收集江苏省公共文化服务示范区政策文本 372 份，覆盖江苏省全部地级市。在文本分析前，本书将高度重复的政策文本剔除，同时兼顾不同地区政策文本的可比性和同一地区政策文本的差异性，最终纳入分析的文本有 290 份。为便于分析和整理，本书按文本所属地区分别编号，对每个政策文本涉及乡村的内容分别作开放编码，再进一步整合，而后作主轴编码和选择性编码，最终得到政策文本的扎根分析结果。江苏省各地区政策文本编号如表 4-1 所示。

表 4-1　　　　　　　　政策文本基本情况

编号	所属地区	编号	所属地区
R1	徐州市邳州市	R14	南通市通州区
R2	宿迁市泗阳县	R15	南通市海安县

续表

编号	所属地区	编号	所属地区
R3	淮安市清河区	R16	南京市
R4	淮安市盱眙县	R17	南京市高淳区
R5	盐城市盐都区	R18	南京市建邺区
R6	盐城市东台市	R19	镇江市
R7	盐城市建湖县	R20	镇江市润州区
R8	连云港市东海县	R21	苏州市昆山市
R9	连云港市灌南县	R22	苏州市太仓市
R10	泰州市海陵区	R23	无锡市惠山区
R11	泰州市姜堰区	R24	无锡市宜兴市
R12	泰州市靖江市	R25	常州市
R13	扬州市高邮市	R26	常州市金坛市

一 开放式编码

开放式编码是扎根理论的基础阶段，是指对原始文本材料的内容作归纳整理，以获取公众公共服务初始概念，并对概念类别的属性及维度作确认。本书对13市的政策文本开放式编码作归纳，剔除重复概念，最终共得到初始概念118个（a1—a118）。之后，提炼初始概念范畴，共得到13个范畴，如表4-2所示。

表4-2　　　　　　　　政策文本的开放式编码过程

范畴	初始概念
A1 制定主体	a1 市文化广电体育局；a2 文广新局；a3 区委宣传部；a4 市工作领导小组；a5 市发展和改革局；a6 市国土资源管理局；a7 市住房和城乡建设局；a8 市规划局；a9 县咨询委员会；a10 课题研究团队
A2 实施主体	a11 区文化行政主管部门；a12 区文化部门；a13 区社会事业服务中心；a14 区监察局；a15 区审计局；a16 市广播电视台；a17 市人力资源和社会保障局；a18 市经济和信息化局；a19 市民政局；a20 市教育局；a21 市、区文联；a22 区总工会；a23 团市委；a24 市妇联；a25 市残联；a26 企业；a27 研究机构

续表

范畴	初始概念
A3 出资主体	a28 中央财政部门；a29 市、区财政局；a30 市发改委；a31 社会资本
A4 受益主体	a32 群众；a33 农民；a34 外来工人员；a35 留守妇女儿童；a36 非营利性文化机构；a37 业余剧团
A5 资源内容	a38 图书报刊；a39 数字资源；a40 电子阅览室；a41 数字图书馆；a42 数字农家书屋；a43 文化精品；a44 民间文化遗产；a45 品牌活动；a46 文化创建活动
A6 服务内容	a47 通借通还；a48 送书、送戏、送电影"三送"工程；a49 文化惠民工程；a50 信息资源共享工程；a51 资源数字化；a52 资源整合；a53 艺术创作；a54 文化宣传；a55 公共阅读服务体系；a56 "一镇一品""一村一特"文化建设
A7 运行保障	a57 示范村建设；a58 智慧社区工程；a59 广电数字化工程；a60 "户户通"工程；a61 "数字清河"工程；a62 免费开放；a63 设施管理；a64 总分馆模式；a65 一卡通模式；a66 政社协作模式；a67 应急系统；a68 人才挖掘工程
A8 经济保障	A69 政府扶持经费；a70 政府专项经费；a71 税收优惠；a72 文化基金会；a73 社会捐赠；a74 服务收费
A9 法制保障	a75 政府购买机制；a76 经费使用报告制度；a77 扶持奖励机制；a78 文化配送机制；a79 文化志愿服务机制；a80 目标责任制；a81 持证上岗制度；a82 行业协会管理体制；a83 自查机制；a84 绩效评估制度；a85 工作联动机制；a86 联席会议制度；a87 文化援助机制；a88 共建共享机制；a89 安全管理制度；a90 专家咨询制度；a91 公众反馈与评价机制
A10 能力保障	a92 文化室；a93 图书馆分馆；a94 档案资料室；a95 文化广场；a96 文化圈；a97 计算机设备及网络；a98 宣传设施；a99 无障碍设施；a100 设施更新；a101 人员配备；a102 人才引进；a103 人员培训；a104 专业资格认证
A11 动力保障	a105 信息公开；a106 意见信箱；a107 民意征询；a108 第三方评估；a109 公众监督；a110 公众参与
A12 直接效果	a111 覆盖率；a112 受众率；a113 利用率；a114 公众信息素养；a115 公众满意度
A13 潜在效果	a116 现代化服务体系；a117 社会文明程度；a118 文化凝聚力

二 主轴编码

在开放式编码的基础上，主轴编码重在表现各个部分之间的有机关联，发现和建立概念类属之间的联系。本书根据各范畴的逻辑关系，最终将13个范畴整合为4个主范畴，包括主体、内容、保障、效能。具体如表4-3所示。

表4-3　　　　　　　　政策文本的主轴编码过程

主范畴	范畴	范畴内涵
B1 主体	A1 制定主体	公共文化服务涉及的政府部门等建设主体
	A2 实施主体	指导帮助乡村落实和管理公共文化设施，完善公共文化服务的相关主体
	A3 出资主体	提供公共文化服务体系建设经费支持的相关主体
	A4 受益主体	示范区建设的主要受益对象
B2 内容	A5 资源内容	示范区提供的空间设施、网络接入、基本文化资源，特色文化资源、文化活动
	A6 服务内容	示范区提供的基础服务、特色服务，以及依托其建立的公共文化服务体系
B3 保障	A7 运行保障	为满足示范区公益、开放、共享、普惠目标所建立的运行管理体系
	A8 经济保障	支撑公共文化示范区建设的经费支持体系
	A9 法制保障	支撑公共文化示范区建设的法律、规章制度体系
	A10 人力保障	支撑公共文化示范区建设的人才队伍体系
	A11 动力保障	为充分调动社会主体积极性，引导社会参与而建立的激励机制
B4 效能	A12 直接效果	直接对公共文化服务产生的影响
	A13 潜在效果	为支持国家和地方发展战略产生的潜在影响

三 选择性编码

选择性编码主要梳理范畴之间的关系，包含对核心范畴及主范畴等范畴之间的关系作联结，揭示范畴之间的典型关系结构。政策文本的主范畴典型关系结构及被采访者的代表性语句将在研究发现中揭示。

第四节 乡村公共文化服务示范区访谈文本分析

本书从江苏省北部、中部、南部的公共文化服务示范区的 7 个乡村中一共选取 27 位具有典型特征的深度访谈对象作为研究的依据，并提供他们的基本信息描述，如表 4-4 所示。这些典型案例在编码过程中基本包含了所有被提取出的核心概念类属。基于文本编码形成的一系列核心范畴及相关文本片段，将在下文公共数字文化服务分析中作详细阐释。

表 4-4　　典型访谈对象基本情况

访谈对象	所属地区	职业	性别	年龄	受教育程度
#SB2	R3	馆长	男	49	大专
#SB3	R5	企业职员	男	40	本科
#SB4	R3	小卖部老板	女	51	高中
#SB6	R5	政府工作人员	女	38	大专
#SB7	R3	初中生	男	14	初中
#SB10	R5	教师	女	25	本科
#SB11	R5	村支书	男	45	初中
#SB14	R3	农副产品经营者	女	36	初中
#SB17	R5	务农人员	女	61	小学
#SB19	R5	村主任	男	46	初中
#SZ3	R14	馆长	男	43	本科
#SZ4	R14	网吧管理员	男	23	高中
#SZ6	R14	教师	女	28	本科
#SZ9	R14	务农人员	女	41	初中
#SZ10	R14	文化站管理员	女	35	高中
#SZ12	R14	饭店员工	男	33	初中
#SZ14	R14	理发师	男	23	初中

续表

访谈对象	所属地区	职业	性别	年龄	受教育程度
#SZ17	R14	五金店店长	女	35	初中
#SZ18	R14	退休职工	女	61	小学
#SN1	R18	馆长	男	41	本科
#SN4	R24	教师	男	28	研究生
#SN7	R18	医生	女	44	本科
#SN9	R18	企业职员	男	47	本科
#SN11	R26	高中生	女	16	高中
#SN14	R22	教师	女	36	本科
#SN17	R22	文具店老板	男	67	高中
#SN18	R26	务农	女	57	高中

一 开放式编码

本阶段获得初始概念较多,在范畴化过程中将重叠较多的初始概念梳理、合并,重复次数少的初始概念剔除,最后获得53个初始概念。对初始概念进一步归纳,最终共获得范畴(概念类属)14个(B1—B14),结果如表4-5所示。

表4-5　　　　典型访谈对象的开放式编码过程

范畴	初始概念
A1 政府力量	a1 国家;a2 地方政府;a3 文化单位
A2 社会力量	a4 企业;a5 社会组织;a6 公众
A3 资源内容	a7 文化资讯;a8 文化资源;a9 特色资源;a10 文创资源
A4 服务内容	a11 场馆预订;a12 文献提供;a13 文创展览;a14 讲座培训;a15 直播互动空间;a16 文化活动;a17 健康等公共信息服务
A5 目标保障	a18 公益性;a19 开放性;a20 共享性;a21 普惠性
A6 经济保障	a22 国家财政;a23 地方财政;a24 单位资金;a25 企业资本;a26 社会捐赠;a27 服务收费
A7 法制保障	a28 法律;a29 制度;a30 规章;a32 规划;a32 规范
A8 能力保障	a33 场所;a34 设施;a35 技术;a36 人员;a37 培训

续表

范畴	初始概念
A9 动力保障	a38 程序规范；a39 公开透明；a40 积极灵敏；a41 负责有效
A10 信息意识	a42 信息兴趣；a43 信息有用；a44 信息便利；a45 个人发展
A11 信息技能	a46 基本技巧；a47 操作熟练；a48 检索表达；a49 检索自助
A12 服务使用	a50 不使用；a451 正在使用
A13 服务满意	a52 服务满足；a53 满足需求
A14 持续使用	a54 继续使用；a55 依赖服务

二 主轴编码

本阶段的主要工作是确定主范畴及其副范畴，深入分析和比较研究目标及对象的特性，挖掘研究范畴之间的逻辑关系。本书进一步分析开放性编码阶段获得的 14 个范畴，将其归纳成 5 个主范畴，如表 4-6 所示。

表 4-6　　　　　　　典型访谈对象的主轴编码过程

主范畴	范畴
B1 主体	A1 政府力量
	A2 社会力量
B2 内容	A3 资源内容
	A4 服务内容
B3 保障	A5 目标保障
	A6 经济保障
	A7 法制保障
	A8 能力保障
	A9 动力保障
B4 素养	A10 信息意识
	A11 信息技能
B5 效能	A12 服务使用
	A13 服务满意
	A14 持续使用

三 选择性编码

选择性编码主要对主轴编码过程中凝练出的5个主范畴之间的典型关系作揭示。访谈文本的主范畴关系结构及被采访者的代表性语句在研究发现部分详述。

第五节 乡村公共数字文化服务能力的研究发现

本书中乡村公共数字文化服务的实施状况主要通过不同的维度衡量，这些维度对应不同层次的公共数字文化服务能力。在这个研究范畴中，服务能力体现为对当前的乡村公共数字文化服务的使用、使用满意度以及持续使用行为三个层次。乡村公共数字文化服务困境通常表现为未使用服务、需求与期望较低，使用缺乏动力等；公众信息素养是指公众意识、技能等因素；主体是指政府、文化单位、企业、社会组织、公众等主体的角色；内容是指乡村公共数字文化资源和服务；保障是指公众使用公共数字文化服务的配套条件，比如公益性、开放性、共享性、普惠性目标是否能够在服务中得到保障，服务的场所、设施、人员、培训等信息能力培育环境如何，政府、社会力量对服务的经济保障情况，法律、制度、规章等法制保障情况。

同时，考虑到本书的目的在于从主体、内容、保障、素养等层面及其表现发掘乡村公共数字文化服务发生的起因，揭示服务状况及机理，发现服务所蕴含的规律，本书根据现有政策文本及实地调查中受访者自身体现出的特征，重点突出四类核心概念类属：第一类是乡村公共数字文化服务的多元建设主体，比如政府、文化单位、企业、社会组织、公众；第二类是公共数字文化服务相关的内容；第三类是主体使用公共数字文化服务的外部环境，在此指的是能够为主体提供公共数字文化服务支持，或及时帮助主体解决服务使用障碍的社会关系，比如经济、法制、能力、动力、运行目标保障；第四类是公众信息素养，比如对服务的有用性、易用性感知、自我效能、信息技能，以及自身固有特征，比如年龄、职业、受教育程度对公共数字文化服务效能不同阶段的影响。在数据分析和理论构建的过程中，本书将上述四类核心概念类属纳入公共数字文化服务过程中考察，以提供具有一定解释力的理论框架。

一 服务使用

公共数字文化服务的使用是指公众在日常信息利用中，通过公共数字文化工程，比如文化信息资源共享工程、公共电子阅览室、数字图书馆、国家公共文化云等平台或App应用获取和使用服务的过程。公共数字文化服务的使用处于服务满意和持续使用链条的前端。基于相关文本内容，本部分主要考察政策和使用语境中公众自身特征、政社主体、服务内容、外部保障、信息素养因素之间及其与乡村公共数字文化服务使用的关系。

（一）主体

在乡村公共数字文化服务中发挥核心作用的部门、单位、组织、个人统称为主体。本书中使用阶段的主体分为政府力量和社会力量，涉及政策制定、实施、出资、受益主体四类。

政府部门是政策的制定主体，以文化部门为主导，包括文化厅、文化局等。文化部门通过发布公共文化建设文件，发挥保障公众基本文化权益的基础性作用。比如，在示范区，政策制定主体有市文广新局和区文广新局（#2），以及临时组建的工作领导小组（#4）。

相比于政策的制定，政策的执行和评估是实施主体关注的对象。实施主体主要为地方政府和文化单位，它们在示范区建设中参与力度大，往往把建设任务纳入目标管理责任制，是政策实施的主要力量。此外，政策主要依赖图博档机构，比如，公共图书馆、文化馆等社会事业服务中心（#13）具体落实。

出资主体主要体现为政府财政投入。各示范区经费主要来自各级财政部门，有财政补贴、专项资金等形式。比如，金坛市财政局对公益性公共文化设施项目建设提供支持（#29）。此外，示范区还提供用地支持。比如，常州市对推进村（社区）文化室达标建设提供土地支持（#69），这说明乡村公共文化基础服务以政府投入为经济基础。

公共政策所要发生作用的社会对象称为受益主体，主要为公众。政府文化部门，包括文化厅、文化局负责指导各级公共图书馆、文化馆、博物馆落实政策，为公众提供基本公共数字文化服务，使群众成为公共文化服务的受益者（#12）。

（二）内容

资源一般指人力、物力等各种物质层面要素的总和，可分为自然资源和社会资源。服务指履行职务，为他人做事，并使他人从中受益的一种有偿或无偿的活动，通常不以实物形式而以提供劳动的形式满足他人某种需要。[①] 根据公众对服务的认识和利用情况，使用阶段的内容主要表现为乡村基础文化服务、一般性文化活动。

基础文化服务是指为公众提供文化资源、文化场所，及相关文化保障的服务。示范区为保障公共文化服务的提供，对图书报刊等文化资源的供给提出具体而明确的要求。比如，金坛市要求每个行政村藏书量2000册以上，年购新书50册以上，报纸、杂志不低于5种（#38）。除了文化资源，各示范区对文化设施的建设也都有所要求，比如，常州市要求市、辖市区、乡镇、村四级公共文化设施设置率、达标率均达到100%（#46）；盱眙县要求推进乡镇文化活动中心、村（居）文化室均衡发展，提升"五室一场地"配套水平（#92）；清河区建有标准配置服务点，建有标准的公共电子阅览室，基层有线电视户户通（#173）；盐都区以设立镜像站点方式，实现"共享工程"乡镇基层服务点的全面覆盖（#136）。

除文化资源外，文化活动是丰富公众文化生活，保障公众精神文化需求的重要途径。文化活动具体表现为一般性文化活动和文化惠民活动。在一般性文化活动中，示范区普遍提供文化空间和设施。比如，南京市建有14个示范文化广场和86个社区特色文化广场，为群众提供公共文化空间资源（#95）；宜兴市通过村文化活动设施建设，来支持开展各类文化活动（#63）。

---

① 吕叔湘、丁声树：《现代汉语词典》，商务印书馆2016年版。

第四章 乡村公共数字文化服务能力建设的态势

(三) 保障

保障是影响公众使用服务的重要因素之一,保障的完善与否直接决定了公众是否具有使用服务的基本条件。本阶段中保障体现在目标保障、经济保障、法制保障、能力保障四方面。

(1) 目标保障是乡村公共文化机构为保障目标而实施的运行管理体系。目标保障在此阶段表现为一般性设施支撑网络和专门性的公共服务工程分支建设。示范区纷纷响应国家"兼顾城乡之间、地区之间的协调,坚持公共文化服务普遍均等原则",以"推进基本公共文化服务标准化、均等化"为发展目标。比如,通州区镇文化站向公众免费开放且全年免费开放300天以上(#132);常州市各级图书馆、博物馆、美术馆等公共文化场馆全部免费开放(#62),建立以常州图书馆为总馆,区级图书馆和乡镇图书馆为分馆的公共图书馆三级总分馆模式(#64)。此外,示范区还通过不同的工程建设,不断提高公共文化服务水平。比如,金坛市推进"智慧社区"工程(#58)和广播电视数字化工程(#59);东海县完成有线电视数字化,整体转换为"户户通"工程(#60)。

(2) 经济保障在乡村公共数字文化服务使用阶段不可或缺。示范区的经济保障主要以政府财政补贴、专项资金为主。比如,灌南县公共图书馆、文化馆(站)、美术馆免费开放所需经费由中央财政按补助标准负担50%(#28);润州区继续保障重点文化设施和文化项目的投入(#130)。也有示范区通过建立常态化机制保障资金投入,比如,盐都区将免费开放经费纳入公共财政经常性支出预算(#122)。

(3) 法制保障是为履行服务职能建立的各项乡村公共文化服务制度。为推进公共文化服务体系建设,示范区建立了一系列基础保障制度。比如,常州市建立经费使用报告制度,每半年向区创建工作领导小组报告经费使用情况,同时抄报文化、财政部门(#76)。除基础性制度,安全机制也是示范区考虑的范畴。比如,润州区完善应急处置机制,确保公众安全、资源安全、设施设备安全(#67)。

(4) 能力保障表现为保障服务顺利开展而提供的空间场所、设备设施、网络接入、人员配备情况。大部分乡村公众拥有手机设备,但网络接入并不普遍。示范区网络接入、设备拥有（电脑、手机、电子阅读器、微博、微信使用）、公共服务场所（图书馆、文化馆、公共电子阅览室）、公共机构设备（图书馆数字设备、公共电子阅览室设备、文化共享工程设备）具体情况见表4－7。为解决基层公共文化服务能力不平衡、资源供给不充分、财力保障不充足问题，示范区推动了文化惠民工程建设。比如，清河区将服务体系建设制度化、规范化，免费开放文化设施，向社会提供免费上网时间至少8小时/日（#127）；建邺区将服务纳入政府考核，每个乡有基层服务点，实现"村村通"，图博档公共设施面向公众每天免费开放9小时（#146）。为保障服务运转，示范区配备了工作人员。比如，通州区固定专兼职人员（#101）；太仓市综合文化中心配备专门人员，行政村配备专职或兼职宣传文化干部负责日常管理（#141）。此外，示范区还积极建立文化志愿者队伍，为公众使用服务提供帮助（#148），激发了公众的服务使用动力。

表4－7　　　　典型访谈对象的服务设施、设备情况

编号	网络接入	电脑	智能手机	电子阅读器	微博、微信	数字图书馆使用	公共电子阅览室使用	文化共享工程使用
#SB2	√	√	√			√	√	√
#SB3	√	√			√			
#SB4			√					
#SB6	√		√			√	√	
#SB7	√	√	√				√	
#SB10			√		√	√		
#SB11	√		√					
#SB14			√					
#SB17								
#SB19			√					
#SZ3	√	√	√		√	√		
#SZ4	√	√	√		√			
#SZ6	√	√	√		√			

续表

编号	网络接入	电脑	智能手机	电子阅读器	微博、微信	数字图书馆使用	公共电子阅览室使用	文化共享工程使用
#SZ9			√				√	
#SZ10	√	√	√		√			
#SZ12			√					
#SZ14	√		√		√			
#SZ17	√	√						
#SZ18			√					
#SN1	√	√	√		√	√	√	√
#SN4	√	√	√	√	√	√	√	√
#SN7	√	√	√		√			
#SN9	√	√	√		√	√		
#SN11	√	√	√	√	√			√
#SN14	√	√	√		√	√		
#SN17			√					
#SN18	√	√	√					

（四）素养

使用阶段的素养体现在公众是否意识到信息的有用性，能否主动地获取信息，以及能否操作手机、电脑等数字设备。受访公众对公共数字文化服务不了解的居多，原因主要有四个：①不了解公共文化服务，"不知道文化共享工程、电子阅览室等提供何种资源"（#SB11）。②对公共文化服务存在误解，认为"公共文化场所和提供的设备、网络与网吧相比，除了安静外，其他方面的差别不大"（#SN18）。③不知道位置，"不清楚到底哪里有公共文化服务场所"（#SZ18），影响了公共文化服务的有效使用。④认为公共数字文化服务效用不大，表示"与自己关系不大"（#SB17），"对自身没什么帮助"（#SZ12）。可见，公共数字文化服务的使用不仅取决于设备、网络、场所的配套，还明显受到信息意识的影响。信息意识不足，没有掌握操作技术，时间和精力缺乏，都对公众使用公共数字文化服务造成负面影响。

（五）主体、内容、保障、素养之间及其与服务使用的内在关联

主体、资源、保障和素养四个维度影响服务使用。首先，主体是基础维度，是公共文化服务制度和运作模式的"发起点"，影响公共文化资源和服务，决定着保障质量。比如，高淳区财政每年安排预算，统筹保障（#124），按照成本价格为群众提供服务（#152），表明出资主体和实施主体相互配合，共同影响服务供给。其次，保障和内容影响公众信息素养。有的公众认为"电脑等数字设施影响使用，比如，利用上班之便，用电脑给小孩查学习资料，下载点电子资料"（#SZ10）；有的公众认为，内容是影响使用的重要因素，比如，"我的手机刚换，上网也快，闲的时候会看新闻，偶尔上图书馆网站查找一些感兴趣的资料，现在学会用了"（#SB10）。最后，素养维度对公众使用公共文化服务产生直接影响。公众信息意识和操作能力不足，导致公众对数字文化资源的利用率不高。比如，有公众表示"手机没上网功能，有条件可以学着用电脑上网"（#SB17），"感觉没啥用，平时邻居一起聊天打发时间"（#SZ9）。

年龄、职业、学历对公众使用乡村公共数字文化服务的影响各不相同。年轻者使用智能手机、电脑较多，相比年龄较大、无电子设备者，他们有更高的获取服务的积极性。比如，有公众表示，"老了，手机没上网功能，不太想学习"。就职业来说，事业单位人员、企业人员、学生等职业的公众比涉农职业（村支书、务农人员、小卖部老板等）有更多的时间和精力使用公共数字文化服务，比如有公众利用上班之便，用电脑给小孩下载点资料。涉农职业人群在设备拥有和网络使用上意愿较低，这其中既有经济因素，比如收入负担不起，也有农忙或工作忙、无专门时间等职业因素。事业单位人员、企业人员、学生等职业，出于学习、业务需要，工作本身和数字设备有关，时时处处体现数字资源利用。受教育程度对设备的接入和使用较大，这与不同教育层次引起的职业和收入差异有关。此外，文化机构的设施建设，比如电脑陈旧、功能不健全、收费、网速慢、网站不好用，对公众的服务使用也有较大影响。政策文本和访谈文本中乡村公共数字文化服务使用状况的描述见表4-8。

表4-8　　　　政策文本和访谈文本中乡村公共
数字文化服务使用状况的描述

编号	影响关系	文本片段
#170	主体—>保障	区财政每年安排预算，统筹使用；区、镇（园区）两级财政要安排专项经费，保证重点公共文化设施建设项目的顺利实施
#133	主体—>资源	各部门购买数字资源，实现数字资源的互联互通、共享共用；赠送音响设备1500多套、系列丛书8000多册、举办公益演出30多场
#134	保障—>使用	……"一卡通"提供通借通还、电话续借、书刊阅览、书目查询等服务；为老年人提供健康的文化活动环境，吸引……参与使用
#175	保障—>使用资源—>使用	共享工程服务点不少于10台终端计算机……供群众使用；定期推荐一批优秀出版物……满足群众的使用需求和偏好
#SB10	保障—>素养—>使用	我的手机刚换，上网很快。闲的时候会看新闻，偶尔想起来上图书馆网站；家周围有图书馆……没事会去那边查查资料
#SB17	保障—>素养 年龄—>素养	老了，手机没上网功能，不太想学习，有条件也可以学，就是不知道难不难；对上网不太感兴趣……年纪大了……感觉没啥用
#SZ9	保障—>素养	电子阅览室设施、设备少，自己操作也不熟练，不知道有没有人教，能不能学会用；要是有专门的操作步骤……会不会学起来很快
#SZ9	职业—>使用 保障—>使用	平时忙上网还花钱，感觉没啥用，平时邻居一起聊聊天就打发时间了；平时工作用不着上网……就偶尔打打电话
#SZ10	学历—>保障—>使用 保障—>素养	我上过高中，工作稳定，利用上班之便，用电脑给小孩查学习资料，下载点电子资料；有不会的问题会去找别人帮忙……自己也会看些新闻啥的
#SN4	保障—>内容 保障—>使用	电子阅览室电脑陈旧、功能不健全、收费、网速慢、网站不好用；服务人员态度不好……回答问题的时候总是不耐烦

二 使用满意度

公共数字文化服务的使用满意度是指公众在使用公共数字文化服务后，对服务满足信息需求与否的判断，表现了服务是否能够真正融入公众生活。结合访谈文本中服务、需求等相关内容判断。本书发现，公众自身特征、政社主体、服务内容、外部保障及公众信息素养因素对能否满足公众的公共数字文化需求有影响。

（一）主体

政府仍然是主要制定主体，跨部门合作开始增强。比如金坛市发展和改革局把公共文化服务体系建设纳入市国民经济和社会发展总体规划（#5）；通州区体育局为公共文化服务体系建设的政府决策提供科学建议和有效论证，发挥参谋作用（#1）。

社会力量的作用不断显现，开始充当实施主体、出资主体、甚至是受益主体。比如，润州区政府鼓励社会公众以捐赠资助等形式，参与公共文化服务设施、设备等各种资源，以及各种公益文化服务项目的建设（#73）。

实施主体范围扩大。政府部门根据职能分工，共同形成公共数字文化服务保障体系。金坛市人力资源和社会保障局、编办负责各镇综合文体站工作人员的招录工作（#17），民政局负责老年人公共文化活动场所的管理，为老年人营造健康的文化活动环境（#19），文联组织社会文艺团体和民间文艺团队开展各类文化活动（#21），教育局组织开展适合少年儿童的各类文体活动，策划和创作青少年喜闻乐见的文艺精品（#20）。

出资主体开始有企业、个人加入。政府仍是主要出资主体，比如常州市发改委会同市财政局和相关部门依据《政府购买服务协议书》作绩效考核，支付服务经费（#30）。企业和个人通过捐赠或购买服务方式参与公共文化服务建设。比如，清河区无偿保障建设用地，通过政府购买、项目补贴、企业参与等方式促进公共文化建设（#145）。

受益人群在此阶段开始进一步细分为群众、未成年人、老年人、残障人士等。示范区针对农民等弱势群体，推出不同政策，比如常州市鼓励社会组织和农民自办文化（#33）；金坛市发改委、财政局及相关部门对提供服务的行业协会支付费用（#178），针对残疾人群，建立无障碍设施，针对外来务工人员，举办各种文化娱乐活动，满足不同公众的精神文化需求。

（二）内容

使用满意度阶段所指的服务内容侧重文化资源供给数量和文化活动开展频率。

基本文化资源保障了公众基本文化需求，示范区普遍提供各类文化资讯、娱乐资源、数字资源。比如，盱眙县"免费为广大农民群众开展送电影下乡服务活动"（#119）。除基本资源外，示范区进一步结合公众需求（见表4-9），通过增加数字设施，购买数字资源等方式丰富公共文化资源供给。比如，靖江市综合利用各部门、单位在基层配置的数字阅读设备，并以集中采购的方式购买数字资源，实现资源互联互通、共享共用（#39）；姜堰区建立和完善数字图书馆，整合文化信息资源共享工程资源（#143）；宜兴市促进镇、村协力创建，18个镇、314个村建成服务设施体系。多数地区根据规划建有多功能活动厅、电子阅览室、报刊阅览室、培训教室、信息资源共享服务室等供公众使用（#171）。

表4-9　典型访谈对象对公共数字文化服务内容期望情况

编号	文化资讯	文化资源	讲座资源	培训资源	互动空间	预约预定	文献传递
#SB2	√	√		√			
#SB3			√				
#SB4				√		√	√
#SB6			√				
#SB7		√		√	√		
#SB10		√		√		√	√
#SB11	√	√		√			
#SB14	√						
#SB17		√	√				
#SB19	√						

续表

编号	文化资讯	文化资源	讲座资源	培训资源	互动空间	预约预定	文献传递
#SZ3	√	√	√			√	√
#SZ4		√	√			√	
#SZ6		√	√	√	√		
#SZ9		√	√	√			
#SZ10	√	√	√	√			
#SZ12		√		√			
#SZ14		√				√	√
#SZ17				√		√	
#SZ18			√				
#SN1	√	√	√	√	√		
#SN4		√					
#SN7		√				√	√
#SN9		√			√		
#SN11	√		√	√	√		
#SN14			√		√	√	√
#SN17		√					
#SN18		√		√			

示范区文化活动明显增加，品牌活动不断开展。示范区开始具有公共文化服务品牌意识，推出一系列品牌活动作为公共文化活动推广的手段。比如，常州市农村"三送"工程持续开展，实现送书40000余册，送戏1000余场，送电影12000余场（#48）；泗阳县通过多种途径和载体，开展公共文化服务品牌创建的宣传，让广大群众理解品牌创建的重要性和意义（#182）；海安县为公共文化服务定制了10大类共100多项产品，包括演出、展览、培训、影视、秀场、赛事、节会、阅读、娱乐、健身等（#183），满足公众多样化公共文化需求。

（三）保障

随着公众对公共文化服务认识的不断提高，示范区开始注重顶层设计，提供相对系统的目标、经济、法制、能力、动力保障。

第四章 乡村公共数字文化服务能力建设的态势

（1）目标保障体现为公共文化服务相关的运行模式开始建立，并不断规范化。一是总分馆模式，是最常见的目标保障模式。比如，太仓市实现统一采购、统一编目、统一配送和通借通还的公共图书馆总分馆制（#158）。二是一卡通模式，与总分馆模式相辅相成，为公众提供便利。比如，持有清河区图书馆"一卡通"借阅证的读者，可在区内各分馆内借还"一卡通"图书，享受通借通还、电话续借、书刊阅览、书目查询等服务（#65）。三是是示范区根据自身条件建立的特色模式。比如，清河区以打造"数字清河"为目标，加快电子政务、阳光清河、网络文化等一体化数字业务的应用（#61）。

（2）经济保障体系初步健全，投入总量增加，经费结构更加完善。示范区的经费主要来自各级财政部门，企业、社会团体、个人的赞助或捐赠增加。昆山市开始由区、镇、社区筹资作公共文化建设（#109）；常州市华音公益文化基金会（筹）募集1000万元，向全市社区赠送音响设备1500多套、常州历史文化系列丛书8000多册，举办"印象青果巷"公益演出30多场（#72）。

（3）为提升服务满意度，示范区开始建立各类管理制度，保障服务规范化运转。比如，为提高民主决策水平，"对全员岗位涉及的主要工作、重要决定和事项，按照程序和相关制度要求，严格实行民主决策制度，并将决策过程记录在案"（#150）；为完善本土原创文艺精品，制定扶持奖励机制（#77）；为整合教育、体育、工会等部门公共文化服务设施、项目和资源，实现互联互通、综合利用，建立部门共建共享机制（#88）；为构建参与广泛、内容丰富、形式多样、机制健全的文化志愿服务体系，健全文化志愿服务机制（#79）；为提升公众满意度，建立公共文化服务绩效评估制度（#84），这些制度共同保障乡村公共数字文化服务体系的高质量运转。

（4）能力保障体现为设施、网络、人员服务质量。示范区所有行政村（社区）全部建成公共电子阅览室（#40），文化信息资源共享工程实现全覆盖（#50）。然而，随着经济社会的发展，公众对文化产品的质量有更高的需求。公共文化服务与公众基本文化需求不匹配，基层计算机、投影仪、移动存储器、播放器等设施、设备配置老化，极大影响公众对公共数字文化服务的使用满意度。同时，服务人员的素质不高，不善于使用数字设施，遇到问题只知其一，不能有效提供服务，更是影响服务满意度。为此，示范区开始一方面通过专业培训缓解和解决此问题。比如，常州加大对乡镇（街道）文化站长、村（社区）文化管理员的培训力度（#103）；建邺区规定文化事业单位员工每年参加脱产培训（#155）；盐都区建立辅导培训机制，对公共文化服务人员作分门别类的培训（#156）。另一方面，引进其他领域的优秀人才也是重要的解决途径。高淳区加大文化紧缺人才引进力度（#102）；金坛市按照公开、平等、竞争、择优的要求，健全以业绩为依据，由品德、知识、能力等要素构成的人才评价、选拔和激励保障机制（#120）。

（5）动力保障方面，示范区开始调动社会积极性，引导公众参与公共文化建设。社会参与形式主要有两种。第一种是共同建设。比如，东台市"采取有效措施引导和鼓励专家代表、各界群众、社会团体的积极参与"（#110）。这类模式关键在于政府与公众合作，在制度建设、设施完善中采纳公众建议。第二种是监管。金坛市要求"充分地反映民意，表达诉求，推动民意征询工作顺利开展"（#107）；清河区基于群众基本文化需求设立意见箱和热线电话，在网站上设立专门信箱（#106）。这类模式的关键在于政府在工作过程中，要充分接受群众的监督，通过咨询民意，完善自身工作。同时，"搭建第三方评估平台，探索有偿委托社会化专业公司评估，提高和改善公共文化服务能力和水平"（#108），也成为改进和提供优质的公共文化服务的重要方式。但在实践中，某些乡镇在提供基本公共文化服务中对公众的建议置之不理的情况时有发生。

（四）素养

公众信息需求感知能力、操作技能对乡村公共数字文化服务的使用满意度有显著影响。根据受访公众描述，影响使用满意度的主要原因可归纳为：①自身需求不明。公众使用公共数字文化服务时目的性不强，无法明确自身需求，表现为"玩小游戏或看影视、听音乐"（#SB3），"随意点击浏览网页、上网聊天，浏览股市行情"（#

SZ17），"经常上网看新闻、玩游戏，文化服务网站偶尔用"（#SZ10）。②对公共数字文化服务的了解不足。有公众"工作忙，还没时间了解有什么服务"（#SZ14），"看到有的亲戚使用，解决了一些生活问题，觉得应该有用"（#SZ9），"孩子上大学，会带回家电脑，教我搜电影，虽然平时没怎么用，但也学会了看视频"（#SB4）。③操作有难度，服务人员介入不足。比如，"网站反应慢有的时候上不去，工作人员解决不了"（#SN4），"没上过网，不会操作，想学没人教"（#SB14），对服务使用造成一定的负面影响。

（五）主体、内容、保障、素养之间及其与服务满意度的关联

首先，多元主体直接影响服务内容、保障维度。在新一代信息通信技术应用背景下，公共数字文化服务取得一定的成效，乡村公共文化服务在建设主体的设置上基本考虑了地方政府是否有能力为公众提供文化服务，同时进一步突破政府部门之间"条条""块块"的分割与行政职能的相互掣肘。比如，金坛市每年有专项文化体育活动经费，保证村级文体活动的开展（#70），人力资源和社会保障局、市编办做好各镇（区）综合文体站工作人员的招录工作，配齐基层文体站工作人员（#174），同时健全文化志愿服务机制，构建文化志愿服务体系，调整和优化了基础设施结构（#172）。其次，素养、内容影响满意度。有公众表示"自己没有电子设备，公共电子阅览室不知道在哪里，从来没用过，没上过网，不知道里面有什么服务"（#SB14）；"孩子上大学，会把电脑带回家教我搜电影，平时不会用"（#SB4）。服务内容形式单一，种类不丰富，也导致公众满意度下降。比如，"看过网站，内容不实用，平时玩的动漫、游戏里面都没有"（#SB7）。因此，更新服务的产品形态及服务形式对公共文化机构来说同样不可忽视。最后，保障影响使用满意度。公众使用公共数字文化服务的相关制度等都属于保障范畴。比如，有公众认为"养生、健康信息对生活有帮助，有问题还能在线咨询，挺好"（#SN9）。组织运行模式和相关制度的创新，对提升公众满意度极有效，东海县要求各乡镇和县直建立工作自查机制，每半年在领导小组组织下，开展一次自查（#83），在完善自身服务的同时，也增强了公众对乡村公共数字文

化服务的使用动力。

公众自身建构因素，年龄、职业、学历等影响服务满意度。伴随着互联网文化的冲击，智慧城市、物联网、电子商务、在线教育、大数据服务等接踵而来。这种冲击导致公众分层的变化，即信息素养高的年轻者掌握多种信息源，拥有多种选择；年纪较大者抱残守缺，无法适应网络环境的变化。年轻的公众乐于使用现代化设备，进而使用文化服务资源，年龄较大者使用传统电视、广播较多。职业中，非农职业人员对服务资源使用率较高。比如，学生从小就会用爸妈的手机玩游戏，偶尔上网，查一些学习资料很容易。受教育程度和职业差异也影响着文化资源的使用深度。乡村公众文化程度整体较低，影响到其对服务的使用广度和深度。部分职业互联网信息来源广，有问题使用百度很方便，不太需要公共文化服务。在这种形势下，对不同人群提供基本信息能力培训也势在必行。政策文本及典型访谈对象对乡村公共数字文化服务使用满意度的描述见表4-10。

表4-10　　政策文本和访谈文本中乡村公共数字文化服务使用满意度的描述

编号	影响关系	文本片段
#180	主体—>保障	市人力资源和社会保障局、市编办做好人员的招录工作……配齐基层文体站工作人员；各镇区社会事业服务中心设立社区文化志愿者工作管理办公室，负责本镇区文化志愿者工作管理
#184	保障—>服务	健全文化志愿服务机制……构建文化志愿服务体系；建立群众文化需求反馈机制……有针对性地设计和提供公共文化产品
#179	主体—>保障	成立课题研究团队，重点开展……制度设计研究；成立文化发展基金会……筹措文化基金
#189	保障—>资源	每年有……专项文化体育活动经费，保证村级文体活动的开展；要继续实施农村电影"2131"工程……开展送电影服务

续表

编号	影响关系	文本片段
#SB4	内容—>素养—>使用满意度 保障—>使用满意度	孩子上大学，会带电脑回家教我搜搜电影，虽然平时没怎么用，但也学会了，看看视频，够用了；旁边的社区图书馆也有电子阅览室……用起来很方便
#SB7	内容—>使用满意度	我看过网站，内容不实用，没什么帮助，平时玩的动漫、游戏里面都没有；对里面的东西不感兴趣……内容老……早就不关注了
#SB14	素养—>使用满意度	自己没有电子设备，公共电子阅览室不知道在哪里，从来没用过，没上过网，不知道里面有啥东西；从来没接触过……不知道图书馆……平常不是很关心
#SZ6	内容—>使用满意度	可以查一些学习资料，对学生们有些用；平时偶尔会去看看新闻……用起来还蛮方便
#SZ9	内容—>素养—>使用满意度	看到有的亲戚使用，解决了一些生活问题觉得应该有用；平时工作忙，还没时间了解有什么服务
#SZ10	素养—>使用满意度	经常上网看新闻、玩游戏，文化服务网站偶尔用；对网络不是很了解……偶尔会让孩子帮忙查点东西……感觉挺方便的
#SN4	素养—>使用满意度 保障—>使用满意度	网站陈旧，反应慢，有的时候上不去，不好用，提了意见也没反应；没有人教我……只能慢慢摸索
#SN7	学历—>使用满意度 职业—>使用满意度	互联网信息来源广，有问题就直接使用百度搜索，很方便，不太需要公共文化服务；每天上班没时间……但听周围人说挺好用的
#SN9	内容—>使用满意度 保障—>使用满意度	养生、健康信息能找到，对生活有帮助，会经常用，有问题还能在线咨询，挺好；我挺喜欢去查信息的……距离也不远……很方便
#SN11	年龄—>使用满意度	我从小就用爸妈的手机玩游戏，偶尔上网查一些学习资料，很容易；感觉老年人才需要吧……我平常不怎么接触公共文化服务

三 持续使用行为

公共数字文化服务的持续使用行为是指公众在接受公共数字文化

服务后，日后会不会继续使用服务，是公共数字文化服务的最后阶段。公共数字文化服务的持续使用行为受公共数字文化服务的使用满意度影响。

（一）主体

在持续使用行为阶段，政府和社会力量开始在乡村公共数字文化服务中发挥协同作用。

制定主体多元化，并通过专项制度建设推进服务，跨部门、社会组织、公众协同能力增强。比如，常州市跨部门表现明显：咨询委员会设主任1人，由县文广新局主要领导担任，副主任3人，分别由1名分管领导和2名聘任的咨询专家担任（#9）；镇江市着力构建公共文化服务体系建设理论研究和政策咨询平台，形成理论扎实、勇于创新的制度课题调研队伍（#10）。此外，相关制度的设计和建立仍是示范区的工作重点。比如，常州市重点开展公共文化服务体系建设发展的制度设计研究（#144），让公众真正成为公共文化的参与者、创造者已经成为示范区的共识。

实施主体除公共图书馆、文化馆、博物馆文化事业单位，跨部门、企业、社会组织、公众也积极参与。对于涉及多部门的工作内容，文化、广电、艺术、新闻出版、体育、工会、共青团、妇联等部门注重互相协作。比如，金坛市部门相互协作，共同构建当地公共数字文化服务体系。市总工会关注企业职工和外来务工人员的文化生活，组织开展经常性的送文化进企业、进社区、进镇村活动（#22），团市委发挥组织优势，会同市文广体等部门发展壮大文化志愿者队伍，定期走进基层开展志愿者公共文化服务活动（#23），市妇联、残联结合自身职能，联合各部门各单位开展面对妇女群体、残疾群体和其他弱势群体的形式多样的文化活动和学习培训等（#24），区文联联系、指导、管理全区文艺界人士及民间文艺团队工作，负责民间文艺团队扶持与发展规划制定，统筹区级层面的民间文艺团队活动（#186）。相关研究机构也参与到服务协作中。比如，刻纸研究所将建立青少年刻纸培训基地作为工作重点，在中小学成立少儿刻纸培训基地，为青少年成长开辟新的领域和空间（#27）；锡剧团打造金坛儿童剧系列品牌,抓好本土现实题材的原创剧目创作(#126)。然而,社会力量虽然可以通过多样的形式参与公共文化建设,但在乡村仍缺乏社会资源引入意识,社会力量融入仍然有限。

出资主体多元化程度得到加强。为解决一些政府在公共文化服务实施中缺乏后续资金支持的问题,企业、民营、民间文艺社团对公共文化服务保障的角色得到认可。比如,通州区将社会参与作为提升文化活动内生动力的途径,引导社会投入文化事业建设,财政投入逐年增加(#151);宜兴市鼓励社会团体、企业、个人向民办博物馆提供捐赠(#153);盐都区提供专项资金并优先安排重大文化基础设施和工程用地,通过项目补贴、资助和招标采购等方式购买产品或服务,鼓励农民自办文化,鼓励社会捐赠(#160)。

受益主体扩大为社会组织、企业员工、务工人员,以及残疾、智障群体。就社会组织来说,示范区为其参与提供各种优惠政策。比如,盱眙县培育一批文化中心,扶持一批业余剧团,支持他们扎根民间、深入农村、服务农民(#37);东海县对非营利性文化机构作引导和扶持(#75);太仓市面向社会,购买公共文化产品和服务,调动社会组织和艺术团体的生产积极性(#162)。此外,企业和务工人员等弱势群体也是主要受益主体。金坛市引导和帮助企业开展文化建设(#36),关心外来务工人员的精神文化生活(#177),增强企业健康快速发展的内生动力;清河区关注残疾、智障及其他弱势群体,保障他们的基本文化权益,提高他们的文化生活质量(#32)。

(二)内容

持续使用行为阶段中所指的服务内容侧重通过完善基本文化资源,开发地区特色文化资源,举办各类文化活动,来提升公共文化服务影响力。

示范区不断完善基本的文化资源,开发地区特色文化资源,激发公众持续使用公共数字文化服务的积极性。面对手机、电脑与网络的普及改变人们获取信息和阅读书刊的习惯,乡村公众以留守老人和儿童为主,整体文化水平低,阅读需求小,新媒体宣传手段并未普及,数字资源访问方式以站内访问和电脑访问为主,使用移动设备访问数字资源的形式仍在萌芽阶段等情况，加强文化分类和内容筛选，促进公共文化资源整合势在必行。示范区以各种手段加强服务内容建设。比如，常州市进一步实现农村和城市社区公共文化资源的整合和互通互联，丰富乡村公共文化服务种类，保障乡村公众便捷获取资源与服务（#139）。

特色文化资源的挖掘能力得到加强。特色资源包括示范区提供的文化精品项目、民间文化遗产项目和优秀出版物等。比如，金坛市注重本地民间文化遗产的传承和保护，扶植各艺术门类的创作生产（#43），开展"一镇一品""一村一特"文化建设，打造了一批文化特色镇区（#44）；清河区"按照价值引领、群众喜爱、专家评价、市场检验相统一的标准，定期推荐优秀出版物"（#129）；太仓市购买舞台剧、文艺大戏等文艺演出（#131），为公共文化服务体系建设提供健康丰富的精神文化产品。此外，为使弱势群体享受公共文化资源，示范区设有盲人阅读区、儿童阅览区、老人阅览区和多媒体阅览区，配备相应阅读设备和读物（#99）。

示范区还通过举办各类文化活动来提升公共文化服务影响力。泗阳县开展"幸福泗阳、文化民生"文化区域互动、"新风颂"文艺调演、社区文化艺术节、文艺晚会、"K歌星期六"歌手大赛、中秋戏曲节等文化品牌活动（#45）；盐都区经常开展针对特殊人群的各类文体活动，开展面向农民的科普知识普及培训等，丰富文化活动和服务项目，保障了公众基本文化服务权益（#157）。示范区还借助信息化技术，增强公共文化活动的数字支持能力。比如，常州市通过网络开展文化联络活动（#140），推出一批具有地方特色、老百姓喜闻乐见的品牌文化活动（#135），丰富公众的精神文化生活。

（三）保障

随着公共文化服务实践的深入，示范区开始注重目标保障模式的创新性、经济保障的充分性、法制保障体系化、能力保障专业化、动力保障可持续性。

（1）目标保障模式不断创新和完善。示范区结合自身地域特征创新了管理模式。比如，常州市开创"市场运作、委托经营、政府扶

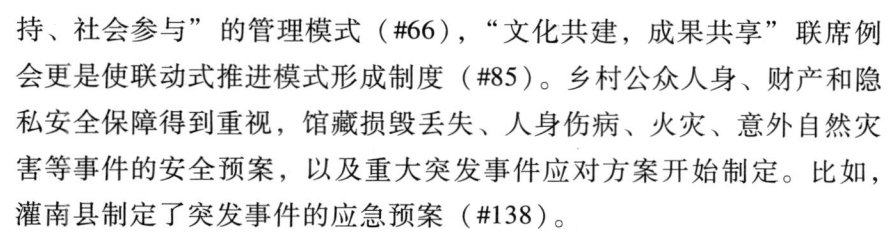

持、社会参与"的管理模式（#66），"文化共建，成果共享"联席例会更是使联动式推进模式形成制度（#85）。乡村公众人身、财产和隐私安全保障得到重视，馆藏损毁丢失、人身伤病、火灾、意外自然灾害等事件的安全预案，以及重大突发事件应对方案开始制定。比如，灌南县制定了突发事件的应急预案（#138）。

（2）经济保障更加充分。经济保障由政府主导转变成政府和社会力量共同参与。比如，高淳区要求基本公共文化服务以外的公益性服务，要与市场价格有所区分，降低收费标准，按照成本价格为群众提供服务（#71）。社会组织和机构也逐渐成为公共文化服务的资金、资源和服务提供方。比如，建邺区成立文化发展基金会，动员社会力量，筹措文化基金（#142）；泗阳县建立民间基金会，吸引社会主体参与公共文化建设（#159）。

（3）法制保障不断体系化。示范区坚持"保证基本、惠及全民"的制度设计原则，并逐步专项化。为保障公共机构正常运转，金坛市从资金、设施、场地、机构、人员等方面制定支持政策，建立政府、社会、服务群体共同参与的监督管理体系（#161）；为保障服务人员的专业化水平，高淳区大力实施基层文化从业人员持证上岗制度（#81），清河区建立政府与公共文化机构合作的专家咨询制度（#90），昆山市建立城市对农村的文化援助机制（#87）；为促进城乡地区平衡，宜兴市创新行业协会管理体制，加快政府职能转换和行业协会承接政府部分职能的步伐（#82）；为提升满意度，盐都区文化行政主管部门将公共文化服务的公众评价纳入工作考核内容之中，每年开展基本公共文化服务保障项目的公众评价（#91），高邮市建立群众文化需求反馈机制（#123）；为及时准确了解和掌握公众文化需求，有针对性地设计和提供公共文化产品，润州区鼓励和表彰优秀文化志愿者，建立文化志愿者激励机制（#188）。

（4）能力保障专业化得到加强。乡村公共数字文化服务的持续使用离不开基础保障。设备不能满足自我需求，比如"电子阅览室场地设施、设备少"（SZ9），"网站陈旧，反应慢"（SN4），"有问题就百度，比数字图书馆网站方便，不太需要公共文化服务"（SN7），都会影响服务的持续使用。在文化设施方面，通州区全区19个乡镇文化服务站面积为22768平方米，有省特级站1家，省二级站5家，省三级站13家，农家书屋全覆盖，行政村均建有50平方米以上的文化室（#163）；盐都区实施村文化室规范化建设，文化室的建筑面积不低于50平方米，面向农村开展数字文化服务，为群众提供电子图书阅读、信息查询、远程教育、自助培训等"一站式"服务（#164）；金坛市各场馆均设有规范的无障碍设施，保障了残障人士以及老年人、少年儿童通行的安全和使用的便利（#190）。乡村公共文化服务机构同时加强了计算机设备性能、网络接入能力建设。比如，通州区关工委、科协、文广新局联合集中采购了546台电脑，用于村文化共享工程、科普建设（#167）。同时，为提升服务人员的专业素养，示范区还推行教育培训制度。比如，常州市逐步实施基层文化从业人员资格认证（#104），推出"文化英才引领"和"名师带高徒"工程（#68）；金坛市加强公共文化服务体系的专业队伍建设（#137）；盐都区除加强文化管理人才和文艺人才培养，采取招录招聘、定向委培、签订合约等形式，畅通人才引进渠道外，还加强基层文化队伍教育培训，比如利用互联网、文化信息共享基层服务点培训新型农民（#166）；建邺区重点引进一批学有专长的文化专业人才和文化管理人才，还全面组织实施文化人才的培养和素质提升工程（#169）。

（5）动力保障可持续性明显增强。通过各种载体和平台，社会参与范围和程度不断增强。比如，清河区搭建第三方评估平台，有偿委托社会化专业公司评估，提高和改善全市公共文化服务能力和水平（#185）；建邺区充分考虑群众需求"改变自上而下、填鸭式的服务供给机制，以群众需求为导向，积极探索完善'以需定供'的文化配送机制"（#78）；金坛市建立公共文化群众参与机制，积极为群众自我文化表达、自主文化创造提供舞台（#149）；盐都区健全文化工作考核机制，对公共文化机构运营实行公众参与评议制度，有效提升了公共文化服务绩效（#168）。

（四）素养

公众信息素养体现为公众开始掌握专业信息技能，其中自我效能、专业技能对于公共数字文化服务的持续使用能力影响较大。一方面，有受访者自我效能感不强，"将公共电子阅览室当成免费网吧"（#SB2），孩子阅览室玩网游，家长大闹图书馆也有发生。另一方面，过度使用公共数字文化服务的现象也存在。有管理人员表示，"相比较而言，收费时来电子阅览室的都是真正有需要的人，免费时有些人在电脑前一坐就是一天，影响他人的正常使用，自己也在数字化世界中迷失了"（#SN1）。信息技能对于持续使用能力的影响同样不容忽视。比如，"以前不用，现在文化机构提供免费培训，会用了。里面好多内容，我对历史挺感兴趣的，以后有空会去用"（#SB10）。

（五）主体、内容、保障、素养之间及其与持续使用行为的关联

国家、文化单位、企业、社会组织、公众对文化事业的积极作用不断显现，《中国数字乡村发展报告（2020）》显示[1]，每年公共数字文化建设项目补助资金达5.62亿元，基层公共文化机构数字化建设中数字图书馆推广工程已覆盖全国41家省级图书馆（含少儿馆）、486家市级馆（含少儿馆），服务辐射2744个县级馆，共享服务的数字资源超过了140TB。全国已建设230多个不同层次的地方文化云，同时在数字文化服务空白地带精准帮扶了133家县级图书馆。但是，乡村由于受到历史条件、自然环境、文化观念、信息素养等因素的制约，在资源建设、文化活动、经费划拨、基础设施建设、人才建设等方面面临多重阻碍，即使是同一地区的各个乡镇，也会因发展条件或乡镇政府重视程度存在差异，建设水平参差不齐。乡村欠发达地区的数字信息资源单调，整合度不高，对公众的持续使用产生消极影响，比如，有公众反映"学习资源有点用，但是不好找，有时间再摸索"（#SZ10）。公共文化设施老化且使用效率低下，没有有效解决乡村地区公众信息素养偏低的问题，有公众认为"提供的内容老、更新慢、不好操作……以后不用了"（#SN4）。即使我国农村网民规模为3.09

---

[1] 农业农村部新闻办公室：《中国数字乡村报告（2020）》，http：//www.moa.gov.cn/xw/zwdt/202011/t20201128_6357205.htm。

亿人，农村地区互联网普及率为55.9%①，公众对公共数字文化服务的使用仍存在显著差异。这也说明电脑和智能手机设备普及群体差异较大，公众对公共文化服务的使用意识不足，信息技能偏低，都是影响公众持续使用行为的不利因素。当然，公众的信息素养并不是一成不变的，可随着外界的宣传，亲人朋友的劝解，以及解决自身问题的渴望等因素的影响而改变。比如，"以前不用，现在文化机构提供免费培训，知道里面好多内容，我对历史挺感兴趣的，以后有空会去用"（#SB10）。现实中也存在公众使用过公共数字文化服务后，认为其能够满足个体需求，日后会继续使用的案例，比如"以前用了健康信息还不错……将来还会用"（#SB6）；也存在公众不满服务形式，日后拒绝使用的例子。比如，"没多大用处，网站乱糟糟的，手机客户端不方便……以后不用了"（#SN11）。所以，依托公共文化设施建设，培育公众利用公共文化服务的信息素养对于基层来说势在必行。

　　公众自身建构因素，年龄、职业、学历影响服务持续使用行为。公众中年轻者乐于使用现代化设备，进而使用文化服务资源，年龄较大者使用传统电视、广播较多，即便辅以工作人员的服务，仍不愿学习使用文化资源的基本信息技能，导致其缺乏持续使用公共数字文化服务的能力。非农职业者有时间和精力，对服务资源使用率较高。学历及受学历影响的职业差异也影响着公共文化资源的长久使用。尤其是务农者文化程度普遍较低，无法独立掌握信息技能，影响了其对服务的使用广度和深度。在这种形势下，提供基本信息能力的常态化培训及保障亟须启动和加强。政策文本和访谈文本中乡村公共数字文化服务持续使用行为的描述见表4-11。

---

　　① 中国网信网：《第47次〈中国互联网络发展状况统计报告〉发布》，http：//www.gov.cn：8080/xinwen/2021-02/03/content_5584518.htm。

表 4-11　政策文本和访谈文本中乡村公共数字文化服务持续使用行为的描述

编号	影响关系	文本片段
#119	主体—>资源	……市政府免费为广大农民群众开展送电影下乡服务活动；锡剧团……打造金坛儿童剧系列品牌
#187	保障—>资源	文化信息资源共享工程实现全覆盖……提供资源种类更丰富；农村"三送"工程持续开展，去年实现送书超过40000 册，送戏超过 1000 场，送电影超过 12000 场
#121	主体—>保障	组织公共文化服务公众评价……由文化行政主管部门负责；创建示范区领导小组……报告经费使用情况，报送相关材料，同时抄报文化、财政部门
#SB6	使用—>持续使用	以前用了健康信息还不错，将来还会用；平常用来看看新闻啥的……还不错的……会继续用
#SB10	素养—>持续使用	以前不用，现在文化机构提供免费培训，知道里面好多内容，我对历史挺感兴趣的，以后有空会去用；接触得不多……有需要的时候会去用一下
#SZ9	学历—>素养—>持续使用 保障—>持续使用	我没有设备，电子阅览室有电脑，等有空去上网看新闻、聊聊天；遇到不懂的地方会去问服务人员，学习一下就会了，用起来也不花钱……以后会常来
#SZ10	职业—>持续使用 内容—>持续使用	有的时候发现学习资源有点用，有时间继续使用
#SN4	内容—>持续使用	提供的内容老、更新慢、不好操作，以后不用了
#SN11	年龄—>使用满意度—>持续使用	没多大用处，网站乱糟糟的，没有客户端，很少用；用的时候太卡了……信息也不多……对我没有帮助

第六节　乡村公共文化数字服务能力提升的理论框架

为保障公众充分享有基本公共数字文化服务的权利，以公众为参与主体、以满足公众服务需求为目标的模式亟待建立。本书根据乡村公共数字文化服务的政策和访谈文本中对服务使用行为的描述，对相关影响因素作分析，揭示了数字乡村背景下公共数字文化服务能力提升的关键因素及影响机理，发现了乡村公共数字文化服务能力提升的理论框架。

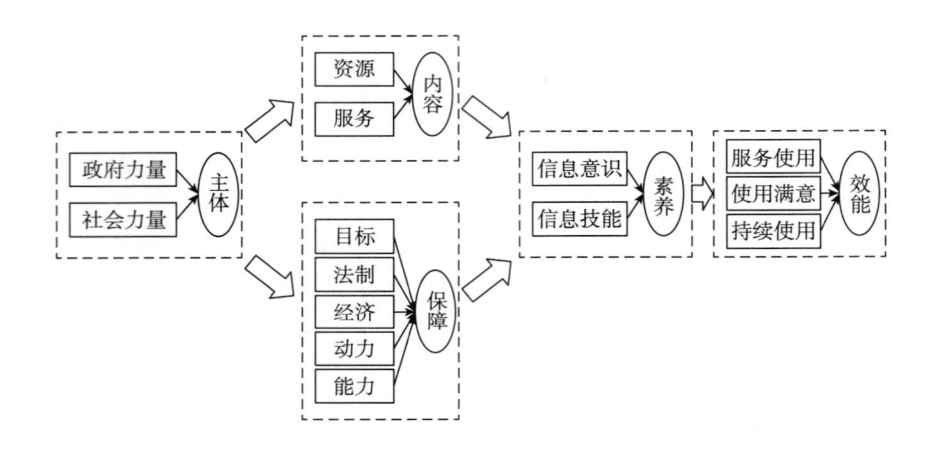

图 4-1 乡村公共文化数字服务能力提升的理论框架

由图4-1可知，乡村公共数字文化服务能力提升的理论框架中包含五个因素。以服务效能为导向，公共数字文化服务能力提升路径贯穿主体建设、保障建设、内容建设，并受公众信息素养影响，由效能来体现。公共数字文化服务的主导层，包括政府（政府、文化单位）和社会（公众、企业、社会组织）两类主体；通过主体分别传导至内容要素和保障要素，前者包括资源（文化资讯、文化资源、专题资源）和服务（文献提供、互动空间、讲座等），后者包括目标（公益性、开放性、共享性、普惠性）、经济（国家财政、地方财政、单位自有资金、企业资金、社会捐赠、服务收费）、法制（法律、制度、规章、规划、规范）、能力（场所、设施、技术、人员、培训）、动力（参与程序规范、参与过程公开透明、对提出的建议响应积极、反馈建议的执行情况）；进而影响到公众信息素养，包括信息意识

（信息兴趣浓厚、信息的便利性认知清晰、意识到信息对个体发展的意义、认为信息有用）和信息技能（检索技巧熟练、检索问题表达清晰、熟练使用检索自助服务、对检索能力的自信程度），最终决定了公共数字文化服务的效能（满足需求、服务质量满意、经常使用、依赖服务），体现了数字乡村背景下公共数字文化服务能力提升的逻辑过程。

政府充当公共文化事业的所有者和管理者等多重角色，导致社会力量，比如企业、社会组织、公众等无法明确自身定位，公共文化资源的作用得不到充分发挥。随着社会分层日益细化、不同的主体的服务需求复杂多样，巨大的公共事业支出已经成为政府的财政负担，公共数字文化的建设主体不能限于政府，也应引入社会力量。政府一方面发挥政策导向职能，从宏观上规定社会参与主体的加入门槛和服务范围，同时规范自身职权范围，避免出现违规现象；另一方面站在全局高度，充分发挥企业等在服务供给和运行环节的作用，使非政府组织和社会个人发挥组织、协调作用。在多元建设主体参与下，政府、市场和社会组织、个人在公共文化服务中既合作又各司其职，在运行中不断调适，有效解决乡村公共数字文化建设中提供什么服务、提供多少服务，以及以何种方式提供服务等问题，最终达到改进和优化公共数字文化服务内容和质量，培育公众信息素养，提升乡村公共数字文化服务能力的目的。所以，政府发挥元治理作用，而文化事业单位、企业、公众等主体则是具体管理和落实职能，发挥回应性和监督性功能，参与公共数字文化服务全过程，优化服务外部保障环境，及时解决服务中出现的问题，最终形成多元主体共同参与的交互式乡村公共数字文化服务格局。

第七节 本章小结

本章主要采用质性研究方法，从整体层面和战略层面考量数字乡村背景下公共数字文化服务的现状及问题。选取江苏省的公共文化服务示范区的不同公共文化政策为基础文本，结合各示范区实地访谈情况，分析服务使用、使用满意度、持续使用行为三个阶段中公众特征、主体、内容、保障、素养对使用效能的不同影响，并总结出这些因素对乡村公共数字文化服务能力的作用机理，提出乡村公共数字文化服务能力提升的理论框架。

第五章

乡村公共数字文化服务能力提升模式的要素解析

要解决乡村公共数字文化服务能力提升问题,需要建立系统的思维模式。在模式中,政府和社会力量通力合作,以公众需求为导向,分析公共文化服务中的情境因素,才能达到更有效提升公共数字文化服务能力的目的。本章将结合整体性治理理论、信息场理论,以及第四章的调研发现,对乡村公共数字文化服务能力提升涉及的主体、资源、保障、素养、效能等关键要素剖析,并提出乡村公共文化服务能力提升的相关研究假设。

在我国,政府部门和文化事业单位是乡村公共数字文化服务的主体。政府相关部门作为信息主要提供者,在公共文化服务内容供给和专业服务队伍建设方面具有独特优势,促使图书馆、档案馆、博物馆等非营利性文化机构开展信息资源加工,并面向社会提供服务。各种社会文化组织、民间团体、企业等社会信息服务组织,在公共文化服务供给方面比较活跃,活力不断被激发,使得乡村公共文化服务供给主体呈现多元化局面。[1] 在多元主体作用下,面对公众信息需求快速增长的现状,数字乡村背景下公共文化服务以公众基本文化需求为核心,依托各种数字技术和设备,通过平台和终端为公众提供精准的信

---

[1] 经渊、郑建明:《新型城镇化进程中公共信息一体化服务模式研究》,《图书馆建设》2017年第5期。

息服务。① 服务媒介、公众和服务之间的交互构成一个集公众、资源、服务于一体的公共文化服务情境系统。②

然而,虽然信息通信技术的发展催生了信息的去中心化,使得每个公众都成为信息节点③,但是落后的乡村信息基础设施建设,信息环境和信息氛围的缺乏,导致信息资源供给与需求失衡,表现在因信息资源不能"对症下药"而忽视对潜在信息需求的有效挖掘,信息资源个性化定制生产不足,公众能动性和自主性较弱④,"自边缘化"和"自愿隔离"时有发生,尤其是需求认知不足、表达不准确、获取手段有限,对于信息价值认知存在偏差、缺乏信息甄别和选择能力导致信息"自贫困""被贫困"⑤ 并不鲜见。对于偏远地区的公众⑥来说,信息爆炸与信息贫瘠共生⑦,更是加剧了这种挑战。

因此,明确情境与各类公众行为的关系,及其对公众在公共文化服务获取和利用中产生的不同影响,对于准确地把握公众对公共文化服务的使用行为极为重要。本书认为,数字乡村背景下公共文化服务情境,主要包括环境、资源、服务和公众四个情境维度。其中,环境情境是服务发生的载体,资源情境是服务情境的物质基础,服务情境是信息技术成果展现和为公众提供服务的媒介,公众情境体现了公众与其他情境相互作用的过程。⑧

---

① 刘健等:《数字图书馆微服务评价指标体系构建及实证研究》,《现代图书情报技术》2016年第5期。
② 李月琳、胡玲玲:《基于环境与情景的信息搜寻与搜索》,《情报科学》2012年第1期。
③ 黎万强:《参与感:小米口碑营销内部手册》,中信出版社2014年版。
④ 高洁:《论人的文化权益与人的发展》,硕士学位论文,山东师范大学,2013年。
⑤ 丁建军、赵奇钊:《农村信息贫困的成因与减贫对策——以武陵山片区为例》,《图书情报工作》2014年第2期。
⑥ 蒋飞云、邹艺:《图书馆在提高新市民文化素质中的作用》,《农业图书情报学刊》2013年第9期。
⑦ 孙红蕾等:《信息生态视域下新市民信息贫困成因及应对策略》,《图书与情报》2016年第1期。
⑧ 毕强等:《数字图书馆微服务交互情境功能与用户行为的内在关系研究》,《情报理论与实践》2017年第4期。

第五章 乡村公共数字文化服务能力提升模式的要素解析

第一节 乡村公共数字文化服务环境情境

环境是由若干个独立的环境要素以其特定方式构成的完整的有机系统，空间中直接或间接影响事物发展的各种自然和社会因素共同构成了这一有机体。乡村公共数字文化服务环境情境的形成需要各类保障，涉及战略目标、运行制度、经济因素、能力因素、动力因素等，共同维护着公共文化服务的标准化与均等化。

（1）公共目标。数字背景下的公共文化服务以提升公众满意度为目标。这体现在公共数字文化资源是开放、共享的，多个机构或公众同时无损耗地使用，并可通过整合产生价值增值，具有明显的公益和普惠特性。

（2）法制环境。文化事业的公共属性决定任何一个国家都不可能对其发展听之任之。为使公众享有平衡充分的服务，公共数字文化建设配套法律法规的制定，数字文化事业的规范化管理，文化服务市场及相关领域行为的保障不可或缺。

（3）经济支持。虽然国家不断加大对文化事业发展的政策扶持，一些地区的文化事业可能因为财政资金的投入不足导致举步维艰。解决这一矛盾需要继续加大对公共文化事业的财政投入力度，动员社会资本进入文化建设领域，培育、开发、引进公共文化产品和服务。

（4）能力建设。公共文化机构除为公众使用数字文化服务提供设施和场所等基础保障外，还要能够为公众提供资源整合利用、信息技能培训、技术支持等延伸服务，满足公众差异化需求，增强公众使用公共数字文化服务的能力。

（5）动力保障。这一方面体现在通过参与程序规范、信息公开透明等方式，为公众参与创造环境；另一方面是准确定位公众使用动机、了解公众需求，引导其把服务参与行为内化为日常的习惯。

在政府和社会力量的作用下，制度、目标、经济、能力、动力等环境因素，都会影响乡村公众通过互联网使用公共文化服务，影响公众交互行为及其发生过程①,影响公众的认知、服务可用性、有用性②,这要求在公共文化服务环境情境分析和塑造中保持系统思维。

第二节 乡村公共数字文化资源供给情境

资源是承载公众基本公共文化服务需求的内容载体,是公众参与交互的物质基础。数字乡村背景下公共文化资源是侧重资源建设,以及对资源碎片的再加工而形成的包括元数据、电子文献、网络资源、多媒体资源等内容体系。因此,乡村公共数字文化资源供给情境体现了内容建设与资源再组织两个过程。以 WorldCat 为例,WorldCat 检索服务中心索引为图书馆提供 4000 万份电子书,来源包括 Overdrive、ebrary 和 MyiLibrary。此外,还包含 3094 个内容提供商提供的 360 个电子馆藏,代表着数千家出版商,其中包括 ProQuest、EBSCO、Gale 和 Elsevier。内置的链接解析器和一份按 A—Z 排序的列表有助于确保用户随时获取查找到的电子资源。无论是小型还是大型公共文化机构联盟,通过 WorldCat 服务,能与其他数千家机构共同累积信息,通过合作网络,进行诸如采购、编目、资源共享、馆藏管理等操作,促进专业化服务等。③

第三节 乡村公共数字文化服务供给情境

乡村公共数字文化服务体系是一个全国性的现代公共文化服务体系的组成部分。政府将公共数字文化建设纳入国家信息基础设施,纳

---

① 邓胜利、凌菲:《移动问答服务发展及其交互分析》,《数字图书馆论坛》2015 年第 5 期。
② 闵庆飞等:《移动系统可用性综合研究框架》,《计算机应用研究》2012 年第 2 期。
③ WorldCat Discovery, "Single Search of All Library Collections", https://www.oclc.org/zh-Hans/worldcat-discovery.html。

入国家和地区信息化建设的总体规划,对公共文化建设给予政策支持和投入[1],建设公共数字文化服务工程,各成员机构在遵守标准化原则的基础上,建立起集中与分散的协作网络。具体来讲,服务情境作为乡村公共文化服务的媒介,是由数字平台、数字设备、公众和服务信息要素构成的有机体,能够反映公众对公共文化服务的使用意愿,以及其如何影响和调节不同情境下的使用行为。

"县级数字图书馆推广计划"通过文化信息资源共享工程的服务网络,使全国所有县级图书馆都具备数字图书馆服务能力。在此基础上,实施数字图书馆推广工程,构建以国家数字图书馆为中心、以各级数字图书馆为节点、覆盖全国的数字图书馆虚拟网络[2],建设分级分布式数字图书馆资源库群,在全国范围内形成了有效的数字资源保障体系,借助电信网、广播电视网、互联网通道,以手机、数字电视、移动电视等新媒体为终端,向公众提供多层次、多样性、专业化的公共数字文化服务[3]。再如作为公共文化服务领域的资源汇聚、活动汇聚、服务汇聚的基础平台,国家公共文化云整合全国文化信息资源共享工程、数字图书馆推广工程、公共电子阅览室建设计划三大工程,突出移动互联网应用,面向公众提供网络、微信公众号、移动客户端三种接入手段,具有共享直播、资源点播、活动预约、场馆导航、服务点单等核心功能[4],提升了基层公共数字文化服务的丰富性、便利性和可选择性,凸显了公共文化服务供给情境。

---

[1] 郭海明:《我国数字图书馆服务的具体模式》,《图书馆理论与实践》2008年第2期。

[2] 陈雪樵:《数字图书馆与文化共享工程》,中国环境科学出版社2008年版,第30—41页。

[3] 中国文化传媒网:《国家数字图书馆推广工程》,http://www.ccdy.cn/zhuanti2011/17 dawhjs/content/ 2011 -10/16/content_ 999018. htm。

[4] 人民日报:《国家公共文化云正式开通》,http:culture.people.com.cn/n1/2017/1130/c1013 -29675970. html。

第四节　乡村公共数字文化服务使用情境

公共数字文化服务依托平台逐渐形成了公众使用情境，服务的奇趣性、便利性、交互性直接影响用户的心理与行为。[①] 在乡村公共数字文化服务中，探讨使用效能，需要根据不同公众的使用情境采取不同策略，本书从两个角度来考虑使用情境。[②]

一是内部因素。内部因素表现为公众情感情境构建，侧重公众在使用公共数字文化服务时的情感契合度。公众的态度、使用经验和自我效能对乡村公共数字文化服务交互有重要影响。态度，相对于单纯的认知，主要是指公众对公共数字文化服务的直接反应。在服务使用中，积极的情绪有助于提高感知可用性。个人对新技术的焦虑则从负面显著影响服务使用。[③] 同样，公众使用经验和自我效能则在本书中表现为公众是倾向于移动还是静止状态，使用数字设备时长如何，是否掌握更多的检索技巧，能否轻松地使用服务功能，这都会对使用效能产生影响。

二是外部使用因素。外部使用因素包括基本服务和专业服务。一方面，提供适用于大多数公众的基本服务，使得公众通过网络信息门户和移动通信终端设备等途径获取感兴趣的信息。公众可以自由地登录到国家公共文化云平台、公共数字文化服务网站，选取不同的栏目、制定检索式，浏览和下载资源；根据自身兴趣接收不同主题资源推送；文化素质教育项目等支持性服务。另一方面，专业服务则是在基本服务的基础上，依据兴趣与行为习惯，为公众遴选更加契合需要

[①] 徐颖等：《虚拟社区 CSR 共创中顾客契合对知识共享行为的影响研究》，《情报科学》2019 年第 4 期。

[②] 苏敬勤、张琳琳：《情境内涵、分类与情境化研究现状》，《管理学报》2016 年第 4 期。

[③] Bandura A，*Social Foundations of Thought and Action：A Social Cognitive Theory*，Englewood Cliffs：Prentice Hall Inc.，1986，pp. 169 – 171.

的公共文化资源，比如公众自我设计和定制所需要的资源和服务，或者是服务人员对提交给公众的信息作过滤，或者跟踪公众的动态需求主动推荐资源和服务。

第五节 乡村公共数字文化服务情境与公众使用行为

乡村公共数字文化服务的关键是公众使用。在需求驱动下，公众在服务中的一系列行为都与情境密切相关。比如信息需求认知与表达、检索等信息获取行为，信息阅览、存储、共享、创造等信息利用行为，咨询、讨论、反馈等信息交流行为[①]都与公共数字文化服务情境密切相关。所以，一方面乡村公共数字文化情境可以为公众使用行为的开展提供保障与支持，另一方面不同角色和状态下的公众使用行为也会对情境评估和优化提供改进方案。

以公众基本需求和公众体验为出发点，本书将情境与公众使用匹配，来解析乡村公共数字文化服务情境与公众使用行为的关系。环境、资源、服务三种情境相辅相成，在公众使用行为中扮演不同角色。[②] 针对数字乡村背景下公共文化服务情境的维度属性，公共文化服务使用的主要特征可界定为易用性、有用性和适配性。其中易用性主要体现为公共文化服务平台、设备对公众各种状态下的服务支持程度，有用性是公共文化资源内容及其组织情况的可利用程度，适配性是公共文化服务供给与需求的匹配程度。本书将乡村公共数字文化使用情境的主要功能界定为数字情境的易用性、资源情境的有用性和服务情境的适配性。三类情境以公众为核心，相互关联，推动着数字乡村背景下公共文化服务的最优化实现。

[①] 胡昌平：《信息服务管理》，科学出版社2003年版，第140页。
[②] 王福：《移动图书馆场景化信息接受适配研究》，博士学位论文，吉林大学，2018年。

一 环境情境与公众使用行为

环境情境与公众使用行为的关系主要由时空情境和设备易用性情境与公众行为的关系揭示。

随着移动互联技术的发展，数字乡村背景下公共文化服务的平台更趋于移动化，接入方式突破时空限制，逐渐向随时随地的精准服务转变，使得公共文化服务可以充分发挥时空情境的易用性功能。公众不论与图书馆等公共文化机构距离多远，都能浏览相关资讯、检索所需文献、与他人互动、评价服务等。总体上，时空情境的易用性对公众行为以及相应的交互状态产生不同程度的影响。满足公众零散化、便利性需求，使公众不论何时、何地都能享受公共文化服务，是增强公共文化服务体验感、提升公众信息需求满意度、促进公众持续使用行为的关键。

设备易用性是衡量设备可用的重要方面，影响着公共文化服务的效能。随着互联网技术的进步，新的智能终端也会不断涌现，若要更好地提升公共文化服务使用的适应性、便捷性，必须重视设备情境的可用性，支持不同类型数字设备终端系统，提升平台的适配性和灵活性，并能有效支持公众作动态的信息阅览、信息组织等。因此，设备易用性可为公众更好地利用公共文化资源、享受公共文化服务提供基础保障。

二 资源供给情境与公众使用行为

资源供给是公共文化服务的物质基础，也是支持公众信息行为的坚实后盾，与公众使用行为存在强关系。对乡村公共数字文化服务而言，资源的新颖、权威、价值密度对公众学习、工作、生活信息交流的基础支撑作用显著极大地影响公众检索、获取、利用服务的广度和深度。比如，较高的资源更新速度和代谢频率，为公众提供更具价值的专题资源、个性化资源，都有助于促进公众利用服务，并保持公众对公共文化服务的满意度和忠诚度。

资源有用性与公众使用行为同样相关。[1] 指数级增长的信息资源

---

[1] 王福等：《移动图书馆场景化信息接受内容适配剖析》，《图书情报工作》2018年第11期。

第五章　乡村公共数字文化服务能力提升模式的要素解析

对信息内容本身的真实性和有效性造成影响。面对公众精准化的信息需求，公共文化机构需要对资源作整合和深度加工，注重信息描述一致性、信息结构的完备性、信息展现方式的灵活性，保证资源再组织的质量，为乡村公众高效获取和深度挖掘资源提供质量保障，提升了公众对信息资源的使用效用。

三　服务供给情境与公众使用行为

服务情境也需要与公众使用行为适配。乡村公共数字文化服务借助网站、云平台、微信等第三方平台向公众提供服务内容，因而平台的容错性、稳定性、通畅程度决定着公众资源获取和利用广度，平台系统的自我维护功能、故障处理功能、升级更新状况影响着公众使用深度。然而，已有平台在统一标准、系统兼容、资源共享方面仍存在很大的不足，对包括公共文化服务获取、利用在内的公众使用行为产生了不利影响，亟须加强服务标准化和适配性建设。

在乡村公共数字文化服务情境中，公众信息需求的及时响应，供给效率、交互效果的提高，都可强化平台、系统功能的匹配性。鉴于公共文化服务需求先导于服务使用行为，公共文化机构可通过个性化供给适配性地引导公众利用公共文化服务的行为。针对差异化、个性化需求，乡村公共文化机构可细分公众需求层次、群体特征，提供针对性的内容服务，实现公众对信息的获取、利用、价值创造，使公共文化服务走在公众需求前面，通过主动、全面、精准提供符合公众需求的公共文化服务，强化公众服务使用行为。

第六节　乡村公共文化数字服务能力提升模式的研究假设

结合乡村公共数字文化服务能力提升这一语境，在已有理论、实践，以及公众、专家访谈分析的基础上，本书重点借鉴信息场理论的信息环境、信息主体、信息内容，整体性治理理论的多元主体角色等合理内容，探索乡村公共数字文化服务能力的关键因素及其相互关系，并提出以下假设。

一 多元主体与服务保障

政府部门集管理和经营为一体，是乡村公共数字文化的所有者、建设者、管理者。多重身份的重叠使政府自身定位不清，造成管理职能界限的不清晰，而文化管理机构服务意识不够强，文化产品与服务供给不足、质量较低，导致文化发展与经济社会发展严重失调[①]。多元主体共同参与的交互治理格局有助于激发整个社会的文化创造活力，改变仅依靠政府，难以满足公众日趋增长的多元文化需求的现状。在乡村公共数字文化服务中，政府、文化机构、社会组织、公众、企业各方对设备设施配置、服务机构数量、服务保障等指标作细化，并充分考虑各地环境的特殊性。[②] 社会力量可以通过合作供给或捐资等多种途径与政府合作，全方位参与公共数字文化服务的目标、经济、法制、动力、能力保障。通过多元主体的协作，发挥各参与主体的综合保障优势，使互相依赖的治理主体建立各种合作关系，实现多层面互动。基于此，本书提出以下假设：

H1：乡村公共数字文化服务的相关主体影响服务保障。

H1a：乡村公共数字文化服务的政府主体正向影响服务保障。

H1b：乡村公共数字文化服务的社会主体正向影响服务保障。

二 多元主体与服务内容

乡村公共数字文化服务是建立现代公共文化服务体系的重要标志，也是其创新和可持续发展的动力。由资金、空间、人才、技术、制度等形成的乡村公共文化机构服务能力有限，而公众对服务的需求却相对无限。这种供求之间矛盾的存在，使各公共文化机构只能利用有限的条件提高服务效能，实现需求和供给的动态平衡。因此，乡村公共数字文化服务的目标是为公众提供实实在在的基本文化服务内容，保障公众充分享有文化发展权利。同时，公共数字文化服务供给

---

① 郑建明、王锰：《数字文化治理的内涵、特征与功能》，《图书馆论坛》2015年第10期。

② 王蕾、何韵：《试论公共图书馆服务体系治理机制的建立——以广东流动图书馆为例》，《图书情报工作》2014年第12期。

过程要体现公平公正的原则,满足不同群体一般性需求,以实现乡村公共文化服务的均等化和标准化。基于此,本书提出如下假设:

H2:乡村公共数字文化服务的相关主体可有效优化服务内容。

H2a:乡村公共数字文化服务的政府主体可优化服务内容。

H2b:乡村公共数字文化服务的社会主体可优化服务内容。

三 服务保障与公众信息素养

面对乡村公众数字文化服务需求的综合化、高效化、多元化、复杂化现状,公共文化服务体系亟须从目标、经济、法制、能力、动力等方面提供全面的保障。2010年至今,政府相继出台系列政策文件,统筹推进"春雨工程""乡镇综合文化站建设""公共电子阅览室建设""广播电视村村通工程""农村电影放映工程""农村书屋建设工程""县级图书馆文化馆建设"等①,为公共文化机构功能发挥提供了坚实的物质基础保障。但也有不少公共文化机构存在空间不足、设备老化、资源更新不及时等问题,特别是基层公共数字文化保障还存在不足,抑制了公众需求。同时,受制于城乡二元体制政治经济体制,城乡公共文化服务的差距与社会主义共同发展与共同繁荣的思路格格不入,整体来说我国乡村公共数字文化服务的保障存在不足。在前期调查中,广大基层、中老年公众电脑和智能手机普及程度仍较低。公众普遍感到乡村公共文化机构需要升级基础文化条件和改善文化生活环境,希望通过建设有针对性的文化基础设施和信息化基础设施,改善硬件环境,尤其是信息技术环境。为避免"数字鸿沟"加深,乡村公共化机构必须抓住数字机遇,依托公共文化设施建设,利用服务保障,开展数字文化培育,提升公众信息素养。基于此,本书提出以下假设:

H3:乡村公共数字文化服务保障正向影响公众信息素养。

四 服务内容与公众信息素养

现代公共文化服务体系致力于打造服务平台,借助公共文化服务

---

① 项兆伦:《完善农村公共文化服务体系》,《光明日报》2015年8月15日第7版。

基础设施，向公众提供丰富的数字文化资源①，使公众享受均等、高效的服务。以缩小城乡服务差别、保障公民基本文化权益为目标的公共文化服务体系可从文化资源和文化互动方面满足公众需求。然而理想并不是现实。在乡村公共数字文化服务中，资源种类少、资源陈旧、自动化系统使用不普遍等原因导致利用率偏低，服务并不为公众所接受。在田野调查中，我们发现新媒体手段在服务中并未普及，各类数字资源拥有比例和使用比例较小，数字资源访问方式以站内访问、电脑访问为主，使用移动设备访问数字资源的形式仍处在萌芽阶段。公共文化服务内容不丰富，以及服务形式的精准化程度不高，抑制了公众对服务的使用，不利于公众信息素养的提高。基于此，本书提出假设如下：

H4：乡村公共数字文化服务内容影响公众信息素养。

五　公众信息素养与服务效能

在乡村公共文化服务中，不仅需要多元主体合作，提高信息资源整合与服务质量，引入信息技术拓宽信息交流渠道，提供人员、设施、设备、动力、目标、经济等保障，还要求公众具备一定的信息素养，以实现对服务的有效利用。比如，网络的开放性使得社会团体、各种媒体、任何个人都可在网上自由发布信息，其在网上的活动基本上没有约束，导致伪信息、无用信息比比皆是，内容庞杂且无序，再加上各种信息更新交替速度快，要求公众具备一定的信息素养才能充分发挥乡村公共数字文化服务的效用。事实上，公众信息意识和技能良莠不齐都会影响服务的使用。在调研中，有公众对网站、App、微信、微博等线上和移动端的多种方式融合的公共数字文化服务利用存在问题，也有公众数字设备利用范围狭窄，对数字文化内容利用不深，不能获取有用信息，还有的适应不了大数据、云计算、物联网等智能化技术在公共服务领域的应用，不能精准地获取公共文化服务。所以，在乡村公共数字文化服务中，信息的优势要得到充分体现，内

---

① 张照龙、方堃：《趋于整体性治理的公共文化服务数字协同研究——以文化共享工程为考察对象》，《电子政务》2012年第7期。

容和保障虽然对于服务至关重要,但也绕不开公众信息素养,信息素养直接影响了公共数字文化服务效能。基于此,本书提出假设:

H5:公众信息素养积极影响乡村公共数字文化服务效能。

公共文化服务保障的是公众最基本的文化权利。① 在乡村公共文化服务中,引入整体性治理理论、信息场理论,使诸多问题有了新的解决思路。在主体方面,由"一元制"的政府及文化事业单位主导变为"多元化"的政府、文化单位、企业、社会组织、社会公众共同参与。多元主体的加入,并在公共文化服务资源、服务等内容方面,目标、制度、经济、能力、动力外部保障方面,信息意识和技能等公众信息素养培育环节发挥不同的作用,最后由服务效能检验效果,最终形成促进服务能力提升的乡村公共数字文化服务模式。数字乡村背景下的公共文化服务能力提升模式的概念模型见图5-1。

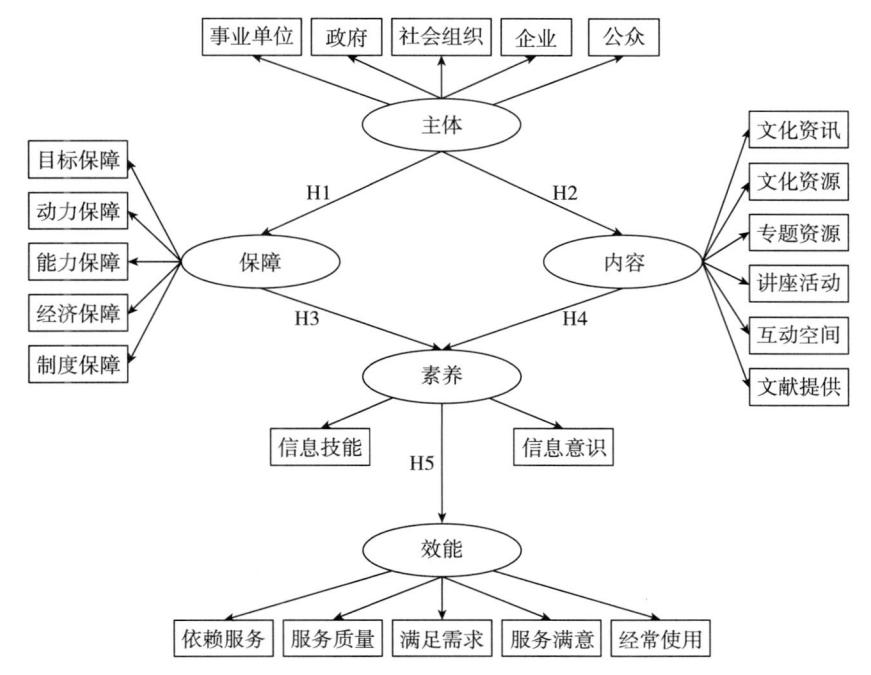

图5-1 乡村公共数字文化服务能力提升模式的概念模型

---

① 罗云川、阮平南:《"动力—行为—保障"视阈下的公共文化服务网络治理机制》,《图书馆论坛》2016年第5期。

第七节　本章小结

本章以公众基本需求和公众体验为出发点，首先，从环境、资源、服务、公众使用四个维度解析了数字乡村背景下公共文化服务情境；其次，将情境与公众使用行为匹配，阐述了乡村公共数字文化情境与公众行为的关系；最后，结合整体性治理理论、信息场理论及第四章的调研发现，对乡村公共数字文化服务能力提升涉及的主体、资源、保障、素养、效能要素及其关系作剖析，并提出乡村公共文化服务能力提升的相关研究假设，初步建立了乡村公共数字文化服务能力提升的概念模型。

第六章

乡村公共数字文化服务能力提升模式的量表开发

社会和行为科学领域的大多数变量，比如动机、期望、感知、满意度，通过直接观察的方式并不能得到，需要对各维度具体化。乡村公共数字文化服务能力提升模式涉及的各个维度包括主体、内容、保障、素养、效能同样难以通过直接观察来判断。因此，界定几个具体的方面，使我们对维度的认知符合乡村公共数字文化服务的实际情况在研究中格外必要。为确保量表的可信性和有效性，本章的量表开发步骤如图 6-1 所示。

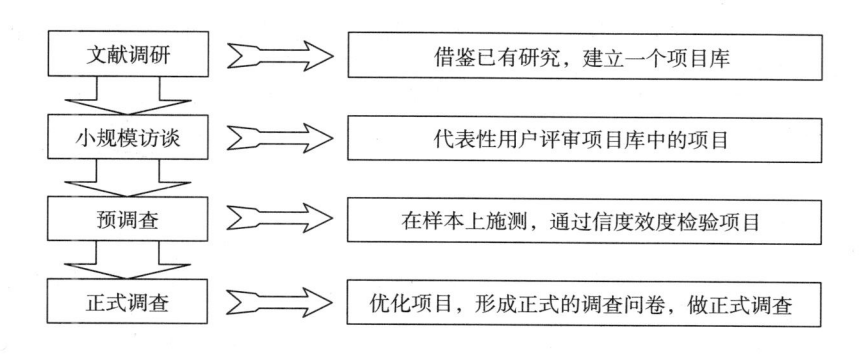

文献调研	⇒	借鉴已有研究，建立一个项目库
小规模访谈	⇒	代表性用户评审项目库中的项目
预调查	⇒	在样本上施测，通过信度效度检验项目
正式调查	⇒	优化项目，形成正式的调查问卷，做正式调查

图 6-1 量表开发流程

当前为数不多的乡村公共数字文化服务研究仍以理论分析为主，

实证研究较少。在实证研究中又以网站调查法①、扎根分析②、问卷调查法③探究服务供给为主，导致研究成果呈现多为描述性分析，或者研究对象与研究者之间的互动性不足，或者调查范围及规模受限，代表性不足，无法获得深度数据。鉴于参与式行动研究能够将研究对象融入研究设计流程④，"为弱势群体赋权"，加深研究者对信息社会边缘用户的认识⑤，有效融合了定量和定性研究的优势，使研究结果具有可操作性，本书一方面将从效能提升的角度对乡村公共数字文化服务研究范围予以扩展，另一方面，发挥参与式行动研究"研以致用"的特征，开发乡村公共数字文化服务能力提升模式量表。

乡村公共数字文化领域量表运用的成果主要涉及：①调查主题，包括数字农家书屋、图书馆文化扶贫、乡村公共文化服务的用户满意度等。王舒可等分析公共图书馆文化扶贫工作的影响因素⑥；戴艳清等实地考察农村居民对农村公共数字文化服务的认知、使用及评价情况。⑦②调查对象，涵盖乡镇公共文化机构工作人员、农民。韦楠华等面向乡镇公共文化机构工作人员开展关于公共数字文化营销和推广策略的现状调查⑧；熊春林等以湖南省宁乡县农民为调研对象，考察

---

① 王毅等：《国家级贫困县基本公共文化服务均等化发展策略研究——基于图书馆和文化馆评估结果的分析》，《国家图书馆学刊》2017年第5期。
② 王锰等：《公共数字文化服务效能的关键影响因素及其机理研究》，《中国图书馆学报》2018年第3期。
③ 雷兰芳：《基于精准扶贫视角的公共图书馆服务研究》，《图书馆工作与研究》2017年第11期。
④ 刘咏梅等：《行动研究在图书馆工作中的实践探索》，《图书馆论坛》2018年第11期。
⑤ 刘济群：《研究对象的在场：在图书情报学领域中引入参与式行动研究》，《图书与情报》2015年第2期。
⑥ 王舒可等：《基于主成分分析的公共图书馆文化扶贫影响因素的分析》，《图书馆学研究》2019年第13期。
⑦ 戴艳清等：《农村公共数字文化服务供需矛盾分析——基于湖南省花垣县的调查》，《国家图书馆学刊》2020年第2期。
⑧ 韦楠华等：《公共数字文化服务营销推广现状、问题及对策研究》，《图书馆学研究》2018年第17期。

共享工程在乡村实施过程中的农户实际需求和用户满意度情况。[1] [3]量表设计,具有一定的模型基础。郭涵等以顾客满意度模型为基础确定感知质量、公众期望、公众满意度、政府形象和公众信任五个维度的文化扶贫公众满意度测评量表。[2] 杨嘉骆立足于 LibQUAL+™量表,设计涵盖图书馆环境、图书馆员、图书馆服务效果和信息获取四个层面的贫困地区公共图书馆服务质量量表。[3] 显然,这些量表虽然反映了乡村公共数字文化服务的多种情况,但是对于认识和探究乡村公共数字文化服务能力提升的直接借鉴意义有限。

行动研究始于20世纪30年代,行动研究之父Lewin[4]认为,行动研究是实践工作者和研究者共同参与完成的研究过程,是为了将最终的研究成果方便实践工作者掌握和实施,以解决现实问题。行动过程中具体问题的提出、目标的确定和信息的采集方法应根据实际情况确定。行动研究作为一种新的视角,逐渐受到教育学[5]、心理学[6]、企业管理[7]、社会工作[8]、发展研究[9]、图书情报[10]等领域学者的关注。Whyte 在行动研究中强调被调查者在研究过程中的参与性,以克服传统社会工作中评估项目和内容脱离实际,调查结果缺乏代表性,研究

---

[1] 熊春林等:《文化信息资源共享工程农民满意度调查研究——以湖南宁乡为例》,《图书馆》2016年第8期。

[2] 郭涵等:《基于 SEM 的文化扶贫公众满意度研究》,《东南学术》2020年第1期。

[3] 杨嘉骆:《精准视域下我国贫困地区公共图书馆服务质量实证研究》,《图书馆工作与研究》2019年第11期。

[4] Lewin K., "Action research and minority problem", *Journal of Social Issues*, Vol. 2, No. 4, 1947.

[5] 陈向明:《参与式行动研究与教师专业发展》,《教育科学研究》2006年第5期。

[6] Dold C. J. and Chapman R. A., "Hearing A Voice: Results of A Participatory Action Research Study", *Journal of Child & Family Studies*, Vol. 21, No. 3, 2012.

[7] 肖静华等:《缺乏 IT 认知情境下企业如何作 IT 规划——通过嵌入式行动研究实现战略匹配的过程和方法》,《管理世界》2013年第6期。

[8] 古学斌:《行动研究与社会工作的介入》,《中国社会工作研究》2013年第1期。

[9] 李小云等:《行动研究:一种新的研究范式?》,《中国农村观察》2008年第1期。

[10] 洪星、邓喜清:《行动研究:图书情报工作研究的新范式》,《图书情报工作》2008年第10期。

内容片面等问题。① 本书将参与式行动理念引入乡村公共数字文化服务领域，使得研究对象能够和研究者一样贡献隐性知识和经验，提出合理意见，更加突出互动性和临场感，突破原先研究者把控问卷设计的单一视角，将公众、研究者、公共文化机构服务人员等相关者一起纳入量表设计的各阶段。

总体来看，乡村公共数字文化服务量表的调研主题大多是公众在某方面的满意度，比如服务使用时长和频次、对公共数字文化服务的认知、对数字资源的偏好、对数字文化服务的期望和感受等情况统计，针对效能问题的专门研究还较少；量表发放渠道大部分是网络平台，这极可能将无法熟练操作电子设备的乡村公众排除在外，因为这类公众虽然没有通过平台使用公共数字文化服务，但是他们对电视、广播、电影等形式的数字服务较为熟悉并经常使用，忽视他们将影响乡村公众样本的代表性。本书以乡村公共数字文化服务能力提升作为研究主题，以参与式行动作为研究指引，在公众、研究者、公共文化机构服务人员三者互动的情境下，设计测度乡村公共数字文化服务能力提升模式量表，为实施更大规模和范围的调研，提出差异化应对策略提供科学合理的依据。

第一节　乡村公共数字文化服务能力量表开发计划

定义研究问题和了解研究对象是计划阶段的主要目标，可为识别行动阶段的理论和方法奠定基础。研究过程中，本书以乡村公共数字文化服务能力的提升为着眼点，梳理相关理论知识、方法、人力等要素，以规范研究流程。②

---

① Whyte, W. F. E., *Participatory Action Research*, New York: Sage Publications, 1991, pp. 19 – 55.
② 钟丽萍：《循证实践与行动研究的融合：当代图书情报学研究新范式》，《情报理论与实践》2009 年第 10 期。

第六章　乡村公共数字文化服务能力提升模式的量表开发

一　理论指导框架

整体性治理理论是以公共利益和市场原则为基础，多元主体之间通过协同、协商等方式达成共识，从而共同管理社会事务的互动过程。[1] 公共服务的过程是服务供给方与需求方在服务提供的节点上互动的过程，它的重点在于供需过程中组织间的主体关系、价值关系以及对接关系。治理理论主张的社会治理主体从单一到多元的思想为在乡村公共数字文化服务能力提升过程中如何促进主体多元化、调节主体间关系，以及创新参与机制等问题提供了理论依据。比如，肖希明等基于治理理论探讨了社会组织与公民如何有序参与到公共数字文化服务过程中资源数字化、网络平台建设、筹资、管理等方面的建设。[2] 整体性理论有助于从政策目标、组织协同、机构整合、公众需求等层面对乡村公共数字文化服务能力提升问题展开论证，形成系统的提升模式和理论架构。

乡村公共数字文化服务空间还是一个可供人们分享信息的信息场。[3] 目前信息场理论除了被应用于空间场域的研究，也有学者开始探讨其在网络社会环境以及其他的数字生活领域的适用性。个体、场所、信息是构建信息场的基本概念框架。随时间和社会的发展，信息场更侧重的是非正式信息交流环境，这为学者研究潜在的信息场提供了视角。[4] 根据信息场理论内涵，乡村公共数字服务也可视为一个信息场，将分散的各类子环境因素整合于同一个数字化空间内，为乡村公众提供高效便利的公共数字文化服务，丰富了乡村公共数字文化服务能力提升模式的架构。

---

[1] 杨娟、刘澍：《论公共图书馆治理模式的立法预设——基于内源发展的远眺》，《图书馆论坛》2017年第6期。

[2] 肖希明、完颜邓邓：《治理理论与公共数字文化服务的社会参与》，《图书馆论坛》2016年第7期。

[3] 肖永英、何兰满：《国外日常生活信息查询行为研究进展（2001—2010）》，《图书情报工作》2012年第5期。

[4] 赵俊玲、周旭：《信息行为研究中信息场理论发展评析》，《情报科学》2015年第4期。

二 调研对象

《中国互联网发展状况统计报告》[①] 显示，截至2020年12月，我国手机网民规模达9.86亿人，农村网民规模达3.09亿人，占网民整体的31.3%。在设备方面，网民使用手机上网的比例达99.7%，使用台式电脑上网、笔记本电脑上网、平板电脑上网的比例分别为32.8%、28.2%和22.9%。在数字内容使用方面，网络新闻用户规模达7.43亿人，手机网络新闻用户规模达7.41亿人；网络视频（含短视频）用户规模达9.27亿人，其中短视频用户规模达8.73亿人，占网民整体的88.3%；网络直播用户规模达6.17亿人，其中演唱会直播的用户规模为1.90亿人，体育直播的用户规模为1.38亿人；在线教育用户规模达3.42亿人，手机在线教育用户规模达3.41亿人。在乡村公共数字文化服务调研中，一方面，需要结合当前乡村公众设备、网络接入、数字内容使用偏好，充分了解乡村公众使用公共数字文化服务的体验，以把握乡村公众的认知基础、生理状况、心理状态、信息素养。另一方面，考虑到乡村公众对于公共数字文化服务的认识远不及公共文化服务人员透彻，邀请服务人员参与既可以减少乡村公众的顾虑，使他们更加容易开展调研工作，也可以从实操层面充分了解乡村公共数字文化的服务使用情况。本书将系统了解乡村公共数字文化服务在乡村公众中的欢迎度如何，公众使用体验如何，是否契合公众的行为习惯和精神需求，从公众的角度反映乡村公共数字文化服务能力。

三 数据收集

随着文化信息资源共享工程、公共电子阅览室建设计划、数字图书馆推广工程等国家级重点公共数字文化工程的稳步推进，国家公共文化云的构建，我国现代公共文化服务体系已基本完善，主要矛盾开始由数量增长转变为高质量发展，可以说提升服务能力是当前公共文

---

① 中国网信网：《第47次〈中国互联网络发展状况统计报告〉发布》，http://www.gov.cn:8080/xinwen/2021-02/03/content_5584518.htm。

第六章　乡村公共数字文化服务能力提升模式的量表开发

化服务研究和实践的重点和难点。[①] 然而，服务能力提升问题并没有引起公共文化机构的足够重视。正如彼得·德鲁克所言"非营利组织'损益'观念比较差，倾向于将自身工作设定为公正且合乎道义，较少考虑资源利用的合理性"[②]，导致公共文化机构作用彰显不够、服务效能不高，以致在社会资源分配中处于不利地位。

为保障公众充分享有基本公共文化权利，本书需要厘清公共数字文化服务使用满意度，明确推动公共数字文化服务能力提升主要涉及哪些维度和因素。为确定和筛选各维度以及关键因素，保证调查的客观和中立性，本书将访谈确定为主要方法，公共文化服务人员、研究者、公众共同探讨和设计引导性问题作为访谈提纲，而后开展实地访谈工作，同时在访谈完成后，研究人员通过编码处理原始语句，将其整理成规范观测项，并作论证，保证量表开发的规范性、完备性。

第二节　乡村公共数字文化服务能力量表开发行动

了解研究背景和现状之后，本书收集并整理相关主题文献资料、各省市基本公共文化服务指导标准、访谈文本等内容，结合乡村地区公共数字文化服务的主题特征进一步细化，识别出提升乡村公共数字文化服务能力的多维度。

一　内容因素分析

本书对公共数字文化服务能力提升相关的影响因素作梳理和提炼，为访谈设计奠定基础。文献分析结果如表6-1所示。

二　访谈设计

在文献及政策法规调研的基础上，本书根据公共数字文化服务的

[①] 中国人大杂志：《构建公共文化服务体系提高公共文化服务效能》，http://www.npc.gov.cn/npc/zgrdzz/2017-05/04/content_2021275.htm。

[②] [美] 彼得·德鲁克：《非营利组织的管理》，吴振阳译，机械工业出版社2009年版，第8页。

现实情况对各维度具体化，进一步从公众、文化站管理人员、服务人员的角度明晰乡村公共数字文化服务能力的内涵。在正式调查实施之前，邀请具有公共数字文化服务使用经历的20位代表性公众参加访

表6-1　　　　　　　　　　　影响因素梳理

影响因素	参考来源
服务环境（制度安排） 服务设施（技术设施、实体场所、内容设施） 形式与内容（民生需求、精神需求） 服务评价（社会、公共管理、财政）	陈昊琳[1]
主体层（政府及文化行政部门、文化事业单位、公民、社会组织、市场组织） 路径层（互补合作、因地制宜、创造性开发、生产供给畅通有效） 配套机制层（需求与表达机制、规划与配置机制、质量评价机制、保障机制、绩效评估机制） 理念层（开放性、多元性、互动合作、需求导向、服务取向）	沈亚平等[2] 李孝敏[3]
内容建设（资源规模、资源保障标准） 供给与群众需求匹配（互联网普及、采购赋权） 文化创造（群众文化艺术素养、培育形式） 文化服务和科技融合（服务范围、服务渠道、服务业态、服务方式） 基层公共文化队伍建设（领军人才队伍建设、任命制度化） 评价激励机制（第三方评价机制、人群覆盖率、参与率、公众满意度）	李国新[4]

----

[1]　陈昊琳：《基本公共文化服务：概念演变与协同》，《国家图书馆学刊》2015年第2期。

[2]　沈亚平、陈建：《从建设到治理：公共文化服务体系优化的基本逻辑》，《湖北社会科学》2017年第4期。

[3]　李孝敏：《社会协同治理视域下河南公共文化服务体系建设浅析》，《中共郑州市委党校学报》2016年第6期。

[4]　李国新：《提升公共文化服务效能思考》，《新世纪图书馆》2016年第8期。

续表

影响因素	参考来源
制度层面（政府政策标准、绩效评估制度、公众评价和反馈机制） 资源层面（数字资源库、数字图书馆技术、地方特色文化工程） 经济层面（地方财政、国家购买、社会资助、项目补贴） 服务层面（网络体系、服务人才队伍、数字化设施设备） 主体层面（党委、政府文化部门、宣传部门、企业、公民）	《江苏省公共文化服务促进条例》[①] 张大尧等[②] 陈世海等[③]

谈。本次调查时间为 2018 年 7—8 月，充分考虑了不同职业、不同年龄段、不同性别的公众的典型性和代表性。人均 60 分钟左右的访谈内容包括公众对公共数字文化服务的使用情况、满意度、继续使用意愿，以及对有关服务主体及保障问题的看法。全部调查结束后，研究团队逐字转录，借助 Nvivo11 质性分析工具，运用扎根分析法对转录的文本资料作编码处理，访谈提纲如表 6-2 所示。

在访谈过程中，被访谈者使用国家数字文化网、数字图书馆推广工程、公共电子阅览室等平台，完成检索任务。对于使用不熟练的公众，请文化站的工作人员辅以使用操作指导，研究团队成员观察记录访谈者的表情、语言、动作等变化，并有针对性地询问他们对公共数字文化的使用感知，以及对公共数字文化服务接触次数少、感到陌生或者抵触的具体原因；对于熟悉公共数字文化的公众，直接说明检索任务。检索任务的设计维度源于专门网站和 App 的功能特性、文化工作人员的介绍、研究者自己的使用体验总结。在检索任务完成后，研究者和受访者在原定访谈提纲的基础上继续交流以下问题：您对公共

---

① 江苏省文化厅：《江苏省公共文化服务促进条例》，http：//www.jsrd.gov.cn/zyfb/sjfg/201512/t20151209_269563.shtml。

② 张大尧等：《构建公共数字文化服务体系 保障人民群众基本文化权益》，《图书馆建设》2012 年第 4 期。

③ 陈世海等：《县域公共文化服务协同创新研究——以江苏省张家港市为例》，《上海文化》2014 年第 8 期。

数字文化服务的哪些地方印象深刻,您对哪个板块最感兴趣,您认为哪里有改进空间,完成这些操作有哪些困难等问题,以便于了解乡村公共数字文化服务能力提升的相关要素。

表6-2　　　　　　　　　　　访谈提纲

访谈主题	主要内容
基本信息	年龄、职业、收入、学历等
公共数字文化服务使用情况	1. 您目前所在的区域有哪些公共文化机构或场所? 2. 您文化生活的频率?您每次文化生活的时间? 3. 您是否知道公共文化机构基本服务免费向公众开放? 4. 您常去的公共文化场所是?您去公共文化场所的频率?您很少去或不去公共文化场所的原因是? 5. 您目前所在地有哪些公共数字文化场所或设施?您主要通过哪些渠道关注数字文化资源? 6. 您关注数字文化资源的原因? 7. 您了解和使用"全国文化信息资源共享工程"等公共数字文化项目吗
公共数字文化服务效能感知	1. 您希望从公共数字文化服务中获取到哪些主题的内容?您使用过哪些功能?目前的服务是否能够满足您的基本需求? 2. 您认为哪些部门或者主体应承担公共数字文化服务的建设和治理? 3. 您是否愿意参与公共数字文化建设?您平时能够熟练地使用手机或者电脑等设备获取公共数字文化服务吗? 4. 您觉得公共数字文化服务需要具备哪些特征?公共数字文化服务开展需要哪些保障? 5. 您对公共数字文化服务的总体体验或使用评价如何?您是否会持续使用或者推荐给其他人? 6. 您对本地或者国家公共数字文化建设还有哪些建议和意见

第三节 乡村公共数字文化服务能力量表考察

考察阶段是对行动过程及结果作总结,分析行动阶段形成的预期和非预期结果。通过开放编码、主轴编码,最终提炼出乡村公共数字文化服务能力提升模式量表的维度与变量。

一 主体维度测项

本书根据治理理论中政府、市场、社会多个主体通过协作、互动结成伙伴关系共同治理公共事务,以提高治理效率和维护公共利益的管理方式和理念[①],以及访谈中公众对数字文化治理的责任感知确定了 5 个主体变量,如表 6-3 所示。

表 6-3　　　　　　　　服务主体维度的测项编制

维度	变量	编号	测项
服务主体	政府	ZT1	您认为公共文化服务中政府负责重要
	事业单位	ZT2	您认为公共文化服务中文化单位负责重要
	社会组织	ZT3	您认为公共文化服务中社会组织负责重要
	企业	ZT4	您认为公共文化服务中企业负责重要
	公众	ZT5	您认为公共文化服务中公众负责重要

二 内容维度测项

服务内容维度的测量量表则源自文化信息资源共享工程、数字图书馆推广工程、公共电子阅览室的服务内容,同时借鉴公共数字文化服务使用情况和效能感知访谈结果,最终确定了包括文化资讯、文化资源在内的 8 个服务内容,如表 6-4 所示。

[①] 肖希明、完颜邓邓:《治理理论与公共数字文化服务的社会参与》,《图书馆论坛》2016 年第 7 期。

表6-4　　　　　　　　服务内容维度的测项编制

维度	变量	编号	测项
服务内容	文化资讯	NR1	您认为公共数字文化服务中文化资讯很重要
	文化资源	NR2	您认为公共数字文化服务中文化资源很重要
	专题资源	NR3	您认为公共数字文化服务中专题资源很重要
	讲座活动	NR4	您认为公共数字文化服务中讲座活动很重要
	文献提供	NR5	您认为公共数字文化服务中文献提供很重要
	预约预定	NR6	您认为公共数字文化服务中预约预定很重要
	互动空间	NR7	您认为公共数字文化服务中互动空间很重要
	公共信息	NR8	您认为公共数字文化服务中公共信息很重要

三　保障维度测项

服务保障维度中的变量分类以信息场理论为指引，主要参考《国家基本公共文化服务指导标准（2015—2020年）》以及各省基本公共文化服务指导标准中的相关内容，结合从公共文化机构工作人员的访谈中获知的服务现状的保障措施，确定了目标保障、法制保障、能力保障、动力保障、经济保障5个具体的方面，如表6-5所示。

表6-5　　　　　　　　服务保障维度的测项编制

维度	变量	编号	测项
目标保障	公益	MB1	您认为公共数字文化服务的公益性服务目标很重要
	开放	MB2	您认为公共数字文化服务的开放性服务目标很重要
	共享	MB3	您认为公共数字文化服务的共享性服务目标很重要
	普惠	MB4	您认为公共数字文化服务的普惠性服务目标很重要
法制保障	法律	FZ1	您认为数字文化服务的法律制定与实施评估很重要
	制度	FZ2	您认为数字文化服务的版权制度的规范与实施评估很重要
	规章	FZ3	您认为数字文化服务的规章制定与实施评估很重要
	规划	FZ4	您认为数字文化服务的规划、宣传、方案制定与实施评估很重要

续表

维度	变量	编号	测项
能力保障	场所	NL1	您认为提供场所便利条件很重要
	设施	NL2	您认为提供设施便利条件很重要
	技术	NL3	您认为提供技术支持便利条件很重要
	人员	NL4	您认为提供人员协助便利条件很重要
	培训	NL5	您认为提供公共文化服务教育与培训很重要
动力保障	程序规范	DL1	您认为参与程序的规范性对公共数字文化服务很重要
	公开透明	DL2	您认为信息公开、透明对公共数字文化服务很重要
	积极灵敏	DL3	您认为回应积极、灵敏对公共数字文化服务很重要
	负责有效	DL4	您认为回应负责、有效对公共数字文化服务很重要
	执行反馈	DL5	您认为提效的意见对公共数字文化服务执行有影响很重要
经济保障	国家财政	JJ1	您认为国家财政拨款对公共数字文化服务很重要
	地方财政	JJ2	您认为地方财政拨款对公共数字文化服务很重要
	企业资本	JJ3	您认为企业资本对公共数字文化服务很重要
	社会捐赠	JJ4	您认为社会捐赠对公共数字文化服务很重要

四 公众信息素养维度测项

公众信息素养的变量确定来自 Jeong、Seddon[1][2] 等的文献以及公众在使用公共数字文化服务中的熟练度及操作需求等情况，主要概括为信息意识和信息技能两个具体维度，如表 6-6 所示。

五 服务效能维度测项

公共数字文化服务效能是指公共文化服务达到预期结果或影响的程度。本书基于已有公共数字文化服务评价指标，结合服务使用体验等公众访谈内容，归纳出服务质量、满足需求、服务满意、经常使用4个具体的测项，如表 6-7 所示。

---

[1] Jeong, H., "An Investigation of User Perceptions and Behavioral Intentions Towards the E-library Library", *Collections Acquisitions & Technical Services*, Vol. 35, No. 2, 2011.

[2] Seddon, P. and Kiew, M. Y., "A Partial Test and Development of Delone and Mclean's Model of IS Success", *Ajis Australasian Journal of Information Systems*, Vol. 4, No. 1, 1996.

表 6–6　　　　　　公众信息素养维度的测项编制

维度	变量	编号	测项
信息技能	检索技巧	JN1	您知道如何使用检索技巧来完成任务
	检索表达	JN2	您可以使用恰当关键词表达检索任务
	检索自助	JN3	您可以自助使用帮助文件查到所需资料
	检索自信	JN4	您对自己的信息检索能力很自信
信息意识	信息兴趣	YS1	您喜欢学习新事物
	信息有用	YS2	您可以探寻隐藏的事实和有用信息
	信息便利	YS3	您认为网络使查找信息变得容易
	个体发展	YS4	您认为信息的接入对于个人发展有利

表 6–7　　　　　　服务效能维度的测项编制

维度	变量	编号	测项
使用效能	服务质量	XN1	您对公共数字文化服务很满意
	满足需求	XN2	您认为公共数字文化服务满足信息需求
	服务满意	XN3	您认为公共数字文化服务总体质量高
	经常使用	XN4	您很依赖并经常使用公共数字文化服务

第四节　乡村公共数字文化服务能力量表评估与反思

评估反思阶段是将行动规划的预期目标、内容与行动过程、结果作对比，并对行动的过程、结果作出评价总结的过程。具体来说是在总结过程中发现预调研量表数据与行动结果的差距，进而对差距形成的原因展开分析，作为下一次行动研究的起点。

一　样本与施测

2018 年 8 月，本书以实地发放问卷的形式对江苏省各地区的公众作预调查。在调查期间共发放问卷 150 份，回收 145 份，剔除无效问卷后余下142份，有效回收率为95%，具体的样本分布如表6-8所示。此次预调查的目的是了解样本基本信息，并通过可靠性分析和因子分析从总体上把握调查数据的信度和效度，分析观察变量能否预测潜在变量，以优化调查问卷。

表6-8　　　　　　　　预调查样本基本情况统计

项目	类别	样本数	比例（%）
性别	男	64	45.07
	女	78	54.93
年龄	20岁及以下	38	26.76
	21—30岁	68	47.88
	31—40岁	25	17.61
	41岁及以上	11	7.75
学历	初中及以下	9	6.34
	高中	28	19.71
	高职高专	30	21.12
	大学本科	32	22.54
	硕士研究生	32	22.54
	博士研究生及以上	11	7.75
职业	企业	41	28.87
	事业单位人员	28	19.72
	学生	44	30.98
	个体户、自由职业者	10	7.04
	离退休人员	9	6.34
	下岗人员	1	0.71
	务工、务农人员	8	5.63
	其他	1	0.71
月均收入	1000元及以下	32	22.53
	1001—2000元	21	14.79
	2001—3000元	21	14.79
	3001—5000元	33	23.24
	5001—8000元	18	12.68
	8001元及以上	17	11.97

本书中的问卷涉及三大板块，第一板块是公共文化生活形态，包括公共文化活动、文化生活频率、文化场所、渠道、位置布局、数量、重要性评价等基本情况；第二板块是指标内容，包括主体、内容、保障、素养、效能等；第三板块是基本信息，涉及性别、年龄、学历、月均收入、所在地区等。乡村公共数字文化服务能力提升模式的调查问卷采用了李克特量表，以陈述句的形式设置观测项，表现了对陈述内容的赞同或认可程度，从小到大依次为非常不同意、不同意、有点不同意、不确定、有点同意、同意、非常同意7个等级。

从预调查数据可以看出，就性别来说，男性有64人，女性有78人；从年龄段看，30岁以下是主流，占74.64%；就学历来说，高中以上各个类别的学历分布较为均衡；在职业上，企事业单位和学生居多；在收入上，除学生群体多数低于3000元外，绝大多数群体月均收入在3000元以上。

二 信度检验

信度体现了数据的一致性和稳定性，以Cronbach's α系数作指标来衡量问卷可靠性，系数越高，表示信度越高，测量误差越小。量表的Cronbach's α系数>0.80表示量表信度相对理想。在分析中，如果删除某一维度的观测项，维度信度系数相对之前提高了，那么就表示此观测项在维度中异质，需要将其删除或者是替换。预调查数据信度分析结果如表6-9所示。

表6-9　　　　　　　　预调查数据的信度检验

维度	编号	α	CAID	CITC
主体	ZT1	0.78	0.74	0.57
	ZT2		0.77	0.48
	ZT3		0.74	0.59
	ZT4		0.70	0.67
	ZT5		0.76	0.52

续表

维度	编号	α	CAID	CITC
内容	NR1	0.85	0.84	0.61
	NR2		0.82	0.71
	NR3		0.83	0.66
	NR4		0.83	0.67
	NR5		0.83	0.62
	NR6		0.84	0.59
	NR7		0.84	0.59
	NR8		0.87	0.33
保障	MB1	0.96	0.95	0.70
	MB2		0.95	0.64
	MB3		0.96	0.53
	MB4		0.95	0.67
	FZ1		0.95	0.78
	FZ2		0.95	0.65
	FZ3		0.95	0.71
	FZ4		0.95	0.64
	NL1		0.95	0.80
	NL2		0.95	0.80
	NL3		0.95	0.71
	NL4		0.95	0.76
	NL5		0.95	0.67
	DL1		0.95	0.79
	DL2		0.95	0.66
	DL3		0.95	0.66
	DL4		0.95	0.70
	DL5		0.95	0.61
	JJ1		0.95	0.73
	JJ2		0.95	0.73
	JJ3		0.95	0.61
	JJ4		0.95	0.62

续表

维度	编号	α	CAID	CITC
素养	JN1	0.90	0.88	0.73
	JN2		0.87	0.77
	JN3		0.88	0.67
	JN4		0.88	0.70
	YS1		0.88	0.72
	YS2		0.89	0.58
	YS3		0.88	0.72
	YS4		0.89	0.55
效能	XN1	0.86	0.82	0.69
	XN2		0.78	0.79
	XN3		0.78	0.79
	XN4		0.88	0.54

本书中样本的 Cronbach's α 系数值为 0.96，大于 0.70 的最低指标，表明总体信度很好。同时根据修正后的项总计相关性（CITC）以及删除项后的系数值（CAID）变化情况进一步筛选题项，删除 CITC 系数小于 0.40 且 CAID 系数大于维度 Cronbach's α 系数的题项[①]。NR8 被删除后，CITC 系数值为 0.33，CAID 值为 0.87，维度整体信度有所提升。

三 效度检验

在数据分析中，即使量表信度系数高也不能保证变量的有效性，确定量表是否可量度某特定变量还要考虑效度问题。在对数据分析的过程中，建构效度能够测量概念或特质的一致程度。因子分析是检验建构效度的常用方法。预调查可采用探索性因子分析和验证性因子分析来验证量表的效度。

（一）探索性因子分析（EFA）

为判断调研数据能否作因子分析，本书首先作适切性量数检验

---

① Yoo, C. B. and Donthu, N., "Developing and Validating A Multidimensinal Consumer-based Brand Equity Scale", *Journal of Business Research*, Vol. 52, No. 1, 2001.

（KMO）和巴特莱特球形检验（Barlett Test of Sphericity）。当 KMO > 0.60，表明适合作因子分析。在因子分析中，观测项的因子归属无效情况可分为三个方面：①自成一类的单个因子；②某一因子负载均 < 0.50；③某一因子在多个维度 > 0.50。本书以 SPSS21.0 为分析工具，使用成分矩阵结果来判断观测项的因子归属。本书观测项的 KMO 值为 0.88，Bartlett 球形检验近似卡方值为 4752.78，显著性 Sig. = 0.000 < 0.001，表明样本适合做因子分析。随后，本书采用主成分分析法和最大方差法作因子旋转，分离出 5 个因子，分别对应服务主体、服务内容、服务保障公共素养和服务效能 5 个维度。同时根据因子载荷度大小，NR6 的因子载荷小于 0.50，与所属维度的关联性较弱，故予以删除。本书再次对剩余因子作分析，发现 YS4 不符合要求，将其删除后，累计解释方差从原来的 59.23% 提升到 60.07%。

（二）验证性因子分析（CFA）

验证性因子分析重在验证和修正量表结构。目前问卷中的量表题项共计 44 题，5 个维度。当 CR 值大于 0.70 时，表明因子的指标信度较好；AVE 大于 0.50 则说明量表具有较好的收敛效度，具体测量结果如表 6-10 所示。

表 6-10　　测量模型的 AVE 和 CR

潜变量	题项数	AVE	CR
主体	5	0.54	0.85
内容	6	0.58	0.89
保障	22	0.53	0.96
素养	7	0.61	0.92
效能	4	0.70	0.90

当所有测度因子的 AVE 平方根都大于与其他测度因子之间的相关系数时，才可认为模型的区别效度较好，具体测量结果如表 6-11 所示。

表6-11　　　　　　潜在变量的 AVE 平方根与相关系数

	主体	内容	保障	素养	效能
主体	0.73				
内容	0.39	0.76			
保障	0.58	0.61	0.72		
素养	0.27	0.51	0.54	0.78	
效能	0.21	0.29	0.24	0.54	0.84

本书显示 AVE 值介于 0.53—0.70，均大于 0.50；CR 值介于 0.85—0.96，均大于 0.70；AVE 平方根都大于与其他测度因子之间的相关系数。这说明修正后的量表具有良好的收敛效度，且量表结构的适配度良好。进一步地，本书采用偏最小二乘法结构方程建模方法，将收集到的数据导入 SmartPLS 3.0 软件中作 PLS Algorithm 运算，得到被解释变量保障、内容、素养、效能的 R^2 分别是 0.34、0.15、0.34 和 0.30，同时利用软件的 Blindfolding 算法，计算出模型的拟合优度指标（GoF）为 0.37，说明模型适配度较好，具有较好的预测效果。[1] 本书进一步使用 Bootstrapping 再抽样算法选择 1000 子样本，通过抽出放回的方式对模型的估计结果作检验，结果如表 6-12 所示，并形成乡村公共数字文化服务能力提升模式初步的模型，如图 6-2 所示。

表6-12　　　　　　Bootstrapping 检验结果

路径	路径系数	T 检验	检验结果
主体—>保障	0.58	9.92	通过
主体—>内容	0.39	4.44	通过
保障—>素养	0.37	3.83	通过
内容—>素养	0.28	3.16	通过
素养—>效能	0.54	8.96	通过

---

[1] Bagozzi, R. P., "Evaluating Structural Equation Models with Unobservable Variables and Measurement Error: A Comment", *Journal of Marketing Research*, Vol. 18, No. 3, 1981.

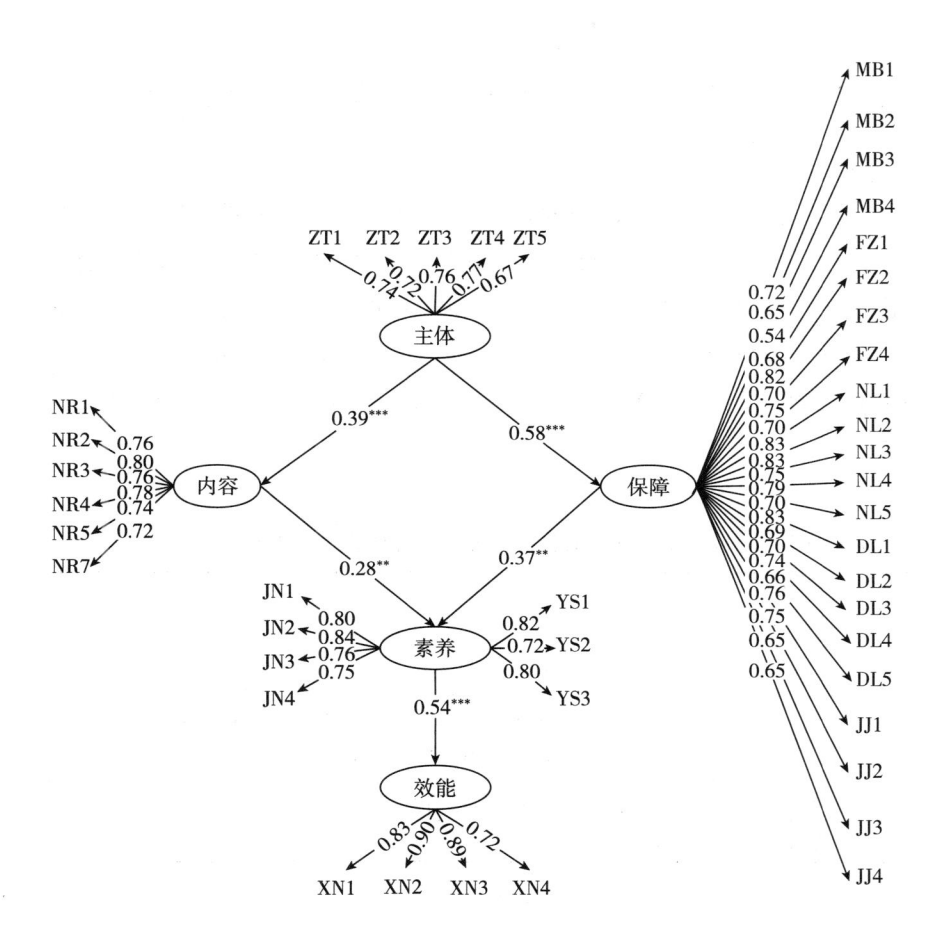

图 6-2 乡村公共数字文化服务能力提升模式初步的模型

注：*表示 p<0.05，**表示 p<0.01，***表示 p<0.001。

从以上模型可以看出，服务主体分别正向影响服务内容和服务保障，路径系数分别是 0.39 和 0.58，两个维度均在 0.001 水平下显著，其中服务主体对服务保障的影响略大于服务内容。服务内容和服务保障都通过公众信息素养作用于服务效能，服务保障对公众信息素养的影响大于内容保障对公众信息素养的影响，路径系数分别是 0.37 和 0.28。公众信息素养则对服务效能具有最直接的影响关系，且在 0.001 水平下显著。

第五节　乡村公共数字文化服务能力量表形成

经过量表调整和验证检验，本书利用施测样本对修正后的量表作信度重测。44 个项目的总体 Cronbach's α 系数为 0.95。服务主体、服务内容、服务保障、公众信息素养和服务效能 5 个维度的 Cronbach's α 系数分别为 0.78、0.86、0.96、0.89 和 0.86。各项目的 CITC 系数均大于 0.40，量表整体信度较好，正式的量表测项如表 6-13 所示。

表 6-13　乡村公共数字文化服务能力提升模式的量表测项

维度	正式量表测项
主体	ZT1 ZT2 ZT3 ZT4 ZT5
内容	NR1 NR2 NR3 NR4 NR5 NR7
保障	MB1 MB2 MB3 MB4 FZ1 FZ2 FZ3 FZ4 NL1 NL2 NL3 NL4 NL5 DL1 DL2 DL3 DL4 DL5 JJ1 JJ2 JJ3 JJ4
素养	JN1 JN2 JN3 JN4 YS1 YS2 YS3
效能	XN1 XN2 XN3 XN4

注：各维度的具体测项参照表 6-3 到表 6-7。

第六节　本章小结

本章以参与式行动研究为方法论，以整体性治理理论和信息场理论为指引，将计划、行动、考察、评估反思四个阶段融入乡村公共数字文化服务能力提升模式量表开发的全过程。在各个阶段综合应用定量和定性研究方法，最终形成包括服务主体、服务内容、服务保障、公众信息素养和服务效能五个维度的乡村公共数字文化服务能力提升模式的量表。本章所设计的量表可为大范围实证调查与分析提供支撑，后续将进一步作量表施测，分析不同地区服务能力的差异性，及其不同成因，进而深入剖析影响服务能力的不同作用机制，最终有针对性地提出提升乡村公共数字文化服务能力的对策。

第七章

乡村公共数字文化服务能力提升模式的实证分析

为验证乡村公共数字文化服务能力提升模式的关键影响因素及其相互关系，本章利用第六章量表，采用问卷调查法正式在全国乡村公共文化机构采集数据，归纳乡村公共数字文化服务能力现状，同时进一步利用结构方程模型法来检验第五章提出的概念模型及研究假设，以发现乡村公共文化服务能力提升的作用机理，揭示数字背景下乡村公共文化服务能力提升的典型模式。

第一节 乡村公共数字文化服务能力的样本数据采集

本书的数据收集工具为《乡村公共数字文化服务能力调查问卷》（见附录B）。本问卷在乡村公共文化数字服务能力量表基础上设计，2018年9—10月采用随机抽样方法发放，以网络调查为主，实地发放为辅。其中，在田野调查地点发放132份纸质问卷；网上问卷在专业性问卷调查网站问卷星上发布，通过样本服务回收437份，合计收到569份问卷。

同时，为保证问卷的有效性，本书作如下筛选：①缺失值过多影响统计结果的问卷；②答项过于统一的问卷；③自相矛盾的问卷；

④答卷时间过少的问卷；⑤重复填写的问卷。本书共剔除无效问卷121份，得到有效问卷448份，回收率为78.3%。

第二节 乡村公共数字文化服务能力的样本分析

通过表7-1对收集到的样本数据从人口学特征、文化生活情况、公众对乡村公共数字文化服务的认同度方面作描述性分析。

一 人口学特征

调查样本的人口学特征，如性别、年龄、学历、职业、收入等呈多样化，样本基本信息见表7-1。

表7-1　　　　　　样本基本情况统计

项目	类别	样本数	比例（%）
性别	男	210	46.87
	女	238	53.13
年龄	24岁及以下	154	34.37
	25—40岁	214	47.77
	41—55岁	58	12.95
	56岁及以上	22	4.91
学历	初中及以下	14	3.13
	高中	41	9.15
	高职高专	72	16.07
	大学本科	273	60.94
	硕士研究生	37	8.26
	博士研究生及以上	11	2.45
职业	企业	155	34.60
	公务员	13	2.90
	事业单位人员	80	17.86
	学生	133	29.69

续表

项目	类别	样本数	比例（%）
职业	个体户、自由职业者	31	6.92
	离退休人员	17	3.79
	下岗人员	1	0.22
	务工、务农	9	2.01
	其他	9	2.01
收入	1000元及以下	102	22.77
	1001—2000元	48	10.71
	2001—3000元	64	14.29
	3001—5000元	119	26.56
	5001—8000元	76	16.96
	8001元及以上	39	8.71

本次调查样本性别比例在0.45—0.55，分布较为平衡；在年龄层次上，25—40岁人数最多，为214人，占47.77%，24岁以下次之，占34.37%，而后依次为41—55岁和56岁以上人群，占比分别为12.95%和4.91%。这些样本月平均收入在2000元以上者为66.52%，占绝大多数。

在学历方面，高职高专及以上学历占主流。其中大学本科学历有273人，占总人数的60.94%；高职高专学历次之，占比16.07%；再次为高中、硕士研究生、初中及以下学历，占比均在10%以下。其中，大学本科和高职高专学历样本合计接近八成，可能原因有：一是作为信息技术的使用者、倡导者甚至是引领者，他们对于数字资源比较敏感；二是数字资源与其工作、学习、生活有关。与此相反，高中、初中及以下学历的调查样本由于文化程度偏低，接触到和使用公共数字文化资源者较少，参与调查的积极性较低。

在职业类别方面，本次调查样本职业分布较广。职业分布人数由高到低分别为企业155人，占总样本的34.60%；学生133人，占29.69%；事业单位人员80人，占17.86%，个体户等自由职业者、离退休人员、公务员、下岗人员、务工/务农人员占比均在10%以下。

二 文化生活情况

在文化生活方面，分析内容包括文化机构的使用频率情况、负面印象情况、公众对数字文化服务了解情况、自身使用条件情况，见图7-1至图7-4。

本次调查的公共文化机构主要有9类，见图7-1。根据统计，对图书馆公共文化服务最为熟悉者349人，占77.9%，其次为文化公园/广场和博物馆使用者，占65.85%和43.75%；儿童/老年活动中心、科技馆、展览馆/美术馆、档案馆、文化站使用者相对次之，分别占33.48%、23.44%、22.54%、18.30%、17.63%；没有使用过公共文化服务者，占1.79%。由此可知，公共文化服务机构中，图书馆、文化公园广场、博物馆由于与公众的生活息息相关，熟知度较高。而儿童/老年活动中心、档案馆由于服务能力的限制，导致公众对其使用较少，文化站、科技馆、美术馆等现代化公共文化服务场所由于使用情境和宣传等原因，公众熟知度也较低。

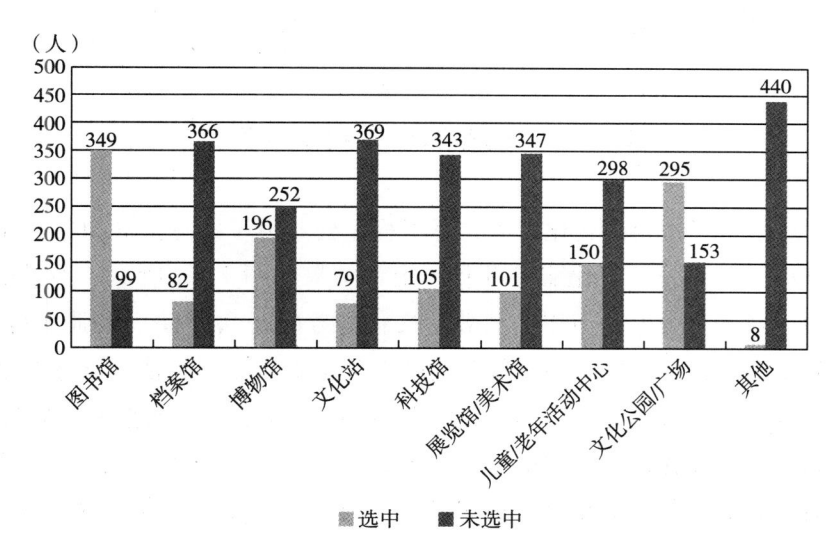

图7-1 公共文化机构的使用频率

由图7-2可知，公众不去或少去公共文化机构的最主要原因是距离远和资源种类少，分别为266人和170人，占59.38%和

37.95%；还有使用线上服务、资源陈旧、服务手续烦琐等原因，依次占 31.03%、27.23%、17.86%。这表明，对公共文化机构合理布局、就近建设，解决机构与居住地距离较远而使用不便的问题，可为公众使用创造基础条件。同时，为公众提供新颖、全面、丰富多样的公共文化资源和服务，加强智慧服务平台建设，可进一步为公众提供精准、个性化的服务，提升公众使用服务的积极性。

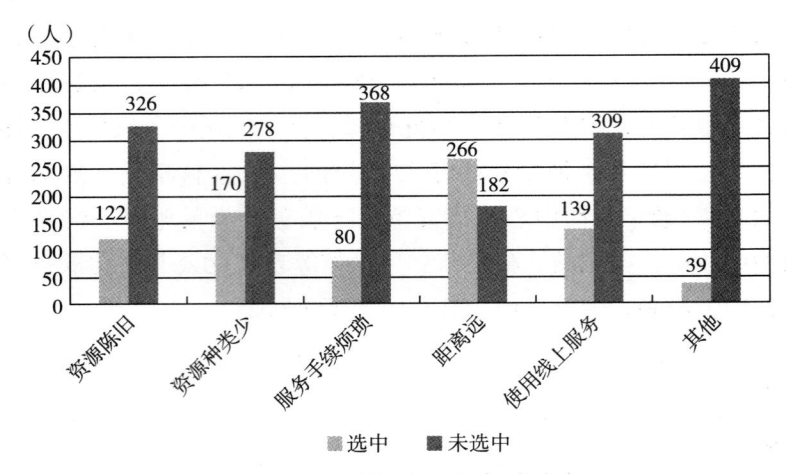

图 7-2　公众不去公共文化场所的原因

就是否了解全国文化资源共享工程、公共电子阅览室和数字图书馆推广工程等公共文化服务项目，统计结果如图 7-3 所示。不了解不使用或者了解不常使用公共数字文化服务的公众较多，分别为 176 人和 142 人，而了解不使用服务的公众为 101 人，了解使用服务的公众仅为 29 人。由此可见，公共文化项目的宣传力度仍须进一步加强，可以从公共文化服务品牌建设[①]和公共数字文化服务营销力度[②]等方面着手，提升公共文化服务的知名度。同时，从许多公众虽然了解却

---

① 完颜邓邓、宋婷：《融合创新发展背景下公共数字文化服务品牌建设研究》，《图书馆》2020 年第 10 期。

② 郑燃、戴艳清：《公共数字文化服务营销体系构建》，《图书馆论坛》，http://kns.cnki.net/kcms/detail/44.1306.G2.20201024.1045.002.html。

不常使用公共数字文化服务可知，公共文化服务具有可替代性，这可以从公众的个性化需求入手，提供多样化服务，提升公共数字文化服务的公众满意度和忠诚度。

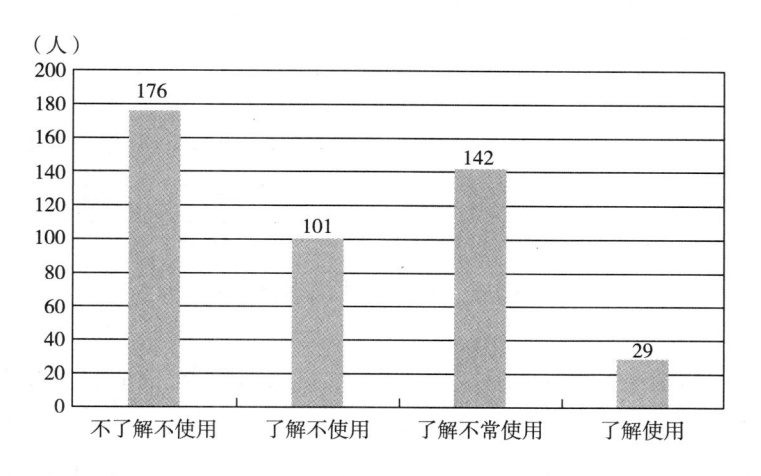

图 7-3 公众了解和使用公共数字文化项目情况

设备和网络是使用公共数字文化服务的客观支撑条件。在乡村公共数字文化服务使用自身条件方面，本书设置了设备拥有情况和网络使用时长两个题项，网络使用具体情况见图 7-4。从公众智能手机拥有率来看，97.8%（438 人）具备使用公共数字文化服务的基本条件。在日常网络使用时长方面，不上网的有 7 人，1 小时以内的有 22 人，1—3 小时的 123 人，3—5 小时的 141 人，5 小时以上的 155 人。由此可见，多数公众上网并且上网时长普遍在 3 小时以上，对数字设备和网络接触较多，具备一定的信息素养基础，具有使用公共数字文化服务的基本能力。

三 对公共数字文化服务的认同度

本书根据问卷题项所属维度，将公众对公共数字文化服务主体、内容、保障的认同度，公众信息素养强度、公众使用效能的统计结果分述如下。

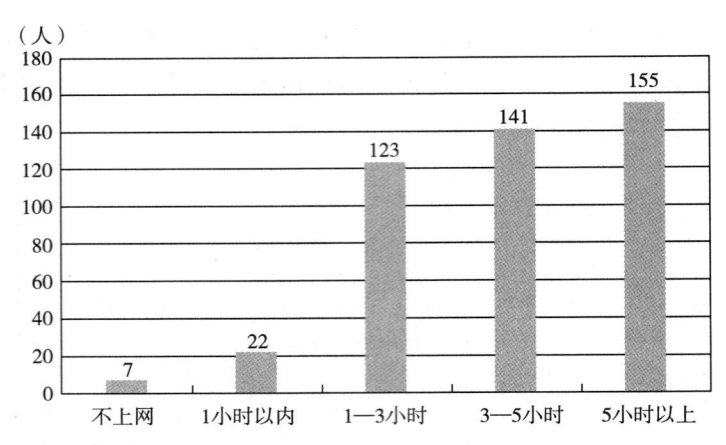

图 7-4　公众日常网络使用时长

在公众对服务主体的认同度方面，主要包括对政府、文化单位、社会组织、企业和公众五个主体的角色作评价，结果如表 7-2 所示。根据统计结果，公众对公共数字文化服务主体认同的总体均值为 5.68，标准差为 0.91，认同度皆在 80% 以上，其中文化单位的平均值最高，为 5.91，社会组织方差最小，为 0.93，政府认同度最高，达 90% 以上，社会组织、文化单位次之。由此可见，政府和文化事业单位为公共数字文化服务的重要主体，社会组织、企业和公众等社会力量的作用已经显现，它们在公共数字文化服务建设中也是不可忽视的主体。这说明公众普遍认同主体的多元化有助于展现政府的公共性、集中性优势，以及社会主体的高效性优势。

表 7-2　　　　　　　　　公众对主体的认同度

问项	均值	标准差	方差	非常不同意	不同意	有点不同意	不确定	有点同意	同意	非常同意
政府	5.86	1.01	1.03	0.22	0.89	0.45	5.80	14.73	35.94	41.96
文化单位	5.91	1.10	1.22	0.67	0.89	2.46	5.36	16.07	42.86	31.70
社会组织	5.73	0.96	0.93	0.00	0.67	1.34	6.25	17.19	43.08	31.47
企业	5.45	1.03	1.06	0.00	1.12	1.79	9.82	24.78	40.85	21.65
公众	5.44	1.06	1.12	0.00	0.67	1.79	12.50	25.00	36.38	23.66

在公共数字文化服务内容的认同度方面，衡量问项的结果如表7-3所示。根据统计结果，公众对服务内容认同度总体均值为5.55，标准差为0.84，各问项的标准差都较小，说明使用者对公共数字文化服务内容认同程度存在一定的差异，公共文化机构在服务中有必要加强宣传，使公众准确了解各项服务内容，了解服务内容功能及价值。此外，这六个问项的同意度皆在75%以上，由此可知，传统文化资讯、文化资源、讲座活动、文献提供等公共文化服务在公众眼中仍占重要地位，可将其列为公共数字文化的优先服务内容，以满足公众基本文化需求。

表7-3　　　　　　　　公众对服务内容的认同度

问项	均值	标准差	方差	非常不同意	不同意	有点不同意	不确定	有点同意	同意	非常同意
文化资讯	5.60	1.04	1.90	0.67	1.34	2.23	6.92	24.33	50.45	14.06
文化资源	5.64	1.18	1.39	1.34	0.89	3.57	6.47	23.88	42.19	21.65
专题资源	5.51	1.09	1.19	0.45	1.12	2.46	12.95	24.55	43.30	15.18
讲座活动	5.35	1.26	1.58	1.56	1.34	4.02	15.18	25.89	35.49	16.52
互动空间	5.45	1.14	1.29	0.67	1.56	3.79	10.27	27.46	41.96	14.29
文献提供	5.73	1.17	1.36	0.22	0.89	4.91	7.81	19.64	38.62	27.90

在公众对服务性质的认同度方面，主要由目标保障相关题项衡量，涉及公益、开放、共享、普惠四个服务目标，统计结果如表7-4所示。公众对公共数字文化服务性质的认同度总体均值为6.05，标准差为0.82，其中以共享性的平均值最高，为6.13。各问项标准差都较小，皆在1.20以下，说明使用者对公共数字文化服务内容认同程度差异不大，各项服务性质定位比较合理。同时，这四个服务性质的认同度皆为90%以上，表明公益、开放、共享、普惠得到普遍认同，是公共数字文化服务中需要把握的重要原则。

表 7-4　　　　　　　公众对目标保障的认同度

问项	均值	标准差	方差	非常不同意	不同意	有点不同意	不确定	有点同意	同意	非常同意
公益	5.92	1.13	1.27	1.12	0.45	1.79	6.03	17.86	38.17	34.60
开放	6.04	0.99	0.97	0.22	0.00	1.34	6.25	16.74	37.50	37.95
共享	6.13	0.97	0.94	0.00	0.67	1.56	3.57	14.73	37.50	41.96
普惠	6.11	0.93	0.87	0.00	0.45	0.89	4.46	15.18	39.29	39.73

在公众对公共数字文化服务的经济保障的认同度方面，涉及对国家财政、地方财政、企业资本、社会捐赠等保障的认识，结果如表7-5所示。根据统计结果，公众对经济保障认同的总体均值为5.70，标准差为0.83，其中以国家财政的均值最高，为6.10，方差最小，为1.01，说明公众比较认可政府是投资公共数字文化的主体。此外，地方财政、企业资本、社会捐赠的认同度也在70%以上，可以说他们是公共数字文化服务的重要投入主体，企业和社会资本的作用已经显现。

表 7-5　　　　　　　公众对经济保障的认同度

问项	均值	标准差	方差	非常不同意	不同意	有点不同意	不确定	有点同意	同意	非常同意
国家财政	6.10	1.01	1.01	0.45	0.89	0.89	3.57	14.29	39.73	40.18
地方财政	5.97	1.08	1.17	0.22	1.34	2.01	4.46	17.41	38.62	35.94
企业资本	5.26	1.25	1.56	0.67	2.90	4.24	16.96	26.56	34.38	14.29
社会捐赠	5.37	1.24	1.53	0.67	3.13	3.35	13.39	25.89	37.95	15.63

公众对公共数字文化服务法制保障的认同度的结果如表7-6所示。根据统计结果，公众对法制保障的认同度总体均值为5.88，标准差为0.83，其中法律保障均值最高，为5.98，方差最小。法律、制度、规章、规划的标准差均在1以下，说明使用者对公共数字文化服务的法制保障认同程度一致性很高。此外，这4个问项的同意度皆为

85%以上，不同意度在3%以下，可见法制保障对公共数字文化建设作用十分突出，各级政府、文化部门以及公共文化机构需要建立从上到下，从宏观到微观的法制体系来保障乡村公共数字文化服务政策的落实。

表7-6　　　　　　　　公众对法制保障的认同度

问项	均值	标准差	方差	非常不同意	不同意	有点不同意	不确定	有点同意	同意	非常同意
法律	5.98	0.97	0.94	0.22	0.67	1.12	4.02	18.75	43.08	32.14
制度	5.88	1.10	1.20	0.45	0.89	1.34	7.59	20.54	36.16	33.04
规章	5.90	0.98	0.96	0.00	0.67	1.56	5.80	19.64	43.53	28.79
规划	5.77	1.02	1.05	0.22	0.67	1.79	7.59	23.21	42.41	24.11

公众对能力条件的认同度的结果如表7-7所示。根据统计结果，公众对能力保障的认同度总体均值为5.96，标准差为0.81，其中设施条件的均值最高，为6.05，人员条件方差最小，为0.99。各问项除设施条件标准差在1.10以下，说明使用者对公共数字文化能力条件认同程度差异较小，场所、设施、技术、人员及培训的配备均符合现实需要。此外，问项的同意度皆为90%以上，说明场所、设施、技术、人员、培训是公共数字文化服务能力提升的必备条件，形成了乡村公共数字服务的基本能力保障体系。

表7-7　　　　　　　　公众对能力保障的认同度

问项	均值	标准差	方差	非常不同意	不同意	有点不同意	不确定	有点同意	同意	非常同意
场所	6.01	1.00	1.01	0.67	0.45	0.67	4.91	16.29	42.41	34.60
设施	6.05	1.02	1.05	0.45	0.45	1.34	5.13	15.40	38.84	38.39
技术	5.98	1.01	1.02	0.00	0.67	1.34	5.80	19.87	35.94	36.38
人员	5.86	0.99	0.98	0.00	0.67	2.23	5.58	20.09	45.09	26.34
培训	5.90	1.10	1.21	0.22	1.56	1.56	6.25	18.75	38.39	33.26

公众对动力保障的认同度的统计结果如表7-8所示。根据统计分析，公众对动力保障的认同度总体均值为5.98，标准差为0.83，其中以公开透明的均值最高，为6.06，程序规范的均值（6.03）次之。各问项标准差在1.10以下，说明使用者对公共数字文化服务内容认同程度差异小。此外，这5个问项的同意度皆在90%以上，表明公众在参与中更加注重服务的公开透明、参与程序的规范、回应的负责有效、反馈服务建议的及时性，相关机构可以据此调动社会积极性，改进和提升乡村公共数字文化服务质量。

表7-8　　　　　　　　公众对动力保障的认同度

问项	均值	标准差	方差	非常不同意	不同意	有点不同意	不确定	有点同意	同意	非常同意
程序规范	5.94	1.02	1.04	0.22	0.89	1.34	6.25	16.07	44.42	30.80
公开透明	6.03	1.03	1.06	0.00	0.67	1.79	5.58	17.41	34.82	39.73
积极灵敏	6.00	1.06	1.12	0.67	0.67	2.01	3.35	17.41	40.18	35.71
负责有效	6.06	1.01	1.03	0.45	0.45	0.89	5.36	16.07	37.72	39.06
执行反馈	5.86	1.02	1.04	0.22	0.67	1.34	6.70	21.43	40.63	29.02

对公众信息意识强度的统计结果如表7-9所示。根据统计，公众信息意识强度总体均值为5.64，标准差为0.95，其中信息便利的均值最高，为5.81，表明公众最关注信息的便利性。其余各问项的标准差差异不明显。此外，公众的信息兴趣、信息有用、信息便利等信息意识强度较高，说明多数公众认同信息的重要性。因此，乡村文化服务机构在服务中可通过宣传手段提高公众对乡村公共数字文化服务重要性的认识，为他们使用服务奠定认知基础。

对公众信息技能强度的统计结果如表7-10所示，根据统计，公众信息技能强度总体均值为5.48，标准差为0.97，其中检索自助的均值最高，方差最小，分别为5.58和1.09，表明多数公众具备一定的信息技能。信息技能各问项标准差检索自信略大，其余皆在1.20以下，差异相对较小。此外，信息技能强度四个问项的同意度皆在

70%以上，其中检索自助、检索表达赞同度较高，可列为公共数字文化的信息技能的优先衡量指标。同时，鉴于较强的信息技能有助于文化设施、设备、网络和数字资源的使用，乡村公共文化机构可系统加强公众检索技能教育与培训，提升乡村公共数字文化服务效能。

表 7-9　　　　　　　　　公众的信息意识强度

问项	均值	标准差	方差	非常不同意	不同意	有点不同意	不确定	有点同意	同意	非常同意
信息兴趣	5.70	1.14	1.30	0.45	1.12	3.79	7.14	22.77	39.96	24.78
信息有用	5.43	1.22	1.49	0.22	2.68	4.02	12.50	27.01	34.60	18.97
信息便利	5.80	1.07	1.15	1.56	1.34	8.04	21.43	40.40	27.01	0.22

表 7-10　　　　　　　　　公众的信息技能强度

问项	均值	标准差	方差	非常不同意	不同意	有点不同意	不确定	有点同意	同意	非常同意
检索技巧	5.46	1.18	1.39	0.45	2.68	3.13	10.94	25.45	41.52	15.85
检索表达	5.58	1.09	1.19	0.22	1.34	2.68	8.93	29.69	37.28	19.87
检索自助	5.55	1.13	1.27	0.22	1.34	4.46	8.26	27.90	38.84	18.97
检索自信	5.33	1.27	1.62	0.67	2.90	4.69	14.73	25.22	35.04	16.74

公众对乡村公共数字文化服务的使用效能题项的统计结果如表7-11所示，根据统计数据，公众使用效能总体均值为5.19，标准差为0.99，其中以"以后会经常使用公共数字文化服务资源"的均值最高，为5.39，表明多数公众比较认同公共数字文化服务的作用。此外，这4个问项的同意度皆为65%以上，表明公众认为公共数字文化服务具有一定的质量，基本能满足其需求，对服务过程较为满意，会经常使用服务。因此，乡村公共文化机构可根据公众服务需求，有针对性地提供服务，不断提升其对服务的满意度，才有可能提升公众的使用积极性，最终有效提升服务效能。

表 7-11　　　公众对公共数字文化服务的使用效能

问项	均值	标准差	方差	非常不同意	不同意	有点不同意	不确定	有点同意	同意	非常同意
服务质量	5.07	1.23	1.59	0.45	2.46	9.60	18.08	25.67	33.71	10.04
满足需求	5.15	1.18	1.52	0.67	2.23	7.81	15.18	30.13	33.26	10.71
服务满意	5.15	1.24	1.40	0.22	1.79	8.26	14.73	32.81	31.47	10.71
经常使用	5.39	1.18	1.54	0.45	2.23	6.47	11.38	24.55	38.39	16.52

第三节　乡村公共数字文化服务能力的数据内在质量检验

样本数据的内在质量是否符合要求一般使用内部一致性来衡量，主要测度的指标为因子载荷、组合信度（Composite Reliability，CR）和平均方差萃取量（Average Variance Extracted，AVE）。组合信度是模型内在质量的重要衡量标准之一。在结构方程模型分析中，通常采用组合信度作为模型潜在变量的信度系数。若 CR 值在 0.60 以上，表明模型的内在质量理想。

效度指测量的有效性，检测测量结果能不能如实反映被测量对象。本书问卷的内容效度检验已通过预调查和专家访谈的方式完成。样本数据的 KMO 值为 0.93，采用主成分分析法，得到特征值大于 1 的 5 个的因子，因子载荷都大于 0.50，且交叉负载系数低，表明结构效度良好。

建构效度包括收敛效度和区别效度。收敛效度强调测量相同变量的问题应在同一个维度，一般推荐所有潜变量的 AVE 在 0.50 以上，数值越大表示测量指标越能反映潜在变量的特征。本书选取观测变量的信度、CR、AVE，均满足门槛值的要求，结果见表 7-12。

表7-12　　　　　　　正式问卷CR、AVE检验结果

变量	观测项	标准因子负载系数	CR	AVE
主体	政府	0.90	0.94	0.75
	文化单位	0.91		
	社会组织	0.89		
	企业	0.86		
	公众	0.75		
内容	文化资讯	0.75	0.88	0.54
	文化资源	0.81		
	专题资源	0.75		
	讲座活动	0.66		
	互动空间	0.72		
	文献提供	0.73		
保障	目标保障	0.82	0.92	0.70
	法制保障	0.84		
	能力保障	0.87		
	动力保障	0.86		
	经济保障	0.78		
素养	检索技巧	0.77	0.90	0.57
	检索表达	0.79		
	检索自助	0.73		
	检索自信	0.78		
	信息兴趣	0.77		
	信息有用	0.71		
	信息便利	0.72		
效能	服务质量	0.82	0.88	0.66
	满足需求	0.80		
	服务满意	0.85		
	经常使用	0.77		

为检验各潜在变量的区别效度，本书对各因子AVE值平方根和因子相关系数作比较，结果见表7-13。可以发现，AVE的平方根均大于各潜在变量之间的相关系数，说明区别效度良好。

表7-13　因子相关系数和平均方差萃取值平方根矩阵

	主体	内容	保障	素养	效能
主体	0.86				
内容	0.52	0.74			
保障	0.71	0.65	0.83		
素养	0.46	0.53	0.59	0.76	
效能	0.41	0.36	0.33	0.55	0.81

第四节　乡村公共文化数字服务能力的结构方程模型构建

为进一步分析和检验潜在变量之间的结构关系，本书采用 AMOS 软件，利用极大似然值（maximum likelihood）估计法对模型假设作检验。

一　数据拟合

结构方程模型分析中，Marsh 等学者将拟合指数分为绝对指数、相对指数和简约指数三类。绝对指数（absolute index）主要衡量假设模型与样本数据的拟合程度。相对指数（relative index）是将假设模型与虚拟模型作比较，观察拟合程度，常用的指标有 NFI、NNFI、TLI、CFI 等。简约指数（parsimony index）则是绝对指数和相对指数的派生指数，主要参考指标有 PNFI、PGFI、PCFI 等。本书采用绝对指数（χ^2/df，RMSEA，GFI，AGFI）、相对指数（CFI）和简约指数（PGFI）对模型整体拟合度作考量。结果显示原始模型各项指标不甚理想，仍有提升空间，初始模式见图7-5。

二　模型修正

本书运用修正指标，释放 MI 值过高的参数，以提高乡村公共数字文化服务能力提升模型指标的适配度①②③。最后得到修正结果，见图7-6，各项指标 χ^2/df、GFI、AGFI、RMSEA、RMR、NFI、CFI、PNFI、PGFI总体符合标准，且各因素负荷量与测量误差皆达到0.05显著水平，没有违反估计检验，修正之后模型达到良好适配程度，见表7-14。

表7-14 乡村公共数字文化服务能力提升模式的适配检验结果

适配度指标	最佳建议	修正前参数值	修正后参数值	修正结果匹配度
χ^2	NA	901.90	638.72	
χ^2/df	<3	3.65	2.63	适配
GFI	≥0.90	0.86	0.89	适配
AGFI	≥0.80	0.83	0.87	适配
RMSEA	<0.08	0.08	0.06	适配
RMR	≤0.10	0.07	0.08	适配
NFI	≥0.90	0.88	0.92	适配
CFI	≥0.90	0.91	0.95	适配
PNFI	≥0.50	0.79	0.81	适配

三 假设检验

表7-15列出了所有假设的检验结果。根据乡村公共数字文化服务能力提升的模式，本书发现政府和社会主体不直接作用于服务效能，主体通过服务保障影响服务内容，服务内容和服务保障共同作用于公众信息素养，进而影响公众对公共数字文化服务的使用效能。然而，模式出现些许变化，比如服务内容要素中专题资源、讲座活动、文化资源、文献提供、文化资讯、互动活动空间较受公众欢迎。社会力

---

① Marsh, H. W., et al., "Goodness-of-fit Indexes in Confirmatory Factor Analysis: The Effect of Sample Size", *Psychological Bulletin*, Vol. 103, No. 3, 1988.
② Bentler, P. M., "Comparative Fit Indexes in Structural Models", *Psychological bulletin*, Vol. 107, No. 2, 1990.
③ McDonald, R. P. and Ho, M. H. R., "Principles and Practice in Reporting Structural Equation Analyses", *Psychological Methods*, Vol. 7, No. 1, 2002.

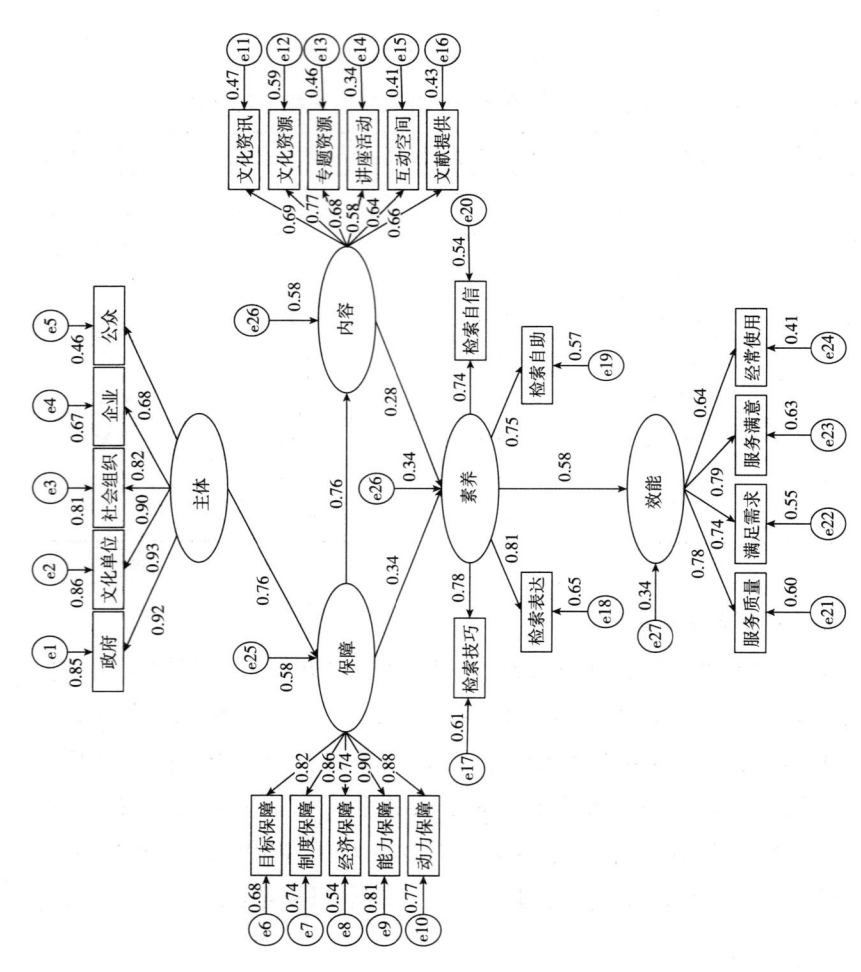

图 7-5 乡村公共数字文化服务能力提升初始模式

第七章 乡村公共数字文化服务能力提升模式的实证分析

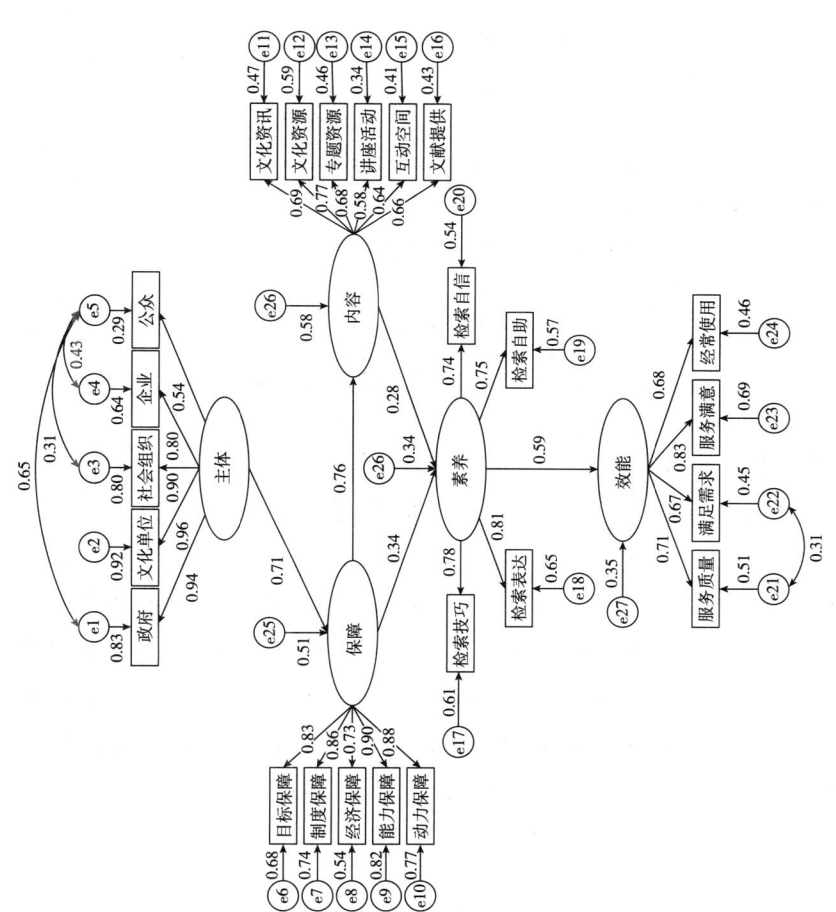

图 7-6 乡村公共数字文化服务能力提升模式的修正结果

135

量是主体要素的重要组成部分,表明在乡村公共文化服务中社会力量的参与已成为公众的共识。

表7-15　　　　　　　　　假设验证结果

假设	内容	验证结果
H1	乡村公共数字文化服务的相关主体有效影响服务保障	
H1a	乡村公共数字文化服务的政府主体影响服务保障	成立
H1b	乡村公共数字文化服务的社会主体影响服务保障	成立
H2	乡村公共数字文化服务的相关主体有效优化服务内容	
H2a	乡村公共数字文化服务的政府主体优化服务内容	不成立
H2b	乡村公共数字文化服务的社会主体优化服务内容	不成立
H3	乡村公共数字文化服务保障正向影响公众信息素养	
H4	乡村公共数字文化服务内容正向影响公众信息素养	成立
H5	公众信息素养积极影响乡村公共数字文化服务的效能	成立

四　提升模式

为系统地探究乡村公共数字文化服务能力提升模式的建构途径、建构形态,验证建构的合理性,本书对体现主体、保障、内容、素养的20个观察变量,会同使用效能相关的4个观察变量,包括服务质量高、服务满足需求、服务满意,经常使用服务,共计24个观察变量作分析,变量系数最低为0.54,最高为0.92,所有变量皆表现显著,因子之间系数最低为0.28,最高为0.71,最终可解释效能变量的35%。乡村公共数字文化服务能力提升的模式见图7-7。

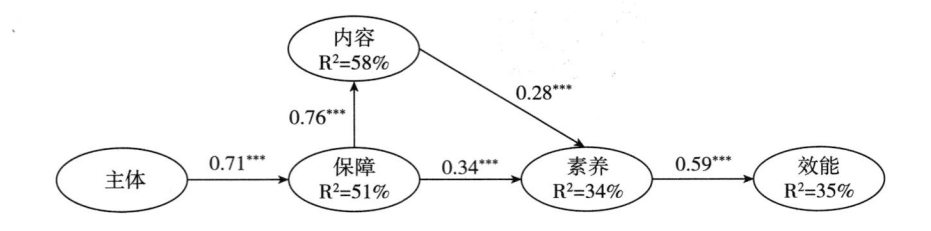

图7-7　乡村公共数字文化服务能力提升的模式

注:＊表示$p<0.05$;＊＊表示$p<0.01$;＊＊＊表示$p<0.001$。

乡村公共数字文化服务能力模式中变量间的总影响表示两个变量间的直接影响和间接影响的总和，其中直接影响就是两变量间的路径系数，而间接影响则是两变量通过一个或多个变量产生的间接影响效果。从表7-16可以看出，主体对保障的直接影响为0.71，保障对内容的直接影响为0.76，保障对素养的直接影响为0.34，内容对素养的直接影响为0.28，最后，素养对效能的直接影响为0.59，表明政社主体直接正向作用于保障，保障正向作用于内容，保障和服务内容都直接正向影响素养，进而作用于效能的关系路径。此外，主体对内容的间接影响为0.54，对素养的间接影响为0.39，对效能的间接影响为0.23；保障对效能的间接影响为0.33，内容对效能的间接影响为0.17。从作用效果来看，在乡村公共数字文化服务中，政府和社会主体通过保障影响内容，内容和保障共同作用于素养，进而借助素养影响公共文化服务效能，保障较之于内容对公众信息素养和效能的影响更大，最终形成了乡村公共数字文化服务能力提升的模式。

表7-16　乡村公共数字文化服务能力提升模式变量间影响系数

路径	直接影响	间接影响	总影响
主体—>保障	0.71	0.00	0.71
保障—>内容	0.76	0.00	0.76
保障—>素养	0.34	0.21	0.55
内容—>素养	0.28	0.00	0.28
素养—>效能	0.59	0.00	0.59
主体—>内容	0.00	0.54	0.54
主体—>素养	0.00	0.39	0.39
主体—>效能	0.00	0.23	0.23
保障—>效能	0.00	0.33	0.33
内容—>效能	0.00	0.17	0.17

第五节 乡村公共文化数字服务能力提升模式的研究发现

一 整体协同关系

信息服务在现代人类社会生活中发挥的巨大作用已经被普遍认可。积极与消极作用是信息服务对于人的作用效果的两个方面。日常生活中的信息如果能满足人的目标与需求,说明其具有积极作用。如果没有满足需求,则其没有起到相应的作用。从效果可以看出,信息所起作用的关键取决于信息对人的效用。

信息服务对人的作用如何体现?一方面人的感官觉察外界的刺激信息会产生本能的生理反应,另一方面人们分析、解读生活中复杂信息,会影响个人心理,进而影响人的行为。特别是语言、符号出现后,人类的行动与动物的应激反应更是有着本质的区别。[1] 具有主观能动性的个体不再被动地完全受环境刺激,因为人已经可以围绕着目标主动地创造信息。所以说,处在一定环境中的人,虽然受制于环境中各种影响人的生理与心理的复杂信息,但是具有主观能动性的人可以利用信息和环境,使用和创造满足自己需求的信息。所以说,环境、信息、人是信息系统中不可缺失的因素。

在信息服务中,乡村公共数字文化服务同样是一种人有意识地参与的活动过程。乡村公众不仅接收乡村公共文化机构提供的信息资源,还对资源组织加工,构建出具有个体特点的公共文化资源。正如本书所发现的乡村公共数字文化服务效能提升的两条路径——政社主体通过服务保障作用于公众信息素养,进而影响公众对公共数字文化服务的使用效能和政社主体依次作用于服务保障、服务内容、公众信息素养影响服务效能。乡村公共数字文化服务以满足公众需求为导

---

[1] 王振林、王松岩:《米德的"符号互动论"解义》,《吉林大学社会科学学报》2014年第5期。

向，借助于主体、环境、内容、素养、效能之间的信息交流，促使乡村公众获得服务量和质的双重提升。

乡村公共文化机构需要分析乡村公众的需求，引导各主体积极主动参与到公共数字文化服务。本书发现，除政府力量承担着"元治理"角色外，企业、社会组织、公众等社会主体开始发挥作用。社会力量可以通过多种途径与地方政府合作供给、捐资、经过允许主办数字文化活动或经营特色数字文化产品及服务等方式，参与到乡村数字文化服务供给。尤其是随着社会分层细化，不同公众的需求日益复杂多样，企业承担丰富文化产品和活动的责任并发挥保障作用，社会组织和公众发挥组织动员作用，使政府和社会力量在公共数字文化服务中既能合作，又能各司其职，形成合理的乡村公共数字文化服务运行体系，实现乡村公共数字文化的协同高效服务。

处于社会环境中的乡村公共数字文化服务需要政府和社会力量提供外部条件，包括目标、制度、经济、能力、动力保障，以最大限度地发挥公共文化服务的功用。同时，乡村公共数字文化建设应坚持公益、开放、共享、普惠的运行目标，制定数字文化建设的配套法律法规、优化政策体系、健全规章制度、加强规划和宣传等方面完善文化服务的法制环境，保障乡村公共文化事业资金投入的稳定性，提供基础设施、空间资源、技术支持、专业人才队伍的保障体系，并通过信息公开、程序透明、积极负责、反馈灵敏等手段创造社会参与的动力环境。

在保障的基础上，乡村公共文化服务内容是公共数字文化服务的重要因素，关系着服务能否满足公众使用需求。在现代的技术背景下，信息如知识获取的方式更加广泛，公共文化服务内容体系既要注重传统内容的挖掘，提供一般性文化服务、专题特色服务，以及各种类型的文化活动，同时注重提供符合价值观和公众自身精神文化需求的资源，并通过多种服务载体，不断丰富乡村公共文化服务的形式，建立起现代公共文化服务内容体系。

公共数字文化服务不仅改变服务内容的载体形式，也在改变人们利用数字设施和服务的方式。然而，公众信息素养不足可能制约其对公共数字文化服务的深度利用,影响公众服务体验与满意度,所以乡村公众信息素养同样不可忽视。分析乡村公众信息素养水平,定位其困境,探究其产生的原因,既能发掘公众使用公共文化服务的行为规律,也可进一步采取有针对性的策略,有效提升乡村公共文化服务活力。

综上所述,衡量公共数字文化服务效能,提升乡村公共文化服务能力,需要从整体作考察。乡村公众对公共数字文化服务的使用过程就是公共数字文化服务效能产生和实现的过程。以乡村公众的基本公共文化服务需求为导向,以公共文化服务效能为指针,协调与服务内容相关的设施设备、组织运行、制度、经济、能力、动力保障要素的时空分布,加强公共文化服务内容的有效供给,最终实现乡村公共数字文化服务的合理配置、传递和重组,全面提升乡村公共数字文化服务能力。

二 要素协同关系

公共数字文化服务能力模式涉及主体、保障、内容、素养、效能变量,共同构成乡村公共数字文化服务能力提升的模式。模式验证过程的提示以及适配度,都显示目前的链式模式是数字乡村背景下公共文化服务能力提升的最佳模式,能较好揭示乡村公共数字文化服务能力的路径。

(一)政府和社会主体的协同

新时代人民群众对公共文化服务的便捷高效、多样化、特色化、个性化要求更高,推动了公共文化服务社会化发展。[①] 公共文化服务涉及事项与因素庞杂,国外学者普遍认为文化产品具有公共产品的特性,使其供给出现市场失灵问题。所以,增强公共文化服务的新动力,从国家提供过渡到全社会共同参与服务供给的格局有助于乡村公共文化服务高质量发展。本书研究表明,公众普遍认为除政府、文化单位外,社会组织、企业、公众是社会力量的重要元素。在社会力量

---

① 李国新:《关于加强农村公共文化服务建设的思考》,《中国图书馆学报》2019年第4期。

中，影响最大的是社会组织，企业、公众次之。同时从政府、企业、社会组织和公众变量残差的关联共变可以看出，政府、企业、社会组织都与公众关系密切。因此，要想有效提升乡村公共文化服务，政府和社会力量需要加强协同，并重视公众的角色，这是乡村公共数字文化服务体系建设的主体基础。

政府和社会主体促进保障条件的完善。公众认为政府和社会主体对于完善乡村公共数字文化服务布局的作用显而易见。随着乡村公共文化建设的深入，国家更加重视社会主体参与。比如，《关于开展政府和社会资本合作的指导意见》着重定义了政府与社会资本合作模式，并提出以特许经营、购买服务、股权合作等方式为合作提供便利条件。《中华人民共和国公共文化服务保障法》《中华人民共和国公共图书馆法》从宏观层面，国务院有关部门制定的《关于进一步推进政府向社会力量购买公共文化服务工作的意见》《关于加强广播电视公共服务体系建设的指导意见》《文化志愿服务管理办法》从微观层面，完善了社会力量参与机制，形成了政府主导、社会力量广泛参与乡村公共数字文化建设格局。

（二）服务保障的协同

服务保障是指物质、人文环境等外部因素作为相对客观的公共性的社会资本对乡村公共数字文化服务产生积极影响。本书研究和已有实践表明，保障的完善程度为公众利用公共数字文化服务创造了条件[1]，由目标、动力、能力、经济、制度构成的保障体系是乡村公共数字文化服务发挥作用的重要外部因素，成为乡村公共数字文化服务保障体系的必要组成部分。

（1）在经济保障方面，在乡村公共数字文化建设中，政府是毋庸置疑的主体。政府通过统筹协调，对公共文化服务作顶层设计。比如，文化项目跨部门协调的常态化，部际会商制度的制定，地方文化、广电、新闻出版机构的调整，文化和旅游部门的数据融合，保证

---

[1] 李国新：《制度改革创新促进公共文化服务高质量发展——析〈公共文化领域中央与地方财政事权和支出责任划分改革方案〉》，《图书馆建设》2020年第4期。

了基本公共文化服务。在模式中，经济保障由政府资金、各级地方财政、企业、社会捐赠等构成。可见，虽然以企业、社会捐赠为代表的社会力量参与公共文化服务的角色和作用逐步凸显，但并不能对政府作用完全消解，政府力量仍是乡村公共文化服务的主要经济保障力量。

（2）在目标保障方面，共享性、公益性、开放性、普惠性是目标因素主要考虑的因素。特别是共享性、公益性在四个指标中的认同度最高，说明在乡村公共数字文化服务中，无论所在地区如何，既要把握公共文化服务的、开放、普惠特性，更要达成公益和共享的共识，这与充分平衡的公共文化服务理念不谋而合。

（3）在制度保障方面，公共文化服务体系建设在总体上是制度先行。《国家"十二五"时期文化改革发展规划纲要》《文化部"十二五"时期公共文化服务体系建设实施纲要》《国家"十三五"时期文化改革发展纲要》《关于加快构建现代公共文化服务体系的实施意见》《关于推进基层综合性文化服务中心建设的指导意见》《关于做好政府向社会力量购买公共文化服务工作的意见》《国家基本公共文化服务指导标准（2015—2020年）》《中华人民共和国公共文化服务保障法》等文件，从制度上对供给经营模式、社会参与机制、保障机制、公众文化需求反馈机制等规定，基本形成由法律、制度、规章、规划构成的制度体系。所以说，我国公共文化服务虽然经过十余年的发展，但是法制保障体系仍然是乡村公共文化建设和服务保障的重点、难点，需要根据乡村变化的现实及时作出调整和补充。

（4）在能力保障方面，能力保障主要指为公众提供场所、设施、人员、技术、培训等条件，使公众具备使用服务的基本条件。其中，场所、设施对能力因素的贡献度较高，其次为技术支持、人员协助、教育培训。截至2020年12月，我国农村地区互联网普及率为55.90%，贫困村通光纤比例达98.00%，全国中小学（含教学点）互联网接入率达99.70%。[①] 然而，我国乡村公共基础设施仍不能满

[①] 中国网信网：《第47次〈中国互联网络发展状况统计报告〉发布》，http://www.gov.cn:8080/xinwen/2021-02/03/content_5584518.htm。

足需求，公众仍有更高期待。因此，无论是促进服务内容的数字化、服务方式的远程化，提供参考咨询、资源整合服务，还是保障公众具有使用数字网络、设备、移动终端，以及普遍性或者特色创新服务的基本能力，乡村公共文化机构都需要通过技术和专业人员提供教育培训等全方位支持，不断增强公众获得公共数字文化服务新体验的能力，使得社会充满文化信息流活力。

（5）在动力保障方面，社会力量参与不足同样困扰着乡村公共数字文化事业的持续发展。公共数字文化事业的发展既需要由上而下的拉动，也需要由下而上的推动，才能建构乡村公共数字文化服务的多元协同模式。本书研究表明，在网络迅速发展的大环境下，公众参与意识有所提升，参与能力不断拓展，公众在参与中更加注重公共文化信息的公开透明、参与程序的规范、回应的负责有效、回应的积极灵敏，注意提供的意见和建议能得到及时的反馈，并在执行中看到实效。

在模式中，服务保障直接影响服务内容，这点在公共文化服务相关研究中也得到验证。[1] 不同地区、不同系统的公共文化机构资源开发、供给、共建共享，公众利用公共文化服务的广度和深度都离不开服务保障。比如，"文化上海云"提供免费活动和场所信息，注重信息资源的及时更新与传统文化遗产的挖掘，解决了公众参与度不高和场所空置的问题，为公众提供了丰富多样的公共文化资源和特色活动。

模式中保障和素养的关系表明数字鸿沟问题同样是需要予以关注和解决的问题。大多数乡村公众受到自然地理与人文环境的限制，信息闭塞甚至与外界隔阂，他们难以依靠自身能力来提高信息素养，需要政府部门、社会组织提供基础设施建设、信息技术培训等保障，以便掌握获取公共数字文化服务的基本能力。比如，在信息基础设施方面加大宽带建设步伐，在激发信息需求方面壮大信息传播的人才队伍，为乡村地区的学校、图书室等配置信息终端，聘请专业指导人员

---

[1] 王锰等：《公共数字文化服务体系的要素协同研究》，《现代情报》2018年第4期。

定期作培训，传授信息技能，将成功的信息化典型示范散播到信息闭塞的地区。总之，公众信息素养的提升需要创造乡村公共数字文化服务的基础支撑环境。

（三）服务内容的协同

公共文化服务体系自 2005 年党的十六届五中全会首次提出以来取得长足进步。随着投入的加大，图书馆、文化馆、综合性文化活动中心、乡镇综合文化站等公共文化基础设施得到改观，数字广播电视平台、数字电影放映网络系统、网上图书馆、网上博物馆、网上剧场、公众文化活动远程指导网络不断健全，乡村公共文化服务体系呈现出内容丰富、覆盖面广的局面。

虽然乡村公共文化服务环境发生很大变化，但是变化的只是形式，公共文化服务的基本职能和社会职能并未改变。本书研究表明，乡村公共文化机构在提供传统文化资讯、文化资源、专题资源服务的同时，空间资源、设备服务需要得到重视，还要加强资源共建共享，需提供青少年课程项目、儿童服务、休闲空间等公众乐于接受的多样化和特色化服务，面向不同人群的服务内容也需要细化，以满足公众自我发展、人际关系拓展等不同需求，吸引公众走进、融入、凝聚在公共文化机构，满足多方面的公共数字文化需求。

模式中服务内容同样影响公众信息素养。移动互联环境中，公众越来越多地感受到技术的魅力，也乐于体验其带来的快感。然而，不同职业、年龄、受教育程度的人群存在信息素养差异。在当前，公共文化机构以大数据、云计算、物联网、移动互联网为代表的新兴技术为基础，通过提供丰富、多元、互动的文化内容，可从广度和深度方面增强公众对公共文化资源的认识，提升公众对服务的利用水平，增强公众文化自觉性和自我发展能力。

（四）公众信息素养的协同

信息素养体现为对信息有效的采集、利用、管理、整合和创建的能力。当前信息技术的发展及应用突破了公共文化服务传统的单向服务格局，体现出多维、互动的新特点，公众之间的交流更为频繁而顺畅。特别是对于探索性、主动性强的公众，他们使用丰富多样的资源的同时，更重要的是可掌握多种信息技能，由此提升个人信息素养。

从外部影响看，公众信息素养受到保障和内容因素的影响。移动互联环境下的信息面向每一个人，网络和搜索引擎对公众的学习、工作和生活产生了积极影响。借助于网络等工具，公众接触更多资源，获取信息更加快速和便利。公众在从文化资讯等资源获取和服务利用中，提升了信息技能，逐渐形成网络思维，更加善于利用集体智慧解决疑难问题，提升了个人信息能力。

模式中公众信息素养与服务效能的影响路径表明，素养对效能的直接作用较为显著。公共文化机构人员利用数字化技术来提高服务水平的服务意识不够，公众因主客观原因不知如何充分使用公共数字文化服务，都直接影响服务效能。基于此，乡村公共文化机构可以通过渗透、融合、感染、熏陶、净化等多种形式影响乡村公众的日常行为，一方面，可与当地学校合作，为各年龄段学生提供读物、辅导；另一方面，作为公共文化中心，通过组织各类文化休闲活动，利用多功能厅和信息共享工程网站等平台，针对老年人提供各类形式的文艺活动，为公众提供进修培训，使公众自愿加入和参与乡村公共文化服务，充分满足其基本文化需求。

（五）服务效能的协同

效能贯穿公众对公共数字文化服务的期望、使用、感知、评价的全过程。乡村公众使用公共数字文化服务的总体满意度越高，其继续打算使用服务的意愿就越强烈。本书中服务效能由服务资源质量、服务能否满足日常信息需求、对服务是否满意、是否依赖并经常使用服务体现。其中，服务满意、服务质量对服务效能的贡献度高，其次为依赖和经常使用服务、满足日常信息需求，这表明服务满意与否和服务资源质量的高低是影响乡村公共文化服务使用效能的关键。

作为乡村公共数字文化服务能力提升模式的最后环节，使用效能直接受到公众信息素养的影响，表明素养是提升乡村公共数字文化服务能力的重要因素。这项发现与社会目标、社会环境和社会服务所体现的社会资本变量，由信息意识、信息技能体现的个人资本变量对图书馆等公共文化机构社会价值作用的发挥有积极而显著的影响作用的结论有相通之处。①② 这表明无论是公共图书馆服务，还是在乡村公共数字文化服务中，虽然政社主体通过服务保障、服务内容直接或间接作用于公众信息素养，但是信息技能所体现的公众信息素养在数字乡村背景下对提升公共文化服务能力更为关键。

第六节　本章小结

本章采用问卷调查法收集数据，通过对公众特征、文化生活情况、认同度情况作描述性统计分析，揭示乡村公共数字文化服务能力现状。通过结构方程模型检验乡村公共数字文化服务能力提升模型的研究假设，提出以政社主体、服务保障、服务内容、公众信息素养，以及服务效能要素相互作用形成的乡村公共数字文化服务能力提升的模式。根据乡村公共数字文化服务能力提升的作用机理，本书提出模式的整体协同、模式的要素协同，包括政府和社会主体、服务保障、服务内容、公众信息素养、服务效能要素之间，及其内部要素如何协同的策略。

---

① 王锰、陈雅：《面向用户的公共图书馆社会影响机制分析框架研究》，《图书馆》2017年第11期。

② 王锰、陈雅：《面向用户的公共图书馆社会影响机制的实证研究》，《图书馆》2017年第11期。

第八章

政府和社会力量对乡村公共数字文化服务能力的差异化影响及应对

数字乡村背景下公共文化服务中出现的问题最终需要从"人"的发展视角来看待和解决,因为无论是信息化还是数字化目标都包含着"人"的基本诉求。本章节将基于乡村公共数字文化服务能力提升的模式,进一步以田野调查的形式采集数据,结合我国乡村公共数字文化服务的具体情况,使用定性比较分析法,探究政府和社会力量对乡村公共数字文化服务能力的差异化影响,以及这种影响有何特征,进而提出提升乡村公共数字文化服务能力的对策。

第一节 政府、社会力量与乡村公共数字文化服务能力

作为数字化、网络化环境下公共文化服务的重要组成部分,乡村公共数字文化服务[①]包括图书馆、博物馆、文化馆、乡(村)综合文

---

① 戴艳清等:《农村公共数字文化服务供需矛盾分析——基于湖南省花垣县的调查》,《国家图书馆学刊》2020年第2期。

化站（室）、农家书屋等机构提供的资源及服务，电影放映、文艺演出、影视节目播放、网络信息服务、劳动技能培训等活动。公共文化服务能力侧重于主体调配各种资源，调动各种渠道生产、提供公共服务和公共产品，提供的公共产品与服务满足社会需求三个方面所表现出来的能力①，涉及投入力、效益力、人资力、设施力、信息力、供给力和传播力等方面。②③

与日益增长且更富多样化的精神文化需求相比，乡村公共文化服务能力明显不足。④ 究其原因，多数学者认为投入少、技术落后、供给侧结构性失灵，致使服务无法应对乡村公众需求要素多样性、需求结构整体性、需求满足便捷性等需求变化。⑤ 比如，农牧民、基层政府和社区组织三方面"角色定位"不明，重"投入"轻"产出"⑥，服务自发自为，导致甘南藏区农村以政府为主的外源性力量和以社区为主的内源性力量难以有效对接与互动。⑦ 尤其是信息技术的发展释放了公众各种需求，政府或市场更加难以独立承担公共物品和公共服务的供给。⑧ 即使"政府主导＋社会参与"已有一定的实践基础，但是配套政策不完善，比如文化行政部门与事业单位可实现"政府主导"，但企业与社会文化组织缺乏参与公共文化治理活动的政策空间、资源、平台，仍需要充实政府文化职责配置、文化组织培育、公共文

---

① 李金龙、刘巧兰：《话语赋权：农村公共文化服务高质量供给的基本保障》，《图书馆建设》2018年第10期。
② 王悦荣：《公共文化服务能力省际比较》，《广东行政学院学报》2012年第2期。
③ 罗孟：《贫困地区公共文化服务能力提升研究》，硕士学位论文，西南大学，2019年。
④ 曾鸣：《互联网使用与农村公共文化服务满意度》，《华南农业大学学报》（社会科学版）2018年第4期。
⑤ 陈建：《超越结构性失灵：农村公共文化服务供给侧改革研究》，《图书馆建设》2017年第9期。
⑥ 徐双敏、宋元武：《当前农村公共文化服务供需契合状况实证研究》，《学习与实践》2015年第5期。
⑦ 李少惠：《甘南藏区农村公共文化服务的主体困境分析》，《图书与情报》2015年第4期。
⑧ 李蓉：《甘肃文化资源保护与利用的治理机制研究》，硕士学位论文，兰州大学，2014年。

第八章 政府和社会力量对乡村公共数字文化服务能力的差异化影响及应对

化服务市场化与社会化等方面的治理"工具箱"。① 因此，公共数字文化建设需要进一步改变"强政府—弱社会"，重新塑造政府、企业、非营利社会组织、乡村公众之间的关系。有学者认为政府可作为"掌舵"者，出台有利于扶持、引导、规范各方供给主体的法规、政策和制度。社会力量主体是"划桨"者，企业、社会组织、公众等各方社会力量，围绕文化事业的战略布局，有序竞争，协同发展。②

学者同时提出以赋权增能强化社会参与③，给予文化事业单位、社会组织及市场组织充分的活动空间，增强社会主体自觉及话语表达能力，畅通需求表达渠道④⑤，来解决公共文化服务的财政资金不足、人才短缺、日常运营管理和常态化服务活动动力不足等问题⑥。这些研究为乡村公共数字文化建设指明了方向，然而各方关系仍需要进一步理顺，比如对文化事业单位而言，如何继续深化文化事业单位分类改革，文化社会组织与文化市场组织如何参与公共文化服务政府购买、合同外包、社会化供给等实践⑦，在资源建设、服务推广、基础设施建设、管理领域如何开展合作⑧都需要深入分析。

本书认为，乡村公众是乡村公共文化服务的供给对象，是服务链中的核心利益主体，必须享有必要的话语权。为建构政府、社会和市场三方联动的合力框架⑨，加大公共文化服务社会化承接组织的培育

---

① 陈建：《发达国家的公共文化治理模式》，《图书馆论坛》2019 年第 12 期。
② 程萍：《农村公共文化服务多元供给系统的构建：以江苏省为例》，《编辑之友》2018 年第 9 期。
③ 曹爱军、方晓彤：《西部农村公共文化服务及其制度梗阻——基于甘肃农村的调查分析》，《贵州社会科学》2010 年第 3 期。
④ 刘玉堂、李少多：《论新乡贤在农村公共文化服务体系建设中的功能——基于农村公共文化服务供需现状》，《理论月刊》2019 年第 4 期。
⑤ 祁述裕：《提升农村公共文化服务效能的五个着力点》，《行政管理改革》2019 年第 5 期。
⑥ 胡运哲：《打通农村公共文化服务的"最后一公里"》，《人民论坛》2020 年第 1 期。
⑦ 陈建：《发达国家的公共文化治理模式》，《图书馆论坛》2019 年第 12 期。
⑧ 张志胜：《农村公共文化服务的农民自主供给》，《科学社会主义》2016 年第 5 期。
⑨ 毛伟、朱祥磊：《新时代乡村公共文化服务供给体系的优化策略》，《云南行政学院学报》2020 年第 2 期。

力度①，找准需求侧与供给侧平衡点，重塑乡村公众主体性②，本书从满足乡村公众差异化需求出发，探索政府和社会主体如何保障"硬件建设""软件建设"有效供给，来发现系统提升乡村公共数字文化服务能力的差异化对策。具体来说将解决以下问题：影响公共数字文化服务效能的因素是什么？如何激活乡村公共数字文化服务能力？

第二节　政府和社会力量对服务能力影响的研究设计

揭示组织与环境之间关系的资源依赖理论③认为，每个组织都存在着与其他组织不同的优势和能力，通过合作，各个主体都能获得资源或者其他能力补充④，以达到优势最大化，实现有效满足乡村公众服务需求的目的。由于乡村公共文化机构条件有限，而公共数字文化建设周期长、运行程序复杂、服务要求相对较高，这就需要政府、文化机构、企业、社会组织、乡村公众共同推进公共数字文化建设⑤，形成各司其职、功能互补、共治共享的服务供给机制，发挥整体效应和最优功能。本书认为，乡村公共数字文化服务能力基本涵盖主体、内容、保障、效能等要素，是政府和社会主体以保障乡村公众基本文化权益为目标而推动建立的现代公共文化服务体系。基于以上分析，本书确定以下变量：

---

① 李国新：《关于加强农村公共文化服务建设的思考》，《中国图书馆学报》2019年第4期。
② 陈建：《乡村振兴中的农村公共文化服务功能性失灵问题》，《图书馆论坛》2019年第7期。
③ Pfeffer J. and Salancik G. R., "The External Control of Organizations: A Resource Dependence Perspective", *Social Science Electronic Publishing*, Vol. 23, No. 2, 2003.
④ 王渊等：《基于资源依赖理论的供应链联盟成因分析及其发展策略》，《科技进步与对策》2006年第4期。
⑤ 完颜邓邓：《公共数字文化服务中的社会合作研究》，《图书与情报》2016年第3期。

第八章 政府和社会力量对乡村公共数字文化服务能力的差异化影响及应对

一 主体因素

（一）政府机构（ZF）

我国乡村公共数字文化服务是以政府供给为主[①]，涉及不同的政府部门，不同的政府层级。尤其是一些公共文化项目建设需要资金配套，基层政府如果难以承担，则会直接影响公共文化服务项目的供给。因此，政府可发挥元治理作用，文化市场组织与文化社会组织管理方面，在政策制定、组织培育、服务市场化与社会化方面发挥引导作用，完善乡村公共数字文化服务决策与评价机制，给予社会力量充分的活动空间，增强社会主体文化自觉性及话语表达能力。

（二）文化机构（SY）

包括图书馆、文化馆、综合文化站、农家书屋等在内的乡村公共文化机构与乡村公众的关系最为紧密。乡村公共文化机构可联合开展服务，通过资源合作和服务共享，丰富产品供给[②]，提供更多优质的服务，加快服务转型，在乡村公共数字文化建设和服务过程中发挥中坚作用。

（三）企业（QY）

文化相关企业是重要的供给主体，相较于政府部门、事业单位，文化企业更有进取心和驱动力，其可为乡村公共数字文化服务提供技术、资金、宣传支持，协助举办活动、共建服务项目等。目前以政府购买服务的方式，企业或社会组织管理运营乡村公共文化设施的做法异军突起。[③] 除此之外，企业还通过合同外包、主办数字文化活动、经营数字文化产品及服务等社会化供给方式[④]，参与乡村公共数字文化服务供给，科学配置乡村公共数字文化资源及服务。

[①] 戴艳清、戴柏清：《创新融合发展背景下公共数字文化工程供给要素配置优化》，《图书馆学研究》2020年第1期。

[②] 郑建明、王锰：《数字文化治理的内涵、特征与功能》，《图书馆论坛》2015年第10期。

[③] 李国新：《完善农村公共文化服务政府购买政策与机制》，《行政管理改革》2019年第5期。

[④] 陈建：《发达国家的公共文化治理模式》，《图书馆论坛》2019年第12期。

（四）社会组织及乡村公众（GZ）

非营利社会组织价值理念更具公益性和人文性，可被视为政府、文化机构的延伸，发挥了协调作用。社会组织及乡村公众在资源建设、服务推广、基础设施完善、管理创新过程中，共同发挥服务参与、方式创新、价值创造[①]的作用，并通过文化需求表达和服务监督[②]方式，来调节和促进乡村公共数字文化服务的高质量发展。

二 内容因素

（一）信息资源（ZY）

资源是承载乡村基本公共文化服务需求的内容载体，是乡村公众参与交互的物质基础。乡村公共数字文化服务可整合图书馆、文化馆、博物馆、档案馆等多种机构的数字资源，在对各种数字碎片再加工基础上形成包括元数据、电子文献、网络资源、多媒体资源的内容体系，使得乡村公众能够便捷地从网站、手机 App、微信公众号检索和获取以文本、音频、视频、图像等多样化形式呈现的文化即时信息、公共信息资源、地区特色和专题文化资源。

（二）信息服务（FW）

信息服务是信息资源利用的进阶，能够反映乡村公众对公共文化服务的使用偏好，影响和调节着不同的使用行为。信息服务以活动预约、场馆预定、主题讲座、文化沙龙等"点单式""预约式"方式展开，将互联网数字服务和线下文化体验结合，兼顾了乡村公众个性化需求特征。信息服务更加突出交互性，表现在与信息系统的交互，也表现为通过评价、文化社区等板块形成线上文化服务的兴趣交流互动圈，借助广播电视网、互联网，以手机、数字电视等新媒体为终端，打破时空限制，向乡村公众提供多层次、多样性、专业化的公共数字文化服务。

[①] Vargo S. L. and Lusch R. F., "Evolving to A New Dominant Logic for Marketing", *Journal of Marketing*, Vol. 68, No. 1, 2004.

[②] 杨静：《PPP 模式在县域公共文化设施供给中的应用研究》，硕士学位论文，西华师范大学，2019 年。

三 保障因素

（一）制度保障（ZD）

公共文化制度由法律、制度、规章、规划组成。制度对责任主体、服务提供、设施建设、社会参与、保障措施、法律责任、激励规则、处罚措施都有明确的规定[①]，能切实保障政府和社会对数字文化事业的投入得到有效地利用，从而进一步保障乡村公众享有平衡充分的文化服务。比如，全面落实《中华人民共和国公共文化服务保障法》确立的基本公共文化服务标准等制度[②]，将乡村地区文化事业的投入和管理法制化，是乡村公众持续性地获取和使用数字文化的保障之一。

（二）经济保障（JJ）

文化项目的开展需要以资金的投入为保障，否则就是无源之水、无本之木。国家不断加大对文化事业发展的政策扶持和资金扶持的同时，仍有一些地区的文化事业因为财政资金的投入少而举步维艰，甚至连基本服务项目都无法开展。解决这一矛盾需要加快投资主体的制度化建设，实现文化投资主体多元化、融资方式多样化，保障乡村地区公共数字文化服务的基本服务项目、数量和质量。

（三）动力保障（DL）

动力保障是针对社会力量参与公共数字文化建设的保障，一方面在参与程序、信息公开透明方面为社会力量参与创造环境；另一方面准确定位乡村公众使用动机，了解公众需求，引导公众把服务参与行为内化为日常习惯。乡村公共数字文化服务的推进动力依赖完备的参与程序、开放的参与过程，以及及时的响应和反馈机制。[③]

（四）能力保障（NL）

能力保障是指公共数字文化服务的主体为乡村公众提供便利的文

[①] 陆晓曦：《中国公共文化服务保障性立法研究与实践综述》，《中国图书馆学报》2017年第43期。

[②] 李国新：《关于加强农村公共文化服务建设的思考》，《中国图书馆学报》2019年第4期。

[③] 邓胜利、凌菲：《移动问答服务发展及其交互分析》，《数字图书馆论坛》2015年第5期。

化活动的场所、完善的文化基础设施、稳定的技术支持、周密的人员协助等基础支撑。比如，为乡村公众提供室内外活动空间，电脑等硬件设备的购置和维护，系统等软件设备的故障排查，以及组建高素质服务队伍。

四　素养因素

公众信息素养（IL）是指公众搜寻、评价和利用信息的意识和能力。[①] 信息素养属于乡村公众采纳公共数字文化服务的内部动因，信息素养的高低影响乡村公众获取公共数字文化服务的意愿和行为。乡村公众倾向于选择使用熟悉的社交方式获取信息，对于数字事物缺乏敏感度往往是乡村公众拒绝采纳公共数字文化的重要原因。

五　效能因素

乡村公共数字文化服务以保障人民的基本文化权利为出发点，以提高公众文化素养和文化供给质量为目标，提供数字文化设施、产品、活动及其他数字文化服务。[②] 本书将服务效能（XN）作为体现能力因素的结果变量，主要从多元化供给情况、有效供给水平、满足需求程度方面考虑，以体现乡村公众文化生活的综合服务能力。

第三节　政府和社会力量对服务能力影响的研究过程与结果

一　样本与研究方法

鉴于有的乡村公众没有计算机、手机或互联网等数字化条件，或者有条件接入但并没有使用乡村公共数字文化服务，或者曾有一次偶然的接入或使用经历，但这个过程和结果不构成有效的行为，本书设定了访谈和任务环节，通过管理人员介绍使乡村公众了解服务运转概

[①] 杨永生：《信息素养内涵工具观的评价》，《现代情报》2006年第6期。
[②] 陈思宇：《乡镇政府公共文化服务能力提升策略研究》，硕士学位论文，湘潭大学，2019年。

第八章　政府和社会力量对乡村公共数字文化服务能力的差异化影响及应对

况，同时协助乡村公众完成服务体验，而后帮助乡村公众通过问卷星平台完成调查，以保障调查数据的真实性和有效性。

结合前文确定的维度和变量，本书在问卷第一部分采集人口统计学信息，主要包括：性别、年龄、学历、职业、所在区域、专业背景、数字文化的使用经历等。第二部分则是运用李克特量表的形式设计前因变量和结果变量的题项，这也是问卷的核心部分，各题项按照非常不同意、不同意、有点不同意、不确定、有点同意、同意、非常同意分为7个层次。第三部分用开放性形式采集答卷人对数字文化服务的想法和建议，以为研究结论的凝练提供补充性论据。

定性比较分析法（QCA）是拉金于1987年提出的以整体论思想为导向的方法。[1] 定性比较分析方法已经应用于政治学、社会学、经济学、新闻传播等不同领域，分别研究比较政治[2]、绩效[3]、幸福感[4]、拆迁[5]等特定问题。邓胜利等率先将QCA方法应用于国内用户信息行为的实证分析，以探寻用户网络健康信息搜寻[6]和知乎用户信息搜寻行为[7]的影响因素及其组合路径，并证实此方法有益于研究者发现各影响因素如何组配达到最佳目标。目前QCA方法在信息行为研究中的应用以信息搜寻视角展开的组态分析较多，除此之外还包括移动学习的采纳行为[8]、移动地图App的用户持续使用行为[9]、网络

---

[1] Ragin C. C., *Redisigning Social Inquiry: Fuzzy Sets and Beyond*, Chicago: University of Chicago Press, 2008, pp. 71–75.
[2] 何俊志：《比较政治分析中的模糊集方法》，《社会科学》2013年第5期。
[3] 赵文等：《二元社会网络与海归企业创新绩效——基于模糊集的定性比较分析》，《华东经济管理》2017年第6期。
[4] 马志远、刘珊珊：《中国国民幸福感的"镜像"与"原像"——基于国内外权威数据库的相互辅证与QCA适配路径分析》，《经济学家》2019年第10期。
[5] 郑雯、黄荣贵：《"媒介逻辑"如何影响中国的抗争？——基于40个拆迁案例的模糊集定性比较分析》，《国际新闻界》2016年第4期。
[6] 邓胜利、付少雄：《定性比较分析（QCA）在图书情报学中的应用——以网络社区健康信息搜寻影响因素研究为例》，《情报理论与实践》2017年第12期。
[7] 陈晓宇等：《社会化问答用户信息搜寻的影响因素研究——一种混合方法的视角》，《图书情报工作》2018年第20期。
[8] 杨金龙等：《移动学习采纳动因及其组态效应》，《图书馆论坛》2020年第2期。
[9] 甘春梅：《基于fsQCA的移动地图App持续使用意愿影响因素研究》，《情报理论与实践》2020年第11期。

舆情热度[①]、社交网络中的隐私悖论现象[②]等主题。从种类上看，定性比较分析法（QCA）可以分为清晰集定性比较分析法（csQCA）、多值集定性比较分析法（mvQCA）和模糊集定性比较分析法（fsQCA）三种不同的类型。本书采用李克特量表收集数据，直接用清晰集的二分或者多值集的三分法处理数据有失科学性，更加适合模糊集方法。本书将fsQCA引入乡村公众对于公共数字文化服务的采纳行为，对内容层面、主体层面、保障层面、素养层面的11种因素作整合，研究多层面前因条件形成的不同组态对乡村公共数字文化服务能力的不同影响关系。

二　数据处理

2020年6—7月完成问卷回收工作，经过筛选，得到代表性样本293份，具体情况见表8-1。在获取的样本中男性142人，占48.46%，女性151人，占51.54%，性别比率较为均衡。年龄方面，24岁及以下的样本占36.18%，25—40岁的样本占47.78%，41—55岁的样本占11.60%，56岁及以上的样本占4.44%。学历方面，本科及以下学历占主流。就职业而言，占比最大的是企业人员，达到34.13%，其次是学生，占比为30.72%，事业单位和政府工作人员占比为18.09%，其余为离退休和自由工作者。

表8-1　　　　　　　　样本基本情况统计

项目	类别	样本数	比例（%）
性别	男	142	48.46
	女	151	51.54
年龄	24岁及以下	106	36.18
	25—40岁	140	47.78
	41—55岁	34	11.60
	56岁及以上	13	4.44

---

①　李明、曹海军：《信息生态视域下突发事件网络舆情生发机理研究——基于40起突发事件的清晰集定性比较分析》，《情报科学》2020年第3期。

②　张晓娟、田馨淼：《移动社交媒体用户隐私悖论现象的产生路径研究——基于fsQCA的实证分析》，《情报理论与实践》2020年第11期。

第八章　政府和社会力量对乡村公共数字文化服务能力的差异化影响及应对

续表

项目	类别	样本数	比例（%）
学历	初中及以下	12	4.10
	高中	28	9.56
	高职高专	51	17.41
	大学本科	175	59.73
	研究生及以上	27	9.22
职业	企业/公司职员	100	34.13
	公务员/事业单位人员	53	18.09
	学生	90	30.72
	自由职业/务工/务农	50	17.06

（一）变量校准

在 fsQCA 中，数据校准是为每个采集到的案例赋予集合隶属的过程。具体的校准规测目前还没有一致的定论，一般作出 3 个锚点（完全隶属、交叉点、完全不隶属）的判断，既可以利用天然的 7、4、1 转折点，也可以运用最大值、平均值、最小值，或者使用合适的分位数。由于收集到的数据千差万别，因而需要根据数据的特性确定最优的校准方案，最终使校准后的数据集合隶属度介于 0—1。本书根据标准差测算以及多次调试后的结果比较，最终将最大值对应完全隶属，平均值对应交叉点，最小值对应完全不隶属。由于本书在问卷设计过程中一个变量对应了多个测项，因此在校准前首先计算了变量的均值，将它作为初始的数值进行运算。具体的校准过程如表 8-2 所示，为了区分校准前后的变量，本书在已经校准好的数据后加上后缀名"fz"。

表 8-2　　　　　　　　变量校准锚点

变量	完全不隶属	交叉点	完全隶属
信息资源（ZY）	1.8	5.4	7
信息服务（FW）	1.3	5.2	7

续表

变量	完全不隶属	交叉点	完全隶属
制度保障（ZD）	1.8	5.7	7
经济保障（JJ）	2.0	5.5	7
能力保障（NL）	1.8	5.8	7
动力保障（DL）	1.8	5.8	7
公众信息素养（IL）	2.0	5.4	7
政府机构（ZF）	1.0	5.6	7
文化机构（SY）	1.0	5.7	7
企业（QY）	1.0	5.0	7
社会组织及公众（GZ）	1.0	4.8	7
服务效能（XN）	1.8	5.1	7

（二）必要性分析

在 QCA 研究中，开展条件的必要性和条件组态的充分性分析需要先检验必要条件，以规避将充分性分析结果中高频出现的条件作为必要条件的错误认识。如果前因变量的检验结果大于 0.90，那么此条件就是导致结果出现的必要条件；反之，单一条件变量不构成必要条件，据此进一步分析条件变量的组合路径。由表 8-3 可以看出，11 个条件变量的一致性都未达到 0.90，表明这些单一条件不是结果变量的必要条件，可进一步分析不同变量的组合对乡村公共文化服务能力这一结果变量的影响。

表 8-3　　　　　　　　　必要条件检验

条件变量	结果变量 XNfz	
	一致性（Consistency）	覆盖度（Coverage）
ZYfz	0.84	0.80
FWfz	0.84	0.81
ZDfz	0.86	0.79

第八章　政府和社会力量对乡村公共数字文化服务能力的差异化影响及应对

续表

条件变量	结果变量 XNfz	
	一致性（Consistency）	覆盖度（Coverage）
JJfz	0.84	0.81
NLfz	0.84	0.78
DLfz	0.84	0.77
ILfz	0.88	0.84
ZFfz	0.85	0.76
SYfz	0.85	0.77
QYfz	0.84	0.80
GZfz	0.80	0.78

（三）组态分析

作条件组合分析前还需要完成条件的充分性检验。具体在 fsQ-CA3.0 软件操作中的体现就是真值表构建，将原来的模糊值转换为1和0的清晰值。本书采用 Ragin[①] 的建议，在充分性分析时根据中样本和大样本的特性，酌情将阈值调到≥1。本书的案例数超过150，属于大样本，因此案例数阈值设置成2，一致性设为0.80。为了降低组态矛盾发生的可能性，本书将 PRI 的阈值设为0.70[②]，最后将满足阈值标准的组合赋值为1，小于阈值的组合赋值为0。设置完成后，本书通过标准化分析得到复杂、中间和简约三种路径解。复杂解主要生成能实际观察到的案例，简约解涵盖所有的逻辑余项，根据数据的不同特性，简约解可能会不存在。其中，中间解更加联系理论与实际，在目前的研究中被广泛采纳。QCA 通过比较这3种解，作核心条件和边缘条件的判断，将同时出现在简约解和中间解中的条件定为核心条件，仅出现在中间解而没有出现在简约解的前因条件定为边缘条件，

---

① Ragin C. C., *Redisigning Social Inquiry: Fuzzy Sets and Beyond*, Chicago: University of Chicago Press, 2008, pp. 71 – 75.

② 张明、杜运周：《组织与管理研究中 QCA 方法的应用：定位、策略和方向》，《管理学报》2019 年第9期。

大多数情况下，一条简约解可能会对应多条中间解。本书采取 Fiss[①]所提出的组态路径呈现形式，• 表示条件存在，⊗表示条件否定或不存在，● 表示核心条件存在，⊗表示核心条件否定或不存在，空白表示条件可有可无。具体组态如表 8-4 所示。

表 8-4　　　　　　　　乡村公共数字文化高效能组态

条件组合	中间解					简约解		
	1	2	3	4	5	A	B	C
ZYfz	•	•	⊗	•	•			
FWfz	●	●		●	•	•		•
ZDfz	⊗	⊗	•	•	•			
JJfz	⊗	⊗	•	•	•			
NLfz	⊗	⊗				⊗		
DLfz	•							
ILfz	•	●	●	●	●		•	•
ZFfz			•	•				
SYfz	●	•	●	●	•	•		
QYfz		●	•	●	●		•	•
GZfz		•	●		●			•
原始覆盖度	0.36	0.33	0.43	0.58	0.55	0.49	0.70	0.67
唯一覆盖度	0.02	0.05	0.02	0.03	0.01	0.04	0.04	0.05
解的一致性	0.98	0.97	0.98	0.96	0.96	0.94	0.93	0.93
组合一致性	0.65					0.79		
组合覆盖度	0.95					0.91		

---

① Fiss P. C., "Building Better Causal Theories: A Fuzzy Set Approach to Typologies in Organization Research", *Academy of Management Journal*, Vol. 54, No. 2, 2011.

第四节 政府和社会力量对服务能力影响的研究发现

以上五条路径的组合一致性为 0.65，每条路径的一致性都大于阈值 0.90，一致性较好。中间解的组合覆盖度为 0.95，说明所得到的结果能够解释政府和社会主体对乡村公共数字文化服务能力的影响中 95% 的样本。根据不同路径特点，本书将样本归纳成三类典型公众，具体如下：

路径 1：ZYfz × FWfz × ~ZDfz × ~JJfz × ~NLfz × DLfz × ILfz × SYfz（信息资源 × 信息服务 × ~制度保障 × ~经济保障 × ~能力保障 × 动力保障 × 公众信息素养 × 文化机构），这条路径中内容层面的信息资源和信息服务同时存在，而且信息服务是核心条件，说明乡村公众对公共数字文化资源和信息服务都有更多的诉求。乡村公共文化机构为服务使用、宣传和推广提供平台，发挥了独当一面的作用。在保障层面，经济保障、能力保障和制度保障这 3 种保障因素不存在时，动力因素作为乡村公众参与的重要保障因素必须存在，以保证信息反馈渠道的畅通有效。当然，这种交流反馈也需要乡村公众具有基本的信息素养。综上所述，这条路径可命名为"公共文化机构主导型"高效能组态路径。

针对"公共文化机构主导型"路径，在提供基础服务的同时，乡村公共文化机构重点引导乡村公众充分利用乡村公共数字文化服务的反馈功能，通过信息资源的可获取，服务项目的应用推广，来提升公众信息素养，促进信息资源建设及服务发展。具体可从以下方面着手：①加强机构联合。乡村公众在利用公共数字文化资源的实践中，遇到的挑战不仅是如何通过提升信息素养解决数字鸿沟问题，还体现为如何营造社会包容环境。① 这需要包括图书馆、档案馆、文化站等乡村公共文化机构，通过联合服务，改变单一的资源建设模式和服务思维，创造为乡村公众服务的新环境，并加强与乡村公众交流，提供更为丰富、优质的服务产品。②提高乡村公众信息素养。信息素养的差异会导致乡村公众数字化服务体验的不充分和数字文化参与的不平衡，限制其充分享有基本文化权利。乡村公共文化机构通过加大对信息素养培育的投入，通过设立专题网站、专栏或开办专题节目等形式开展基本数字技能教育和文化资源利用培训，营造面向乡村公众的文化信息素养培育环境，调动乡村公众主动参与、相互服务的积极性，保障其充分享受基本公共数字文化服务权利。③畅通服务反馈渠道。乡村公众是重要的评价主体，他们感受乡村公共数字文化服务效果，对公共数字文化服务水平有着直接的判断。此外，社会组织机构在设备设施配置、服务机构数量、资源规模、服务范围、服务保障情况、服务效能调研等方面优势明显。乡村公共数字文化机构可进一步理顺社会参与及服务反馈流程②，调动社会主体参与的积极性。

路径2：$ZYfz \times FWfz \times \sim ZDfz \times \sim JJfz \times \sim NLfz \times ILfz \times SYfz \times QYfz \times GZfz$（信息资源×信息服务×~制度保障×~经济保障×~能力保障×公众信息素养×文化机构×企业×社会组织及公众）和路径5：$ZYfz \times FWfz \times ZDfz \times JJfz \times NLfz \times DLfz \times ILfz \times SYfz \times QYfz \times GZfz$（信息资源×信息服务×制度保障×经济保障×能力保障×动力保障×公众信息素养×文化机构×企业×社会组织及公众），除4个保障因素不同，这两条路径涉及的内容层面的两个因素和主体层面的文化机构、企业、社会组织及公众因素都相同，其中公众信息素养和企业是相同的核心要素，路径2更加突出信息服务功能，路径5则突出社会组织及公众的协同参与。因此，这两条路径命名为"社会力量主导型"高效能组态路径。当文化机构、企业以及社会组织和公众都存在，并且

---

① Warschauer M., *Technology and Social Inclusion: Rethinking the Digital Divide*, Cambridge, MA: MIT Press, 2003, pp. 210 – 213.

② 李少惠、余君萍：《公共治理视野下我国农村公共文化服务绩效评估研究》，《图书与情报》2009年第6期。

第八章 政府和社会力量对乡村公共数字文化服务能力的差异化影响及应对

企业是核心条件时，提供高水平的信息资源和信息服务，能满足拥有较高信息素养的乡村公众除基本信息以外的信息互动和共享需求。这些主体存在且企业、社会组织和公众都是核心条件时，动力、制度、经济、能力保障以边缘条件的形式同时出现，可通过制度、资金、反馈交流机制来保障基本的服务能力，为乡村公共数字文化服务提供基支撑。

针对"社会力量主导型"路径，乡村公共文化机构应着力吸引企业、社会组织及公众共同参与，发挥精准服务的作用。具体可从以下方面推进：①注重赋权。乡村公共文化机构在公共数字文化服务运行过程中承担直接的服务职能，与公众的关系最为紧密。乡村公共文化机构在服务中以自主性和独立性[1]的形式享有参与决策和运行的权利，不断摸索公共数字文化服务的多方资源建设、服务共享及管理运行机制，有效解决公众信息素养不高、操作技能障碍、供需不平衡等问题。[2] ②强化精准投入。企业包括数据库商、IT公司、出版商，在技术上有自身的优势，在理念上更加凸显"服务至上"[3]，在软件开发、平台运营、系统调配、前端测试等技术支持上更加成熟，对于公众需求更加敏锐，具备实现公共文化机构所要求的乡村公共数字文化服务创新发展目标的能力，能够实现合作的融通。[4] 政府通过制定合理的法规政策，引导文化类企业强化建设和运营能力和水平，增强其社会责任感，完善乡村公共数字文化服务职能。③疏通社会组织及乡村公众的参与机制。乡村公众不仅是消费者也是参与者，动力机制的完善是乡村公众参与的基础。作文化需求的差异化调研，引导乡村公众表达真实的文化需求与期望同样离不开社会组织。乡村公众也应树立文化建设和参与的主人翁意识，可以通过微信公众号、热线电话以及电脑端平台界面等渠道对公共数字文化服务作评估。文化机构工作人员

---

[1] 胡立耘：《社区信息学的"社区"视角及相关研究议题》，《图书馆》2012年第5期。
[2] 于良芝：《保障中国农村社区ICT接入的自上而下路径——社群信息学的机遇》，《中国图书馆学报》2013年第5期。
[3] 史煜娟：《PPP模式在公共图书馆服务体系建设中的应用研究》，《图书与情报》2017年第3期。
[4] 唐义等：《我国公共数字文化资源整合模式构建研究》，《图书馆杂志》2016年第7期。

和企业负责人要对平台作更新和回复,甚至可以开展线下的面对面交流活动,共同促进服务能力的提升。

路径3:~ZYfz×ZDfz×JJfz×NLfz×DLfz×ILfz×ZFfz×SYfz×QYfz×GZfz(~信息资源×制度保障×经济保障×能力保障×动力保障×公众信息素养×政府机构×文化机构×企业×社会组织及公众)和路径4:ZYfz×FWfz×ZDfz×JJfz×NLfz×DLfz×ILfz×ZFfz×SYfz×QYfz(信息资源×信息服务×制度保障×经济保障×能力保障×动力保障×公众信息素养×政府机构×文化机构×企业),内容层面的两个因素有很大区别,保障层面的要素一致,主体层面与其他3条路径不同的是突出了政府职能,因此将这两条路径命名为"政府和社会联合主导型"高效能组态路径。虽然这两条路径都突出政府角色的重要性,但是与其搭配的主体及主体在路径中的重要性有所区别。当政府、文化机构、企业、社会组织及乡村公众主体同时出现且文化机构、社会组织及乡村公众是核心主体时,对于内容的要求比较松;当社会组织及乡村公众主体不存在,且文化机构和企业都是核心条件时,更需要高质量的资源及信息服务,尤其是信息服务是核心要素,才能有效提升乡村公共数字文化服务效能。

针对"政府和社会联合主导型"路径,动力保障、制度保障、能力保障、经济保障体系的形成需要政府和社会的共同维护,为乡村公共文化服务提供基础支撑。具体可从以下方面着手:①加强连接。很多乡村或偏远地带的公共文化服务机构由于缺乏基础设施,导致服务能力有限。政府以法律制度保障乡村公共数字文化服务,增加数字基础设施的投入,实现与各级信息平台和资源的连接,扩大教育、医疗和乡村治理等方面的服务内容,提升了乡村公众的整体信息素养,使公众在乡村公共数字文化服务中发挥主体作用,增强了参与的动力,改变了信息弱势地位[1],促进地区经济、社会、文化全面发展。②完

---

[1] Tim Whiteduck, "First Nations School Net and the Migration of Broadband and Community-based ICT Applications", http://knet.ca/documents/White duck-FNS-APR-Vol6-Chapter7.pdf.

第八章 政府和社会力量对乡村公共数字文化服务能力的差异化影响及应对

善基础保障。优质文化资源是提升公共文化服务能力的保障。不同系统，甚至不同区域的乡村公共文化机构可以实行资源共建共享，充分利用大数据技术丰富文化资源的呈现形式，满足乡村公众的多元文化需求。比如，"文化上海云"平台发布免费活动和场所信息，注重信息资源及时更新与传统文化遗产挖掘，解决了乡村公众参与度不高和场所空置的问题。多元主体对完善公共数字文化服务布局的作用同样显而易见，比如政府与企业以特许经营、购买服务、股权合作等方式合作，为乡村公共文化服务全面发展提供了重要支撑。③加强基本能力建设。在基础保障之上，还要为乡村公众利用数字文化服务提供知识、技能服务，以保证其使用服务的可持续性，这需要政府和社会力量保持密切合作，通过引入社会组织以及专业机构，配备专业设施设备，丰富咨询和辅导形式，加强专业人才培养和教育培训等交流与合作①，不断完善乡村公共数字文化服务。

第五节 乡村公共数字文化服务公众采纳行为的自我归因

作为弥合城乡"数字鸿沟"，提高农民科技文化素质的重要路径的乡村公共数字文化服务，主要体现为以乡村公众基本文化需求为核心，借助于文化惠民工程，通过平台及终端等信息技术及设备，提供基本公共文化服务，这为数字边缘化地区的信息技术弱势群体提升可持续发展能力提供了机会。然而，由于地区差异、群体差异，导致乡村公共数字文化服务发生的环境、信息资源展现的具体方式和信息服务情境各不相同，对乡村公众采纳公共文化服务产生了积极或消极的影响。② 在数字乡村背景下，进一步从乡村公众的角度深入探究乡村

---

① Fiddler J., "Walking the Talk: Connecting Remote Indigenous Communities Globally", http://knet.ca/documents/Jesse-Fiddler-Prato-Italy-Paper.doc.
② 毕强等：《数字图书馆微服务交互情境功能与用户行为的内在关系研究》，《情报理论与实践》2017年第4期。

公共数字文化服务采纳的影响因素，无论是对当前以国家文化惠民工程的形式推进解决乡村数字鸿沟问题，还是对促进城乡公共文化服务一体化建设，实现数字乡村战略目标，都显得尤为必要。本部分主要从乡村公众的态度、需求、满意度、使用意愿、使用信心等数字化体验层面来归因，分析公众采纳公共数字文化服务的原因及其产生的不同影响。

一 公众数字化体验

乡村公共数字文化服务是数字化、网络化环境下公共文化服务的重要组成部分。信息采纳行为是主体有目的地选择、评价、接受和利用信息的过程，并且最终影响主体的后续行为。[①] 乡村公众采纳公共数字文化服务是乡村公众对基层公共文化服务质量作出的一种主观度量，是乡村公众以个人利益为出发点对公共文化服务绩效的认知[②]，也是乡村公众对公共文化服务的一种外在反应，体现了公众的心理感受和主观评价情况。[③]

乡村公共文化服务采纳的公众数字化体验因素，包括知晓度、社会参与、社会资本、文化偏好、兴趣、期望、质量感知、信任、心理适应能力。[④][⑤] 随着信息通信技术的普及，能否掌握计算机和互联网技术体现了个人信息素养。信息素养不足意味着乡村公众信息意识不足，无法掌握相关信息技能，信息需求也就无从谈起。然而，电脑等设备使用的复杂性超过手机 App 等，乡村公众更需要能帮助自己提升

---

① 宋雪雁、王萍：《信息采纳行为概念及影响因素研究》，《情报科学》2010 年第 5 期。
② 向勇、喻文益：《公共文化服务绩效评估的模型研究与政策建议》，《现代经济探讨》2008 年第 1 期。
③ 寇垠、刘杰磊：《东部农村居民公共文化服务满意度及其影响因素》，《图书馆论坛》2019 年第 11 期。
④ 曾鸣：《互联网使用与农村公共文化服务满意度》，《华南农业大学学报》（社会科学版）2018 年第 4 期。
⑤ 向勇、喻文益：《公共文化服务绩效评估的模型研究与政策建议》，《现代经济探讨》2008 年第 1 期。

第八章　政府和社会力量对乡村公共数字文化服务能力的差异化影响及应对

生活技能的"软"服务项目①，比如农民参加公共设备和私人电子设备的操作培训，可以掌握和提升公共数字文化服务的基本操作能力，进而提高服务的正面影响。Frank 等②发现，积极的情绪将促进乡村公众与设备的交互，提高感知可用性。出于个人对新技术的恐惧或者不安，班杜拉③认为焦虑是一种情感表达的障碍，并对系统使用有负向影响。同时，由于参与成员有相同的身份、平等的地位及类似的文化喜好，成员之间的信息交互也能提升体验效果，产生文化参与感和获得感。④

诸多研究虽然发现多种因素对乡村公共文化服务产生影响，但对作为行为主体的"人"的数字化体验及其认知因素的认识和重视程度尚存在一定的不足。本书认为数字化体验不仅仅表现了乡村公众在使用服务的目的、方式、偏好存在的差别，数字化体验还可能受乡村公众本身的能力影响。比如，在已有研究中，知觉有用性、知觉易用性、态度都会影响公众使用行为。公众使用公共数字文化服务的广度和深度有助于树立积极的态度，提高利用服务的自觉性和自我发展能力。公众信息素养同样对提高乡村公共文化服务满意度有积极影响。乡村公众信息意识和技能参差不齐，对数字服务内容了解不深，数字技术利用范围狭窄，难以适应新的服务方式，都对使用满意度及持续使用行为有负面影响。⑤ 特别是乡村公众作为弱势群体，其信息贫困状态被信息通信技术进一步放大，导致其接入和使用信息通信技术及

---

①　徐双敏、宋元武：《当前农村公共文化服务供需契合状况实证研究》，《学习与实践》2015 年第 5 期。

②　Frank A. M. and Christoph M., "Mobile Web Usability Evaluation – Combining the Modified Think Aloud Method with the Testing of Emotional, Cognitive and Conative Aspects of the Usage of a Web Application", paper delivered to International Conference on Computer and Information Science, sponsored by IEEE Computer Society, Washington D. C., 2010.

③　Bandura A., *Social Foundations of Thought and Action: A Social Cognitive Theory*, Englewood Cliffs: Prentice Hall Inc., 1986, pp. 169 – 171.

④　李少惠、赵军义：《农村居民公共文化服务弱参与的行动逻辑——基于经典扎根理论的探索性研究》，《图书与情报》2019 年第 4 期。

⑤　王锰等：《政社联动对公共数字文化服务效能的作用机理研究》，《图书情报知识》2020 年第 6 期。

其衍生的相关服务的目的①、态度②、动机和兴趣③都需要心理、物质或素养的准备。④

本书认为，乡村公共数字文化服务的采纳受到数字化体验及认知因素的影响，对文化产品、文化活动、设施供需有用性和易用性认知不足，尤其是乡村公众专业基础知识和信息素养不高，缺乏耐心、兴趣都会导致乡村公共数字文化服务采纳度不高。本书将从数字化体验及认知的角度，研究乡村公众"在场"的主观能动性作用⑤⑥及其对采纳行为的影响，从而达到提升乡村公众采纳行为的目的。

二 研究设计

费希尔等人研究信息贫困人群，比如家庭主妇、移民、老年人等，她基于"个体特征—场所状况—信息特征"三元论，提出信息场概念，为日常信息收集和分享利用行为研究提供了一个新的理论框架。⑦个体特征包括参与者的信息敏感度、知识水平等，与场所相关的因素有环境的舒适度、地理位置的便捷性、场所的持久性、对隐私的保护等，信息特征因素包括信息的讨论、创建和共享方式等。随着社会的发展，互联网成为人们获取信息的常用信息源，移动社交网络作为促进信息共享的一种新的信息场类型被纳入。借鉴信息场理论，本书认为环境、资源、服务与公众在乡村公共文化服务中扮演不同角

---

① Hargittai E., "The digital reproduction of inequality", in Grusky D B. *Social stratification: Class, race, and gender in sociological perspective*. Philadelphia: Westview Press, 2008, pp. 936 – 944.

② Mossberger K. et al., *Virtual Inequality: Beyond the Digital Divide*, Washington D. C.: Georgetown University Press, 2003, pp. 1 – 14.

③ Van Dijk J. A. G. M., "Digital Divide Research, Achievements and Shortcomings", *Poetics*, Vol. 34, No. 4/5, 2006.

④ 闫慧、闫希敏:《农民数字化贫困自我归因分析及启示——来自皖甘津的田野调查》,《中国图书馆学报》2014 年第 5 期。

⑤ 汝萌、李岱:《我国公共数字文化服务使用情况调查研究》,《图书馆建设》2017 年第 2 期。

⑥ 李少惠:《甘南藏区农村公共文化服务的主体困境分析》,《图书与情报》2015 年第 4 期。

⑦ Fisher K. E. et al., "Social Spaces, Casual Interactions, Meaningful Exchanges: 'Information Ground' Characteristics Based on the College Student Experience", *Information Research*, http://informationr.net/ir/12 – 2/paper291.html.

第八章　政府和社会力量对乡村公共数字文化服务能力的差异化影响及应对

色。公共文化服务平台、设备、人员对乡村公众各种状态下的服务支持，服务交互中资源内容组织及其可利用程度，供给与需求的有效对接与匹配程度都会影响乡村公共数字文化服务能力。

为进一步探究乡村公众采纳行为发生的过程，及在过程中的情绪和期望变化对未来心理和行为指向的影响，本书结合乡村公共数字文化服务的具体情境，同时借鉴较有影响力的凯利三维归因理论[①]，建立了一个综合性的归因模型，将个体特征、场所状况、信息特征因素归纳为行动者、刺激物和外在情境三个维度。其中行动者层面，包括ICT技能等能力因素和态度、绩效期望认知因素；刺激物涵盖服务的感知易用性、感知有用性；外在情境主要包括外部环境作用形成的社会影响因素。本书将以上变量作为乡村公众采纳公共数字文化服务这一信息行为的前因变量，信息采纳行为作为结果变量，具体变量阐述如下：

（一）公众信息素养（IL）

公众信息素养是指用户搜寻、评价和高效利用信息的意识和能力。[②] 乡村地区的数字鸿沟现象相比于城市更为明显，部分乡村公众对电脑、智能手机、网络服务等工具的使用能力较为薄弱，导致他们无法参与以网络为载体的文化活动。公众信息素养不足还表现在乡村公众缺乏掌握信息的基本意识，阻碍了信息需求的表达。[③] 因此，信息素养是乡村公众接受公共数字文化服务的重要因素。

（二）态度（AT）

态度是用户在认知、理解和处理信息活动中形成的一种稳定性态度，是公共文化服务在用户感知层面的一种体现。[④] 公共数字文化服务对乡村公众工作和生活的意义影响着人们对待的态度，从而影响着

[①] 肖崇好：《人际交往心理学》，东北师范大学出版社2017年版。
[②] 杨永生：《信息素养内涵工具观的评价》，《现代情报》2006年第6期。
[③] 汝萌、李岱：《我国公共数字文化服务使用情况调查研究》，《图书馆建设》2017年第2期。
[④] 周耀林、吴化：《大数据时代的信息文化研究——从信息、技术和人的角度解析》，《现代情报》2019年第8期。

人们看待信息社会的理念以及信息行为模式。本书认为，乡村公众对数字文化的价值持肯定正向的态度会促使其对公共数字文化产生信任感和依赖感，从而采纳公共数字文化服务。

（三）绩效期望（PE）

绩效期望是指用户在使用系统之后所获得的绩效回报的预期。[①] 本书中，乡村公众对于公共数字文化的绩效期望是指乡村公众在使用数字文化服务时，对数字文化环境所包含的技术、资源、服务能够提升或者丰富其学习、工作、生活质量的预期和信念。乡村公众对数字文化的绩效期望认知越高、评价越积极，则接纳公共文化服务的可能性越大，反之主观上就会不愿意使用。

（四）感知易用性（UA）

感知易用性是指用户感知某项技术、系统或信息使用的难易程度。[②] 本书中感知易用性是指乡村公众感知到使用公共数字文化服务平台获取相关文化信息的技术难度。花费的时间成本越低，投入的精力越少，乡村公众接受公共数字文化服务的可能性越大。

（五）感知有用性（UE）

感知有用性是指用户认为使用某系统能够帮助提升自身表现的程度[③]。感知有用性能够显著改善乡村公众对公共数字文化的主观判断，已有研究也证实了感知有用性对公共数字文化采纳意愿的积极作用。[④] 公共数字文化服务平台发布的文化信息越有用，公众满意度越高，使用意愿也就越强。

（六）社会影响（SI）

社会影响主要是指个体判断是否采取特定信息行为时所感受到的

---

① Venkatesh V. et al.，"User Acceptance of Information Technology: Toward a Unified View"，*MIS Quarterly*，Vol. 27，No. 3，2003.

② 关磊：《高校图书馆微信平台阅读推广成效影响因素研究——以 TAM 和 D&M 模型为视角》，《图书馆》2020 年第 6 期。

③ Davis F. D.，"Perceived Usefulness Perceived Ease of Use, and Acceptance of Information Technology"，*MIS Quarterly*，Vol. 13，No. 3，1989.

④ 王锰等：《公共数字文化服务的用户接受模式研究》，《图书馆学研究》2018 年第 2 期。

社会压力，个体对有重要影响的人希望或不希望自己使用新系统的感知程度，即个体信息行为会受到人际关系中重要人物的影响。① 乡村公众对公共数字文化服务的接纳程度更容易受到人际关系网中同事、亲戚、好友、邻居等具有相同或相似社会背景、彼此相互信任、互动频率较高、情感亲密度较高的群体的影响②。

（七）信息采纳行为（CN）

本书将乡村公众对公共数字文化服务的采纳行为作为结果变量，主要侧重考察乡村公众通过公共文化服务平台积极获取服务的情况，以测度公众对公共数字文化服务的使用行为，为提升我国乡村公共数字文化服务的有效供给提供参考。

三　数据收集

本书设定任务情境，协助乡村公众完成规定任务，而后帮助乡村公众通过问卷星网络平台填写问卷，以提升调查的真实性和有效性。为了得到可信而有效的量表，本书参照罗伯特·德维利斯推荐的量表编制步骤，结合前文变量的具体含义完成问卷设计。问卷包括三部分，第一部分采集人口统计学信息，包括性别、年龄、学历、职业、所在区域、数字文化的使用经历、学科背景等；第二部分采用李克特量表的形式设计的前因变量和结果变量的测项，各个题项按照非常不同意、不同意、有点不同意、不确定、有点同意、同意、非常同意设为 7 个等级；第三部分是开放性问答，用于收集作答者对于公共数字文化服务的其他认知以及建设性意见和建议。具体变量及解释如表 8-5 所示。

---

① 韩秋明：《农民专业合作社信息服务消费影响因素研究——基于陕西和内蒙古部分地区的实证研究》，《图书情报知识》2015 年第 1 期。

② Williamson K. and Asia T., "Information Behavior of People Information Age: Implications for the Conceptualization of Information Literacy", *Library & Information Science Research*, Vol. 31, No. 2, 2009.

表 8-5　　　　　　　　　　测量题项及其相关来源

变量	测量题项	文献来源
公众信息素养（IL）	掌握检索技巧来使用乡村公共数字文化服务	王贺等[①] Oklara 等[②]
	使用恰当关键词表达检索问题	
	可以自助使用帮助文件	
	对自己的信息检索能力很自信	
	喜欢学习新事物	
	喜欢探寻难以发现的事实和信息	
	认为网络使查找信息变得更容易	
态度（TD）	喜欢使用乡村公共数字文化服务	Davis[③]
	使用乡村公共数字文化服务是明智的选择	
	使用乡村公共数字文化服务的体验很愉快	
	乡村公共数字文化服务很有价值	
绩效期望（PE）	乡村公共数字文化服务应对工作/学习有效	Venkatesh 等[④]
	乡村公共数字文化服务应使工作/学习更好	
	乡村公共数字文化服务应使工作/学习更快	
	乡村公共数字文化服务应使工作/学习更容易	
	乡村公共数字文化服务应使工作/学习更轻松	
感知易用性（UA）	乡村公共数字文化服务内容清晰	Carter 等[⑤] Venkatesh 等[⑥]
	乡村公共数字文化服务内容易于理解	
	乡村公共数字文化资源容易获取	
	乡村公共数字文化服务平台容易操作	
	乡村公共数字文化服务容易使用	

①　王贺等：《嵌入用户信息素养的信息服务实践研究——基于类型理论与活动理论视角》，《图书馆》2019 年第 2 期。

②　Oklara N. et al., "Information Literacy and Digital Nativity as Determinants of Online Information Search Strategies", *Computers in Human Behavior*, Vol. 70, 2017.

③　Davis F. D., "Perceived Usefulness Perceived Ease of Use, and Acceptance of Information Technology", *MIS Quarterly*, Vol. 13, No. 3, 1989.

④　Venkatesh V. and Davis F. D., "A Theoretical Extension of the Technology Acceptance Model: Four Longitudinal Fields Studies", *Management Science*, Vol. 46, No. 2, 2000.

⑤　Carter L. et al., "The Role of Security and Trust in the Adoption of Online Tax Filing", *Transforming Government People*, Vol. 5, No. 4, 2011.

⑥　Venkatesh V. and Davis F. D., "A Theoretical Extension of the Technology Acceptance Model: Four Longitudinal Fields Studies", *Management Science*, Vol. 46, No. 2, 2000.

第八章　政府和社会力量对乡村公共数字文化服务能力的差异化影响及应对

续表

变量	测量题项	文献来源
感知有用性（UE）	乡村公共数字文化服务有助于学习/工作 乡村公共数字文化服务可提升学习/工作效能 乡村公共数字文化服务符合学习/工作需要 乡村公共数字文化服务可促进学习/工作	Bhattacherjee[①]
社会影响（SI）	好友使用乡村公共数字文化服务 同事推荐使用乡村公共数字文化服务 身边的人推荐乡村公共数字文化服务	Kim[②]
信息采纳行为（CN）	您现在会使用乡村公共数字文化服务 您还会再次使用乡村公共数字文化服务 您会推荐别人使用乡村公共数字文化服务	Lee[③]

四　数据处理与研究结果

2020 年 6—7 月，本书完成问卷回收工作，一共得到乡村样本 309 份，经过筛选，得到代表性样本 296 份。样本基本信息如表 8-6 所示。

（一）样本基本特征

表 8-6　　　　　　样本基本情况统计

项目	类别	样本数	比例（%）
性别	男	152	51.35
	女	144	48.65
年龄	24 岁及以下	96	32.43
	25—40 岁	141	47.64
	41—55 岁	37	12.50
	56 岁及以上	22	7.43

---

① Bhattacherjee A., "Understanding Information Systems Continuance: An Expectation - confirmation Model", *MIS Quarterly*, Vol. 25, No. 3, 2001.
② Kim B., "Understanding Antecedents of Continuance Intention in Social - networking Services", *Cyberpsychology Behavior & Social Networking*, Vol. 14, No. 4, 2011.
③ Lee M. C., "Understanding the Behavioural Intention to Play Online Games", *Online Information Review*, Vol. 33, No. 5, 2013.

续表

项目	类别	样本数	比例（%）
去公共文化场所的频率	从不	11	3.72
	每年至少一次	40	13.51
	每月至少一次	115	38.85
	每周至少一次	118	39.86
	每天至少一次	12	4.05
每日文化生活时间	3 小时以内	162	54.73
	3—6 小时	100	33.78
	6—9 小时	23	7.77
	9—12 小时	8	2.70
	12 小时以上	3	1.01

（二）数据赋值与校准

本书根据已有理论知识和案例情境，选用模糊集 fsQCA，使用 fsQCA3.0 软件处理数据。本书将前因变量和结果变量的 3 个锚点分别设定为初始数值的上四分位数、中位数以及下四分位数。具体各个变量的锚点过程如表 8-7 所示。为了方便区分，校准后的变量加上"fz"后缀名。

表 8-7　　　　　　　　变量校准锚点

变量	完全不隶属	交叉点	完全隶属
公众信息素养（IL）	5.0	5.6	6.0
态度（TD）	5.0	5.8	6.3
绩效期望（PE）	5.3	6.0	6.4
社会影响（SI）	4.7	5.0	6.3
感知易用性（UA）	5.6	6.0	6.4
感知有用性（UE）	5.0	5.3	6.5
信息采纳行为（CN）	5.0	5.7	6.0

(三) 条件的必要性检验

检验必要条件在 fsQCA 中极为关键,如果前因变量的检验结果大于 0.90,那么此条件就是导致结果出现的必要条件。由表 8-8 的检验结果可以看出,条件变量的一致性值都低于 0.90,表明单一条件变量不是结果变量的必要条件。因此,需要进一步分析条件变量的组合路径及其对信息采纳行为这一结果变量的影响。

表 8-8　　　　　　　　　条件必要性检验

条件变量	结果变量 CNfz 一致性	结果变量 CNfz 覆盖度
ILfz	0.75	0.71
TDfz	0.76	0.75
PEfz	0.65	0.73
SIfz	0.80	0.70
UAfz	0.63	0.74
UEfz	0.87	0.65
~ ILfz	0.31	0.34
~ TDfz	0.33	0.35
~ PEfz	0.43	0.40
~ SIfz	0.29	0.36
~ UEfz	0.43	0.39
~ UAfz	0.23	0.37

注:"~"指逻辑非。

(四) 真值表构建

本书采用 Ragin[①] 的建议在构建真值表时保留一致性 ≥ 0.75 的案例,中样本和大样本酌情将阈值调到 ≥1。本书的案例数超过 150,属于大样本,因此案例数阈值设置成 2,一致性设为 0.75,将一致性大

---

① Ragin C. C., *Redisigning Social Inquiry: Fuzzy Sets and Beyond*, Chicago: University of Chicago Press, 2008, pp. 71-75.

于阈值的组合赋值为 1，小于阈值的组合赋值为 0。通过 fsQCA3.0 运算之后得到真值表，如表 8-9 所示。

表 8-9 真值表构建

ILfz	TDfz	PEfz	SIfz	UEfz	UAfz	案例数	IAfz	一致性	编码
1	1	1	1	1	1	64	1	0.97	1
1	1	1	1	0	1	2	1	0.95	1
1	0	1	1	1	1	2	1	0.93	1
1	1	0	1	1	1	2	1	0.93	1
1	1	1	1	1	0	3	1	0.92	1
0	1	1	1	1	0	2	1	0.91	1
0	1	1	1	1	1	4	1	0.85	1
1	1	0	0	1	1	14	1	0.84	1
0	1	0	0	1	1	2	1	0.82	1
0	0	1	0	1	1	2	0	0.77	1
1	0	0	0	0	1	3	0	0.76	1
1	1	1	0	1	0	4	0	0.75	1
1	0	1	0	0	1	2	0	0.74	0
0	1	0	0	1	0	3	0	0.73	0
0	1	1	0	1	0	3	0	0.71	0
0	0	0	1	0	0	5	0	0.71	0
1	1	1	0	1	1	20	0	0.71	0

（五）乡村公众信息采纳行为的组态分析

完成真值表构建之后，通过标准分析分别得到复杂解、中间解和简约解。一般而言，研究者倾向于采用兼顾了理论实际也不过于复杂的中间解。[1] 在本书中，•表示条件存在，⊗表示条件否定或不存在，●表示核心条件存在，⊗表示核心条件否定或不存在，空白表示条件可有可无。具体结果见表 8-10。

---

[1] Crilly D. et al., "Faking It or Muddling Through? Understanding Decoupling in Response to Stakeholder Pressures", *Academy of Management Journal*, Vol. 55, No. 6, 2012.

表 8-10　　　　　　　　乡村公众信息采纳行为构型

前因变量	IAfz 组态结果			
	路径 1	路径 2	路径 3	路径 4
ILfz		●	●	
TDfz	●	·	●	
PEfz	·			·
SIfz	●	●	$\otimes$	●
UEfz	·		·	·
UAfz		●	●	●
原始覆盖度	0.49	0.45	0.12	0.41
唯一覆盖度	0.09	0.05	0.02	0.02
解的一致性	0.92	0.96	0.86	0.96
组合一致性	0.90			
组合覆盖度	0.59			

本书共得到与乡村公众采纳公共数字文化服务相关的 4 条路径。由于其中一些案例可能隶属于不同的组态，因而会有各组态的一致性之和大于总体一致性的情况发生。由表 8-10 可知，一致性最小值为 0.86，最大值达到 0.96，每条路径的一致性较好，表明各组态作为结果变量的充分条件具有一定的可靠性。各路径中都有各自特有的核心条件和边缘条件，最终达到影响公众采纳行为的效果。

第六节　乡村公共数字文化服务公众采纳行为的激发策略

乡村公众信息采纳行为构型的四条路径的组合一致性为 0.90，每条路径的一致性都大于阈值 0.85，一致性较好。中间解的组合覆盖度为 0.59，说明所得到的结果能够解释乡村公众采纳公共数字文化服务的自我归因中 59% 的样本。根据不同路径所展现的特点，本书将样本归纳成三类典型公众，具体如下：

组合路径1（TDfz×PEfz×SIfz×UEfz）：态度×绩效期望×社会影响×感知有用性。此路径中"态度"和"社会影响"是核心要素，这类乡村公众比较认同乡村公共数字文化服务对于工作、学习和生活提供的积极作用，在他人的影响下，绩效预期的驱动下更愿意使用公共数字文化服务，此路径属于"认同导向型"乡村公众的信息采纳行为。即乡村公众对数字文化服务的认可度很高，认为使用公共数字文化服务是明智的选择，加上周围人群使用公共数字文化服务的习惯已经养成，使用效能和绩效预期基本吻合，认识到公共数字文化服务能够作为信息获取和文化消费的新渠道，更愿意接受和使用公共数字文化服务。此组态路径能解释49%的乡村公众对公共数字文化服务采纳行为的案例。

针对"认同导向型"信息采纳行为的乡村公众，需要保持乡村公众的正面态度，借助社会关系的影响，对其使用偏好作调研，提供相应的服务。具体可从以下方面着手：①以宣传促成共识。乡村公共文化机构可完善服务职能，激活乡村公众参与主体地位，将公共文化服务发展与专业人才培养和社会教育有机结合，支持学习和实践需求[①]，激发乡村公众潜在的文化需求，让乡村公众逐渐认识到公共数字文化服务的价值。比如，设立培训中心，雇用有资格证的培训师，提供优良的基础技能和实践操作培训，科普类、养生讲座等异质性服务[②]，满足乡村公众"求知、求乐、求美"的多元化需求，推行线上学习项目，让偏远地区的学生享受与城市学校同等的受教育机会，为乡村公共数字文化服务革新注入持久动力。②立足乡村公众共同需求。服务内容的可靠、新颖、权威以及资源内容的价值密度会不同程度地影响乡村公众的信息检索、获取、利用效果。公共文化机构可充分挖掘乡村公众的差异化需求，尊重文化多样性，保证资源的新颖程度和权威程度，提供专题资源、个性化资源等更具价值的信息内容，同时通过

---

① Penny Carpenter, "Utilizing Technologies to Promote Education and Well‐being", http：//knet.ca/documents/KO‐KNET‐APR‐Vol6‐Chapter8.pdf.
② 王军伟、杨太康：《农村公共文化服务供需矛盾分析——以西安为例》，《西安财经学院学报》2017年第5期。

第八章 政府和社会力量对乡村公共数字文化服务能力的差异化影响及应对

与研究机构、学校、学者合作，调查和分析乡村公众信息需求，评估服务成效，以便及时改进和完善服务，扩大影响，提升服务能力。③优化信息推送服务。信息资源的指数级增长压缩了信息内容本身的真实性和实效性，乡村公众对于数字文化的获取呈现碎片化和多元化趋势，因此把握乡村公众的兴趣点是达到乡村公众期望的重要基础。为更好地满足乡村公众精准的信息需求，公共文化机构可对信息资源作整合和深度加工，根据乡村公众人口统计学特征，以及浏览、订阅等信息行为来挖掘隐性偏好，构建乡村公众兴趣偏好模型，预测乡村公众行为，进而与公共数字文化资源库匹配，为高效获取和深度利用服务提供保障。

组合路径 2（$TDfz \times ILfz \times SIfz \times UAfz$）：公众信息素养×态度×社会影响×感知易用性和组合路径 4（$ILfz \times PEfz \times SIfz \times UEfz \times UAfz$）：公众信息素养×绩效期望×社会影响×感知易用性×感知有用性。这两条路径可以合并成：公众信息素养×社会影响×感知易用性×（态度+绩效期望×感知有用性），含有相同的核心要素"公众信息素养"和"社会影响"，可将这两条路径命名为"交流互动导向型"乡村公众信息采纳行为。在信息素养、社会影响、感知易用性都存在的前提下，绩效期望×感知有用性与态度含有潜在的替代关系。当乡村公众在日常学习和生活中已具有主动掌握新知识来丰富文化生活的意识和能力，所处的社会圈层已基本达成使用公共数字文化服务的共识，通过公共数字文化平台便捷获取丰富的内容时，若公众对服务认可度高，或者收获能够满足期待且能在学习生活中发挥效用的价值，就会引发乡村公众采纳公共数字文化服务。

针对"交流互动导向型"信息采纳行为的乡村公众，可重点突出公共数字文化服务的互动便捷性来提高采纳的可能性。具体可从以下方面推进：①完善系统互动功能。乡村公共文化机构应注重互动需求，系统设计云空间，优化公共数字文化服务平台注册、登录、转赞评功能，以实现乡村公众获取与传播个人作品的文化表达需求。乡村公众还可通过反馈平台向工作人员提出对公共数字文化服务的期望以及改进意见，或者在讨论区同其他公众作服务交流与共享，以此增强乡村公众参与的积极性，实现信息资源的价值与增值。②推动乡村公众参与共建共享。政府"言而有信"的公信力是乡村公众以积极乐观的心态利用公共数字文化服务的基础。① 乡村公共文化机构可完善公众参与机制，引导形成稳定的参与氛围，发挥乡村公众主体性功能，使其自发地组织活动、宣传文化活动，持续采纳公共数字文化服务，改善假性参与和弱参与现象。③激发乡村公众的隐性需求。部分乡村公众受教育水平的限制，对于公共数字文化服务的需求还处在潜意识甚至无意识的状态，而基本的文化素养是采纳公共数字文化的基础。这就需要乡村公共文化机构的服务人员通过开展教育培训工作，承担起第二课堂的作用，通过使用偏好的挖掘，总结归纳吸引力大、好评度高的栏目作为营销重点，同时通过大数据技术追踪乡村公众的使用轨迹，找到其兴趣点，来优化和深化乡村公共数字文化服务。

组合路径 3（TDfz×ILfz×UAfz×UEfz× ~ SIfz）：态度×公众信息素养×感知易用性×感知有用性×非社会影响，其中信息素养、态度和非社会影响是核心要素。这条路径排除了外部重要人物的影响，属于"功能需求型"乡村公众的信息采纳行为。乡村公共文化机构需要针对乡村公众需求及文化特征保证公共数字文化服务的务实性，保证乡村公众对数字文化的易用性感知和有用性感知，使具备基本信息素养的乡村公众了解公共数字文化服务的作用，认可公共数字文化服务的价值，那么公众采纳的可能性就更大。

可见，"功能需求型"信息采纳行为的乡村公众，积累了一定的积极使用体验，具有一定的信息素养，对于公共数字文化服务有自我评判标准，因而可从功能层面加强服务采纳。具体可从以下方面着手：①强化整体连接功能。乡村公共文化服务需要以标准化和适配性建设为指导，解决标准统一、系统兼容、资源共享问题。乡村公共文化机构可呼吁政府有关部门建立一个高速、容错、稳定、通畅的公共文化服务平台，提供视频、语音功能，加强平台系统的自我维护功

---

① 李春梅：《城镇居民公众参与认知、态度和行为关系的实证研究》，博士学位论文，西南交通大学，2013 年。

能、故障处理及更新功能，提供数据服务，最大化地突破时空限制，完善不同数字设备终端支持系统，提升平台适配的灵活度，为乡村公众更好地利用资源、享受公共文化服务提供基础保障。②规范公共数字文化资源组织功能。公共文化机构可融合图书馆、博物馆、档案馆、文化馆等多源文化资源，提供包括音视频、文字、图像等多类型的资源呈现形式。公共文化机构等文化单位可综合已有标准，建设元数据资源目录①，方便乡村公众通过关键词快速定位服务内容，为乡村公众使用服务提供便利的渠道。③拓宽公共数字文化服务获取功能。乡村公众对公共数字文化服务的需求因年龄、知识结构、社会环境等多重因素的影响呈现出明显的行为差异。以技术升级增强乡村公众体验感知逐渐成为公共文化平台界面设计的核心②，乡村公共文化机构可针对不同的群体，通过云计算技术的嵌入，整合不同的技术标准，提供文化主题的多种可选呈现形式，实现各种终端设备的兼容，为乡村公众提供"一站式"服务，方便其随时随地获取乡村公共数字文化资源和服务。

第七节　本章小结

本章以田野调查的形式采集数据，基于资源依赖理论确定主体、内容、保障、素养、效能等变量。在此基础上，使用定性比较分析法，探究政府和社会力量主体对乡村公共数字文化服务能力的差异化影响，提出"公共文化机构主导型""社会力量主导型""政府和社会联合主导型"三条高效能组态路径，并针对路径提出不同策略。此外，结合信息场理论和凯利三维归因理论，建立乡村公众信息采纳行为的归因模型，通过组态分析，归纳"认同导向型""交流互动导向型""功能需求型"三种信息采纳行为并提出相应对策，从而有效激发乡村公众采纳行为。

---

① 陈则谦：《我国文化云的服务现状及展望》，《图书情报知识》2018年第5期。
② 胡杰等：《数字化公共文化平台界面的人性化设计研究》，《包装工程》2015年第22期。

第九章

乡村公共数字文化服务中公众信息规避行为及应对

　　乡村处于公共文化网络的末梢，存在的文化资源不平等、数字鸿沟、数字化贫困①、人才输送不均等问题成为乡村公共数字文化服务体系建设的短板，与城市公共数字文化服务存在较大差距。在我国乡村公共数字文化服务的普及和覆盖日趋广泛的同时，更需要进一步从保基本、兜底线、促公平等多重角度加强乡村公共文化服务研究。②乡村公众对公共数字文化服务的认可度、内容需求倾向、服务形式偏好，都会影响公众体验及满意度，易使公众产生避免或延迟获取可及信息的行为③，即出现规避公共数字文化服务的现象。本章将分析乡村公众产生信息规避行为的影响因素及其机理，从弱化规避行为的角度，提出提升乡村公共数字文化服务能力的应对策略。

---

① 闫慧：《农民数字化贫困的结构性成因分析》，《中国图书馆学报》2017 年第 2 期。
② 李国新：《关于加强农村公共文化服务建设的思考》，《中国图书馆学报》2019 年第 4 期。
③ Sweeny K. et al., "Information Avoidance: Who, What, When, and Why", *Review of General Psychology*, Vol. 14, No. 4, 2010.

第九章 乡村公共数字文化服务中公众信息规避行为及应对

第一节 乡村公共数字文化服务信息规避行为

公共数字文化服务是公共文化服务体系的重要形式之一，研究者从乡村资源整合[①]、平台融合[②]、服务体系[③]、服务效能[④]等角度展开研究。其中，以公众为切入点的乡村公共数字文化服务研究大多是从信息搜寻、信息获取、持续使用行为、信息接受行为、信息利用行为等视角展开，发现供需[⑤]、宣传推广[⑥]、信息素养[⑦]是乡村公众对公共数字文化服务评价不高和不使用的常见因素。然而，社交媒体、网络情境、医疗情境、阅读情境、决策情境下的患者、青少年、孕妇、大学生等群体的信息规避行为的探究也已展开，公众放弃或者规避公共文化服务的行为在乡村公共数字文化服务中时有发生，但没有得到研究者的广泛关注，加剧了乡村公共数字文化服务因无法有效满足乡村公众的公共文化需求而被边缘化的窘境。

本书认为，乡村公共数字文化服务情境中的公众信息规避行为是乡村公众使用公共数字文化服务时感知的内外部环境压力使其无法达成结果期望或者因自我效能不足而产生拒绝推荐、解除关联或者寻求其他类似服务替代的心理，以致放弃或者推迟使用公共数字文化服务

[①] 唐义等：《我国公共数字文化资源整合模式构建研究》，《图书馆杂志》2016 年第 7 期。

[②] 张树臣等：《大数据环境下公共数字文化服务云平台构建研究》，《情报科学》2021 年第 4 期。

[③] 李国新：《关于加强农村公共文化服务建设的思考》，《中国图书馆学报》2019 年第 4 期。

[④] 刘晶、罗云川：《基层公共数字文化服务的现状与对策——以湖南省长沙县图书馆、文化馆及乡镇文化站为例》，《图书馆研究与工作》2020 年第 5 期。

[⑤] 傅才武、刘倩：《农村公共文化服务供需失衡背后的体制溯源——以文化惠民工程为中心的调查》，《山东大学学报》（哲学社会科学版）2020 年第 1 期。

[⑥] 熊文靓、王素芳：《公共文化服务的公众获得感测度与提升研究——以辽宁为例》，《图书馆论坛》2020 年第 2 期。

[⑦] 汝萌、李岱：《我国公共数字文化服务使用情况调查研究》，《图书馆建设》2017 年第 2 期。

的消极行为。乡村公共数字文化服务中数字化平台落后、组织管理松散、服务人员专业能力匮乏、数字化服务形式单一等外部环境因素与公众期望或信息素养不匹配，都会影响公众对服务的功能信任和情感依赖，从而引发了公众对乡村公共数字文化的规避行为。

相对于已有的问卷、案例研究方法，扎根理论法在捕捉、凝练多层面的影响因素时更加全面和有针对性，不仅能从经验事实中抽象出新的概念和思想，发现特殊变量，还可以进一步发现影响因素之间复杂的关系链，展现影响因素与结果变量之间的复杂联系，本书将通过田野调查法和半结构访谈法收集资料，并采用扎根理论法分析，在乡村公共数字文化语境中聚焦公众为何产生回避或者推迟公共数字文化服务问题，系统探究乡村公共数字文化服务效能不足的成因，挖掘乡村公共数字文化服务公众信息规避行为的不同影响因素，进而提出针对性的建议，减少公众信息规避行为的发生和发展。本书主要回答以下问题：乡村公共数字文化服务中公众信息规避行为的关键影响因素有哪些，这些因素之间的关联机理是什么。

第二节 乡村公共数字文化服务信息规避行为的研究设计

一 调研点选择

本书选取第四批国家公共文化服务体系示范区（项目）镇江市下辖乡镇作为调查点。目前镇江市已有"文化镇江云""淘文化网""文化镇江"等公众号、PC网站门户、H5微网站、手机App等面向公众开放的公共数字文化服务平台。"文化镇江云"PC端的栏目设置包括文化直播、文化地图、文化志愿者、文化消费、全民艺术普及、公益培训报名等，旨在打造"文化在线"的公共数字文化服务；"淘文化网"侧重于对镇江市各县区线下活动的点播、宣传和展示；"文化镇江"公众号提供文化云、文旅服务、文旅商城三个子栏目。研究团队在实地考察中发现，各乡镇文体中心基本都拥有电脑设备、报刊阅览机，其借还书自动化系统、数字资源系统与县公共图书馆通用，并提供"超星移动图书馆"客户端注册阅读服务，以及音视频资源、特色非遗数字化资源共享服务。作为本次重点调研区域的 Y 镇文体中心总占地面积为 9000 平方米，包含 2400 平方米的室内面积和 3500 平方米的广场面积，室内场馆为三层楼房，室外场馆由篮球场和健身房两部分组成。整个文体中心集办公、图书阅览、电子阅览、文化研究、体育健身等功能于一体[①]，拥有一个"全国示范农家书屋"、季子文化陈列室，非遗文化数字化挖掘和展示已在"文化镇江云"平台有所体现，下设自然村均设有文化体育阵地。Y 镇政府联合文体中心建有微信公众号"丹阳延陵镇"，设有品读、微话、共享三个子菜单，更新内容涵盖党建、文明创建、特色文化宣传、文体活动通知等。

二 数据采集

本书的访谈提纲设计主要借鉴《江苏省公共文化服务体系示范区创建标准（苏南乡镇地区）》《乡镇综合文化站建设标准》《江苏文化共享工程农村乡镇基层服务点建设配置标准》，以及《公共文化服务保障法》中与文化信息资源共享工程、公共电子阅览室等直接相关的乡村公共数字文化建设和服务标准。访谈提纲如表 9-1 所示，主要包含以下内容：基本信息、乡村公众对当地公共文化服务基本情况的了解程度、乡村公众规避公共数字文化服务可能涉及的影响因素。

表 9-1　　　　　　　　　访谈提纲

访谈主题	主要内容
基本信息	年龄、职业、受教育程度、收入水平等
公共文化服务情况	1. 您是否知晓村镇的图书馆或文化中心向群众免费开放？ 2. 您是否去过村镇的图书馆或文体中心？每周去几次？一般需要花费多少时间到达？参与最多的文化活动是什么？您是否满意？ 3. 您是通过哪些渠道了解公共数字文化服务的？ 4. 您是否访问或使用过图书馆或文体中心等公共文化机构的网站、微信公众号、微博、手机 App

---

① 文化在线：《文化镇江云》，http://www.wenhuayunzj.com/frontVenue/venueDetail.do?venueId=8f9a575617fa48ec94d2976f23a711f9。

续表

访谈主题	主要内容
规避行为影响因素	1. 您希望从公共数字文化服务中获取到哪些主题的内容？您使用过哪些功能？目前的服务是否都能够满足您的基本需求？ 2. 您是否能够熟练地使用手机、电脑获取公共数字文化服务？使用过程中遇到问题时，您一般向谁寻求帮助？文体中心的工作人员能否帮您解答疑惑？ 3. 您对本村镇文体中心的数字化设备、空间布局、开放时间安排是否满意？ 4. 您觉得公共数字文化服务给您的生活或者学习带来了哪些变化？您是否会将公共数字文化服务推荐给更多的人？ 5. 您是否使用过其他地区或者相类似的数字服务？相比而言，本地数字文化服务的优缺点有哪些？ 6. 您组织或者参与过哪些公共数字文化服务？给您留下最深刻印象的活动是哪个？ 7. 您对本地公共数字文化服务还有哪些意见和建议？

2019 年 7—11 月，研究团队走访 Y 镇，对乡镇公众开展"一对一"现场访谈，每份访谈时长约 30—45 分钟。为保证访谈样本的代表性，考虑地理环境及人口特征的差异性等因素，所选访谈对象兼顾了不同职业、年龄段、性别、学历等，并且在获得村民同意后对访谈内容录音，同时用笔记录重要信息。访谈结束后对所有形式的资料梳理整合，最终形成完整的文本分析资料。经过筛选，本次访谈共保留 32 名典型公众的访谈资料，基本信息如表 9-2 所示。

表 9-2　　　　　　访谈对象基本情况统计

项目	类别	样本数	比例（%）
性别	男	17	53.13
	女	15	46.87
年龄	18 岁及以下	2	6.25
	19—30 岁	9	28.13
	31—40 岁	8	25.00
	41—50 岁	4	12.50
	51—60 岁	6	18.75
	61 岁及以上	3	9.37

续表

项目	类别	样本数	比例（%）
教育程度	小学及以下	5	15.63
	初中	10	31.25
	高中、中专或职高	11	34.37
	本科	6	18.75
职业	职员	8	25.00
	农民	10	31.25
	个体户	2	6.25
	学生	4	12.50
	警员（城管）	2	6.25
	文体中心工作人员	5	15.63
	志愿者	1	3.12

三 研究方法

扎根理论主要从访谈文本中提取关键核心概念作理论构建，非常适合解释现实中的社会现象。作为探索分析式研究，本书借助质性数据分析工具 Nvivo11，通过开放编码、主轴编码、选择性编码，从收集的原始语句中归纳提炼核心概念与范畴，进一步比较分析原始语料后，对资料和理论分门别类，并建立联系，最终构建具有理论价值的模型。①

第三节 乡村公共数字文化服务信息规避行为研究的过程与结果

本书以#01—#32 作为访谈人员的顺序编号代码，以便进一步对数据作整理和归纳。编码过程即将原始资料作碎片化整理，以新的方式组合，赋予概念化标签，从而界定概念、厘清范畴。在整个过程中，

---

① 李晓凤、余双好：《质性研究方法》，武汉大学出版社 2006 年版，第 185—194 页。

研究人员对所获得的访谈数据作标引，合并交叉或者重复的概念，剔除出现次数少于三次的初始概念。

一 开放式编码

开放式编码文本量较大，编码过程中涉及大量的口语化内容。经过对原始语句的解读和编码，本书最终得到 71 个初始概念（a1—a71），并对从原始资料中提取的初始概念作范畴化，得到 17 个副范畴（A1—A17），编码结果如表 9-3 所示。

表 9-3　　　　　　　　开放式编码过程及结果

范畴	初始概念
A1 生理因素	a1 视觉疲劳；a2 舒适；a3 年龄
A2 素养因素	a4 对新事物的适应速度；a5 对新事物的接受能力；a6 文化水平；a7 信息意识；a8 信息技能
A3 个体兴趣	a9 关注度；a10 认可度；a11 自我提升
A4 认知状态	a12 感知有用性；a13 感知易用性；a14 心理期望；a15 整体感知；a16 刻板印象
A5 情感因素	a17 距离感；a18 吸引力；a19 倦怠感；a20 无聊
A6 人际影响	a21 弱社交关系；a22 心理趋同；a23 角色认同；a24 情境互动需求
A7 传统观念	a25 不安全；a26 易上瘾；a27 不习惯；a28 不实用
A8 宣传推广	a29 知晓情况；a30 宣传力度；a31 宣传形式；a32 宣传内容
A9 文化氛围	a33 日常休闲；a34 学生少；a35 活动举办；a36 手机娱乐；a37 用户结构
A10 自然地理	a38 产业布局；a39 交通工具；a40 位置偏僻
A11 人文空间	a41 开放时间；a42 服务态度；a43 专业技能；a44 规划管理；a45 设施配置
A12 信息效用	a46 相关性；a47 转化成本；a48 生活帮助
A13 信息特征	a49 真实性；a50 丰富度；a51 趣味性；a52 图文搭配；a53 即时性；a54 色彩搭配；a55 页面布局；a56 内容分类
A14 信息服务	a57 个性化；a58 人性化；a59 随时随地；a60 互动需求
A15 网络质量	a61 加载速度；a62 安全性；a63 便捷性；a64 信息搜索；a65 稳定性
A16 技术支持	a66 注册难易度；a67 更新频率；a68 功能满足
A17 网络信任	a69 持久度；a70 信任度；a71 新鲜感

二 主轴编码

在开放编码的基础上，本书再次对 17 个副范畴作关联比较、分类，最终形成个体因素、环境因素、信息因素、技术因素 4 个主范畴（B1—B4），具体内涵如表 9-4 所示。

表 9-4　　　　　　　　　　主范畴编码结果

主范畴	副范畴	范畴内涵
B1 个体因素	A1 生理因素	年龄、健康状况等
	A2 素养因素	对公共数字文化解决实际问题的能力、意识、技能，对新事物的适应能力、速度以及文化程度等
	A3 个人兴趣	对公共数字文化的认可度和关注度等
	A4 认知状态	对公共数字文化的整体感知、评价以及与自己的关联度的认识
	A5 情感因素	接触或者使用公共数字文化服务后产生的心理反应以及情绪变化
B2 环境因素	A6 人际影响	社区生活需要的归属感和认同感对个人选择与决定使用公共数字文化服务的影响
	A7 传统观念	群体性或者社会性规范对公众产生信息规避行为的影响
	A8 宣传推广	文体中心对外宣传公共数字文化的深度、广度、力度等
	A9 文化氛围	社会层面和群体层面的文化气氛和习俗
	A10 自然地理	文体中心所处的地理位置、交通状况等
	A11 人文空间	开放时间的科学性、工作人员服务态度和技能水平、规划管理、设施配置等
B3 信息因素	A12 信息效用	公共数字文化的内容和服务的有用性等
	A13 信息特征	公共数字文化内容的丰富度、趣味性，网页内容和形式等
	A14 信息服务	信息获取渠道的多样性、畅通性和交互性，个性化推送服务等完善情况
B4 技术因素	A15 网络质量	承载公共数字文化服务设备的网络性能
	A16 技术支持	公共数字文化服务中的技术展现程度和方式，功能的可用性等
	A17 网络信任	公众对公共数字文化所依托网络的信任程度

三 选择性编码

选择性编码重在对主轴编码过程中形成的 4 个主范畴作提炼和加工，挖掘核心范畴，构建关系链，将各个范畴有机关联，从而进一步形成主范畴之间的典型关系结构，形成乡村公共数字文化服务情境下的信息规避行为模型。本书使用剩余 6 份原始访谈资料作理论饱和度检验，未能发现新的初始概念、主副范畴和典型关系，所以饱和度检验通过。主范畴之间的关系如表 9-5 所示。

表 9-5　　　　　　　　　主范畴之间的关系结构

典型关系	关系结构	关系结构的内涵
个体因素—>信息规避行为	因果关系	乡村公众的生理状态、信息素养、兴趣倾向、对公共数字文化的整体认知局限性是导致信息规避行为的内部因素
环境因素—>信息规避行为	因果关系	周围人际关系导向、固有的传统观念、宣传推广深浅、文化氛围、地理位置以及人文空间建设是导致信息规避行为的外部因素
信息因素—>信息规避行为	因果关系	公共数字文化内容的有效度、提供内容的方式、内容呈现的形式是导致信息规避行为的外部因素
技术因素—>信息规避行为	因果关系	公共数字文化依托的信息技术、网络的流畅度、网络操作的便捷性、技术的安全可靠性是导致信息规避行为的外部因素
环境因素—>个体因素	调节关系	乡村的文化氛围、人际关系链、文化场所的设定、文化部门宣传推广和人文空间等环境因素会对个人信息素养、兴趣、认知、情感等起到调节作用，促使信息规避行为的产生
技术因素—>个体因素	调节关系	网络质量的优良程度、安全性能、技术的可操作性对于个人信息素养、认知状态的形成具有调节作用
技术因素—>信息因素	调节关系	信息技术的更新换代、系统性能稳定性、功能多样性等直接影响信息的呈现效果
信息因素—>个体因素	调节关系	公共数字文化服务的信息呈现方式、推送形式、内容效用等层面的因素对于公众的个体认知、效能感知、个人情感等有间接的调节作用

第九章 乡村公共数字文化服务中公众信息规避行为及应对

第四节 乡村公共数字文化服务信息规避行为模式的构建

经过开放编码、主轴编码、选择性编码，本书发现个体因素是主要的内部驱动因素，直接决定着信息规避行为方式；信息因素、环境因素和技术因素是外部因素，三个因素之间互相调节、相互作用，既直接影响信息规避行为，同时也作用于个体因素间接影响规避行为。根据此故事线，本书在个体因素、环境因素、信息因素、技术因素4个主范畴及其相互关系的基础上整合形成公众信息规避行为模式，P、E、I、T分别代表个体因素（Person）、环境因素（Environment）、信息因素（Information）、技术因素（Technology），如图9-1所示。关于模型的具体关系和内容的阐述如下。

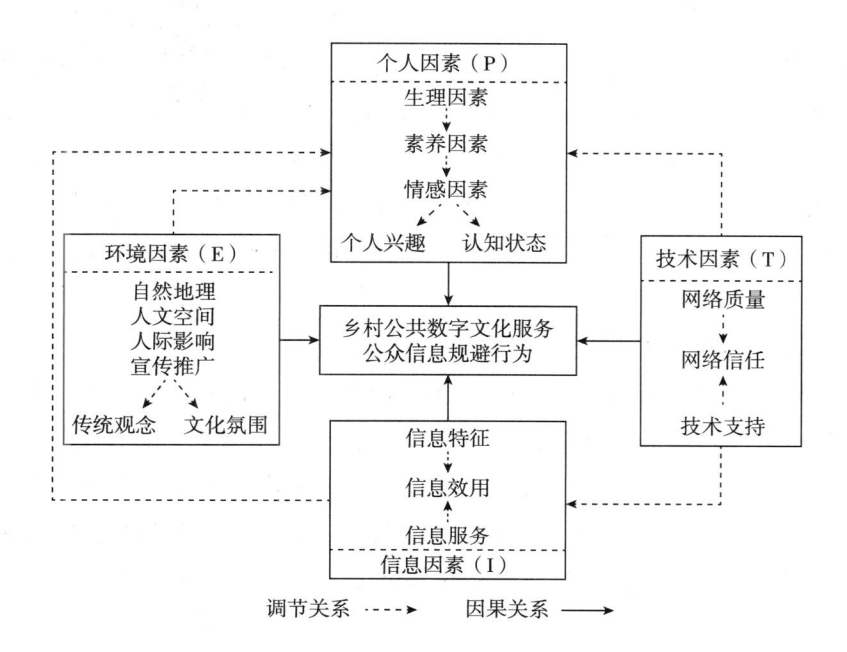

图9-1 乡村公共数字文化服务信息规避行为模式

一 个体因素

个体因素包括生理因素、素养因素、情感因素、个人兴趣、认知状态五个方面。个体因素是公众信息规避行为产生的关键因素，是内部动因。生理因素是指公众的年龄、视觉易疲劳等生理上产生的不舒适导致的规避行为，对素养因素起着调节作用，个别乡村公众因为年龄大而对公共数字文化等新事物视而不见，消极地满足于原有的文化服务，对于公共数字文化服务无动于衷。比如，#31："我还是喜欢看纸质的东西，现在眼神越来越不好，听听广播还行，看手机上的字太累了"。可见想要改变长期生活在非数字化背景下乡村公众的信息使用习惯和使用偏好存在困难。素养因素是指个人接受教育程度较低而缺乏利用现有公共数字文化服务解决实际问题的意识和能力。乡村公众自主学习意识不强，表现为对新形式文化的适应能力较慢，又因为素养不够、学习能力较弱而对公共数字文化服务自动规避。比如，#01："我才小学学历，那些东西我从来也不接触，也不需要，看看报纸就够了"。信息素养也影响公众情感，乡村公众信息素养教育一直处于被关注的边缘[1]，使用意识和动机的缺乏减弱了数字文化对公众的吸引力，倦怠和无聊的情感阻碍了继续使用的兴趣和进一步的认知，认知状态和个人兴趣无法得到开拓和挖掘，导致乡村公众对数字文化晦涩难懂、与己无关的刻板印象难以消除。总而言之，个体维度的负面因素影响着公众自身对公共数字文化服务的使用，易诱发信息规避行为。

二 环境因素

环境因素是公众信息规避行为框架的重要外部动因，对个体维度负面因素的产生有重要的调节作用。环境因素可以分为自然地理、人文空间、人际影响、宣传推广、传统观念、文化氛围六个方面。公共文化机构所处的地理位置较为偏僻、交通不畅等因素会直接阻碍公众使用数字文化服务的意愿。文化机构除了考虑选址，还要考量开放时

---

[1] 刘丽：《农民：信息素养研究领域被忽视的群体——对国内研究现状的思考》，《情报科学》2012年第10期。

第九章 乡村公共数字文化服务中公众信息规避行为及应对

间是否能满足公众利用业余时间作文化补给的现实需求,以及工作人员的服务态度、数字化设施配置、内部空间规划管理是否能体现人文主义关怀。从目前的调研来看,Y镇行政人员认为文化管理无须高学历人才,只要能完成日常办公即可,走访中也发现电子阅览室工作人员态度很强硬,对于公众的提问表现出明显的不耐烦情绪,公众在使用过程中遇到的问题无法得到有效的解决。与城市相比,乡村的邻里关系更为密切,对于集体活动更为热衷,因而人际关系是公共数字文化使用与否的重要影响因素。比如,#11:"网上有我们自己办的这些文化活动的视频?我觉得没啥意思,我还是喜欢和大家一起去看这些活动,就像广场舞一样,得一起才有意思"。宣传推广是环境因素中的核心要素,因宣传推广不到位而产生的文化服务缺口广泛存在于乡村数字文化服务中。① 比如,#02:"说实话我们也没这些需求,如果说他们宣传的话,或者组织去看一下、用一下,我们可能会去体验一下,如果确实好,我也会告诉我的家人朋友们,一传十、十传百不就好了吗,但是我没发现有人组织过这个活动,也不知道具体什么情况"。宣传推广对传统观念和文化氛围形成有一定的影响作用。传统观念是乡村公众所确立的一种标准化观念,体现为一种群体或者社会性规范。乡村公众广泛接受的观念虽然不同于法律规章等明文规定,但仍然会对公众的判断和态度产生一定的影响,进而促使公众采取类似的行为以保持与群体的一致性。一直以来公众所接受的公共数字文化服务不安全、不实用、易上瘾等传统观念限制了公众对公共数字文化的接纳心理和使用的可能性。另外,在乡村公共数字文化服务情境下,公共文化的物理空间以及相关的物理设施对公众之间的互动性影响较弱,但特定文化环境下形成的文化氛围和独特的文化体验对公众的信息行为有重要影响。②

---

① 汝萌、李岱:《我国公共数字文化服务使用情况调查研究》,《图书馆建设》2017年第2期。
② 王国华、张玉露:《我国乡村公共文化空间对村民人际互动的影响——基于河南省部分文化大院的调查》,《调研世界》2019年第5期。

三 信息因素

信息因素与公共数字文化服务密切相关，是公众信息规避行为产生的直接影响因素，同时也受到技术因素的调节。信息因素分为信息特征、信息服务、信息效用三个子因素。其中信息特征中内容的丰富度、真实性、图文搭配的条理性、色彩搭配的舒适度，信息服务能否实现个性化推送来满足公众的互动和交流需求等，会影响到公众对于公共数字文化的整体感知有用性及使用效用，所以信息特征和信息服务对信息效用起调节作用。在使用网站时，多数人会浏览页面以寻求能触动他们的内容，当他们浏览到重要信息时才会停下来仔细阅读，如果信息混杂无秩序就无法让公众快速锁定有效信息。比如，#10："这个公共数字文化网我以前没用过，基本上也用不到。我现在打开看了一下，马上就想退出了。我觉得这个网站的颜色也太奇怪了吧，反正我看了不太习惯，不太符合我的审美……"。可见，信息特征因素会直接影响公众对于公共文化的感知，因此需建设多种形式的公共文化服务平台，拓展各地区公共数字文化共建共享能力云。[①] 从微观设计上说，信息层面更加注重公众体验，国家公共数字文化网、国家公共文化云作为我国公共数字文化领域国家级信息工程，已经开始重视公众体验[②]，公共文化服务示范区的信息服务上更应满足公众差异化需求，而目前的公共文化服务在智能化和精准化方面还有很大的提升空间。比如，#13："现在工作压力这么大，时间这么紧迫，我们没空把时间浪费在找自己想要的信息上，信息堆叠得太多了，现在不是都有个性化推送吗？这个网站感觉好原始"。此外，国家公共数字文化网和国家公共文化云平台虽已经投入使用并初有成效，但是与企业运营的网站和 App 在形式和内容上还存在一定的距离。我们在作调研时发现，公共数字文化服务在同类型的信息服务中还没有形成明显的功能优势，而服务效用是保持乃至提高使用黏性的基础，公众会更倾

[①] 白晶等：《基于公众满意度的政府公共文化信息服务研究》，《情报科学》2019 年第 9 期。

[②] 戴艳清、戴柏清：《中国公共数字文化服务平台用户体验评价：以国家数字文化网为例》，《图书情报知识》2019 年第 5 期。

第九章 乡村公共数字文化服务中公众信息规避行为及应对

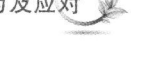

向于采纳其他符合期望的同质服务而放弃对公共数字文化服务的持续性使用。

四 技术因素

公共数字文化服务需要依托信息和网络技术的支持和维护。技术因素对信息因素具有显而易见的调节作用，对个体信息因素也有间接影响。从框架可以看出，技术因素包括网络信任、网络质量、技术支持三个更细微的层面。公共数字文化服务网站和 App 等在网络环境中提供公共文化内容的网络化和数字化服务，以云计算、物联网、大数据等最新的技术为支撑，能有效地把分散于全国的公共数字文化资源统一整合，进而将服务推向更高的层次[1]，同时公众的实际需求、对技术的感知和态度，以及行为意向因素都需要被纳入考虑范围[2]。在访谈过程中有公众对网络服务质量产生了质疑。比如，#14："不知道是不是因为我的手机还是网页的问题，有些图片都加载不出来，中间是空白的"。网站的加载速度和网页的稳定性影响了公众对于公共数字文化服务的使用，进而增加了信息规避的可能性。通过网站和手机 App 获取数字文化服务的技术难度也是重要的因素，有公众反映注册了三次都没有及时获取到验证码，半小时后才陆续收到验证码，而有些功能的使用必须通过注册才能生效，这也导致公众放弃了对服务的使用。此外，还有一些规避行为的发生是公众出于安全方面的考虑，对网络信息缺乏信任感。比如，#02："我在使用电脑、手机的时候收到过一些诈骗电话和骚扰电话，虽然我全部都挂掉了，但是我不想有这种困扰，注册这个平台要填一些信息，我担心我的信息被泄露"。网络使用中长期存在的信息安全隐患同样影响公众对公共数字文化服务环境的认识，乡村地区的数字移民对于网络的信任程度更加薄弱，更容易诱发信息规避行为。

---

[1] 魏大威：《浅析公共数字文化工程融合创新发展》，《图书馆理论与实践》2019 年第 8 期。

[2] 王锰等：《公共数字文化服务的用户接受模式研究》，《图书馆学研究》2018 年第 2 期。

第五节 乡村公共数字文化服务信息规避行为的研究发现

本书对国家公共文化服务示范区江苏省镇江市乡镇服务点作田野调查，对公众展开深度访谈，运用扎根理论对收集的现场资料作概念提炼，探讨公共数字文化服务中信息规避行为背后的深层次因素及其作用机理，构建PEIT公众信息规避行为影响因素模式，得到以下结论：

（1）乡村公共数字文化服务中公众信息规避行为的形成主要是受到个体因素、环境因素、信息因素、技术因素的共同影响。其中个体因素是主要的影响因素，公众对于公共数字文化的刻板印象、使用公共数字文化的技能和意识直接关系着公众的使用倾向。其余的外部因素则无形中影响了公众的认知，也具有调节关系或产生直接影响的作用关系。

（2）乡村公众的群体特质主导着公众信息规避行为倾向。乡村公众中务农和务工的人口占比较大，这部分公众教育水平较低，主动获取公共数字文化服务的文化需求较小，相比而言他们更加关注庄稼的收成情况以及最近的经济压力。在为数不多的文化需求和文化活动中，他们往往更加倾向于参与群体文化活动，这些群体活动的组织和参与比较符合乡村的文化传统和人文传承，而对于公共数字文化服务的接受是一个循序渐进的过程。

（3）乡村根深蒂固的文化环境对于公众信息规避行为有重要影响。乡村公众对于文化吸收和传承多依赖人际环境，从而产生了特定的文化群体和文化部落。公共数字文化打破了这种根深蒂固的文化交流形式，但服务访问率低，乡村公共数字文化氛围较难形成。乡村公共文化机构服务人员的宣传方式没有与数字时代同轨，有些机构距离居民区较远，这就不经意间给公众到访设置了障碍。此外，乡村公共文化机构存在的一些设施设备单一、空间规划不合理、开放时间不科学等内部服务环境缺陷,也降低了乡村公众的使用积极性。

(4)公共数字文化服务所依托的技术环境影响公众的使用体验,对于公众信息规避行为的产生有重要影响。技术环境包括承载公共数字文化服务的网络性能,公共数字文化服务中的技术展现形式和展现程度,推送技术和功能的可用性,公众个人信息的安全保障。网络的流畅程度对于公众持续使用还是规避使用有直接影响,此外网站页面的设计缺陷易导致公众的整体浏览体验感不佳,影响使用兴趣。因此,技术支持对于乡村公众接受公共数字文化服务有重要的保障作用。

(5)公共数字文化内容的种类、性质、真实性、个性化等内在特征是公众选择公共数字文化服务的重要依据。公共数字文化服务内容与公众生活的相关性、内容的丰富程度、趣味性,以及公众获取数字内容的渠道、有无个性化推送服务等都是与信息规避行为有关的信息因素。公共数字文化服务的资源和内容是服务的内核,如果内容无法满足乡村公众的基本信息需求,公众极大可能会放弃使用此服务而去使用可替代的相似服务。

第六节 乡村公共数字文化服务信息规避行为的生成逻辑

本书认为,目前公众信息规避行为的研究方法相对单一,定性比较分析法(QCA)为我们研究由复杂多因素构成的公众信息规避行为提供了新的解决方案,无论是在乡村公共数字文化服务的因素组态分析,还是降低公众信息规避行为的针对性策略提炼方面都比较适用。本书将采用定性比较分析工具,从变量组态视角研究解决乡村公共数字文化服务背景下哪些因素组配会影响公众信息规避行为,以及采取哪些措施可减少或者预防公众信息规避行为的发生。

一 变量确定

依据社会认知理论、压力应对理论以及已有研究成果,本书最终确定公众信息素养、文化氛围、服务质量、平台质量、信息质量为前因变量，公众信息规避行为为结果变量，各变量在本书中的具体含义如下：

（一）公众信息素养（IL）

基本的信息意识和信息能力是公众使用乡村公共数字文化服务的内生要素。社会认知论中的个人认知和自我评价是公众信息素养的体现。在乡村公共数字文化服务中，信息意识能帮助公众对信息作甄别，并判断信息价值；信息能力则使公众通过各种工具完成公共数字文化服务使用。[1] 比如，由于乡村地区信息网络的不完善，乡村公众的信息意识和数字技术能力处于弱势[2]，表现出信息素养不足，会限制其对公共数字文化服务的全景化感知和熟练使用。

（二）文化氛围（CA）

文化氛围会潜移默化地影响个体的思维和行为，周围人对某一事物的认知会影响个体的判断。[3] 有研究表明，乡村公共文化空间所营造的文化氛围对公众互动有持续深刻的影响。[4] 根据乡村的人文环境，公众倾向于从周围人际关系中获取意见信息，公共数字文化整体的使用习惯、使用氛围会对其他潜在公众用户或者新用户的使用意愿起到一定的引导作用。

（三）服务质量（SQ）

大部分互联网企业通过各种信息媒介以市场营销的方式向公众宣传其产品，公众接受新兴信息的外部来源包括电视、广播、网络、报纸等大众媒体。乡村公共数字文化服务虽然不具有排他性特征，但在文化载体多元化时代，宣传力度、服务态度、服务方式都会影响公众

---

[1] 徐艳：《基于信息素养视角的碎片化阅读行为实证研究——以图书馆微信平台为例》，《情报科学》2017年第3期。

[2] 闫慧、刘济群：《农村数字化贫困群体的ICT接受行为研究——中国六省市田野调查报告》，《中国图书馆学报》2016年第3期。

[3] Shen Y. C. et al., "Virtual Community Loyalty: An Interpersonal-interaction Perspective", *International Journal of Electronic Commerce*, Vol. 15, No. 1, 2010.

[4] 王国华、张玉露：《我国乡村公共文化空间对村民人际互动的影响——基于河南省部分文化大院的调查》，《调研世界》2019年第5期。

对乡村公共数字文化服务的选择，线上线下的服务质量对公众的信息行为有重要影响。[①]

（四）平台质量（PQ）

公共数字文化资源的存储、组织、传播利用过程都依托特定平台。无论是哪一种面向社会公众的公共文化服务网站都可以从网站的设计感、信息质量、服务流畅感等角度来测量系统质量[②]，不同的网站会依据受众特点有的放矢地提高公众黏度。网络环境下优质的乡村公共数字文化服务体验不仅包括平台资源和服务的可用性，还包括互动交流共享时公众对服务平台的感知[③]。公共数字文化服务平台的信息上传和下载，以及信息分享功能也会影响公众对个性化、及时性服务互动的体验满足感。

（五）信息质量（IQ）

感知价值理论认为情感价值是除功能价值外，能留住公众的重要价值[④]，这与公众的直观体验感息息相关。公共数字文化是精神文明的重要组成部分，公共数字文化的趣味性、娱乐性和文化魅力也是影响公众信息规避行为的重要指标，公众使用公共数字文化服务后对信息质量的感知会影响其持续使用的意愿，若没有达到预期，很可能会降低使用积极性。[⑤]

（六）公众信息规避行为（IA）

信息规避行为的发生与否是衡量信息环境与公众之间是否协调的重要标准。乡村公众缺乏数字化能力、数字化努力，以及数字化情境

[①] 杨嘉骆：《精准视域下我国贫困地区公共图书馆服务质量实证研究》，《图书馆工作与研究》2019 年第 11 期。

[②] 韦雅楠等：《智媒体环境下企业与用户信息交互意愿影响因素与实证》，《现代情报》2020 年第 3 期。

[③] 戴艳清：《基于用户体验的公共数字文化服务营销研究论纲》，《情报资料工作》2017 年第 1 期。

[④] Zeithaml V. A., "Consumer Perceptions of Price, Quality, and Value: A Means – End Model and Synthesis of Evidence", *Journal of Marketing*, Vol. 52, No. 3, 1988.

[⑤] 高馨、李晓彤：《基于用户行为数据分析的公共图书馆微信服务——以"数字图书馆推广工程"微信公众号为例》，《图书馆杂志》2020 年第 6 期。

和社会支持会导致数字化贫困①,使其忽视或者放弃对公共数字文化服务的使用,从而导致信息规避行为的发生。

二 数据收集与处理

(一) 样本采集

本书以定点田野调查、委托乡村公共文化服务机构同行定向收集、来自乡村的本科生在家乡调研等方式采集数据。考虑到数字化贫困因素的影响,有些乡村公众没有条件接入本地公共数字文化服务,或者有条件接入但并没有使用服务,或者偶然接入或使用,但没有形成有效的持续使用行为,本书设定了任务情境,在乡村公共数字文化服务点协助乡村公众通过数字设备使用资源、服务,了解数字活动等,进而以访谈形式完成数据采集。

调查于2020年6—7月完成,最终选用典型性和代表性样本255份。量表内容具体包括:第一部分是人口统计学信息,主要包括:性别、年龄、学历、职业、所在区域、数字文化的使用经历、与本地公共文化服务点的距离。第二部分则是运用李克特7点量表设计的前因变量和结果变量的测项。由于研究中的公众信息规避行为属于负向的不再使用行为,在量表设计时都采取了否定的表述以保持一致性,比如信息质量变量中的"服务不能给学习、生活带来乐趣"题项,若公众选择"有点同意""同意""非常同意",则说明公众认为当地的公共数字文化服务的趣味性缺失,其余问项以此类推,具体测度题项见表9-6。第三部分是开放性题项,收集公众对于本地公共数字文化的建议和期望,作为研究的补充材料。

表9-6　　　　　　　　量表测度题项及来源

变量名	变量内涵	测项描述	参考来源
公众信息素养	信息查找	我不认为公共数字文化服务能使查找信息变得更容易	
	问题解决	我想不到使用公共数字文化服务来解决问题	

---

① 闫慧、闫希敏:《农民数字化贫困自我归因分析及启示——来自皖甘津的田野调查》,《中国图书馆学报》2014年第5期。

第九章 乡村公共数字文化服务中公众信息规避行为及应对

续表

变量名	变量内涵	测项描述	参考来源
公众信息素养	个体发展	我不认为公共数字文化服务对个人发展有利	杨永生[1]；徐艳[2]
	搜寻技巧	我在网上不容易找到需要的信息	
	独立使用	我不能独立使用手机、电脑设备或平台	
	需求表达	我不知道如何表达自己的需求来解决生活问题	
文化氛围	了解程度	我不了解公共数字文化服务	Shen 等[3]；王国华、张玉露[4]
	时间成本	我没有时间去使用公共数字文化服务	
	使用频率	我很少使用公共数字文化服务	
	兴趣偏向	我对公共数字文化服务不太感兴趣	
	文化习惯	我身边很少有人使用公共数字文化服务	
	介绍推荐	我身边很少有人介绍或推荐公共数字文化服务	
	相似服务	我身边的人都在使用类似的更好的数字文化服务	
服务质量	服务态度	服务人员的态度不太好	杨嘉骆[5]
	服务形式	服务形式比较单一	
	服务效果	服务不能解答我遇到的问题	
	宣传力度	很少或根本不举办宣传活动	
	宣传方式	服务的宣传形式和宣传内容不满意	
平台质量	互动功能	数字文化服务不能满足我的互动需求	
	互动界面	数字文化服务平台的交互界面不易操作	
	互动形式	服务平台的互动形式（下载、分享、上传）单一	
	平台排版	服务平台排版不美观（色彩搭配、图文搭配、页面布局）	
	平台性能	服务平台容易卡顿（下载速度慢、难注册）	
	平台分类	服务平台分类不简洁，无法有效查询信息	

---

[1] 杨永生：《信息素养内涵工具观的评价》，《现代情报》2006 年第 6 期。

[2] 徐艳：《基于信息素养视角的碎片化阅读行为实证研究——以图书馆微信平台为例》，《情报科学》2017 年第 3 期。

[3] Shen Y. C. et al., "Virtual Community Loyalty: An Interpersonal-interaction Perspective", *International Journal of Electronic Commerce*, Vol. 15, No. 1, 2010.

[4] 王国华、张玉露：《我国乡村公共文化空间对村民人际互动的影响——基于河南省部分文化大院的调查》，《调研世界》2019 年第 5 期。

[5] 杨嘉骆：《精准视域下我国贫困地区公共图书馆服务质量实证研究》，《图书馆工作与研究》2019 年第 11 期。

续表

变量名	变量内涵	测项描述	参考来源
平台质量	平台服务	服务平台不能提供个性化信息服务	韦雅楠等[1] 戴艳清[2]
信息质量	信息属性	服务不是良好的娱乐等来源	高馨、 李晓彤[3]
	资源功能	服务不能给学习、生活带来乐趣	
	娱乐效果	服务很无聊、枯燥	
	丰富生活	不能打发时间，不能丰富文化生活	
	信息数量	有用信息较少，不能解决自身问题	
	意义导向	服务在自己生活中意义不大	
规避行为	拒绝推荐	使用服务后，我没有向别人推荐的想法	Sweeny 等[4] Fuertes 等[5]
	服务替代	使用服务后，我倾向于使用其他相似的更好的服务	
	解除关联	使用服务后，我不会再与服务产生联系	

（二）样本基本特征

根据农村互联网发展状况研究报告[6]，我国农村地区20岁以下、20—29岁、30—39岁、40—49岁、50岁以上的网民比例分别是25.70%、26.70%、25.00%、14.70%和7.80%，初中、高中/中专/技校学历的网民占比73.30%。就职业来说，学生网民占比24.20%，自由职业者、农林相关的劳动者以及失业下岗人员比率分别占23.60%、

---

[1] 韦雅楠等：《智媒体环境下企业与用户信息交互意愿影响因素与实证》，《现代情报》2020年第3期。

[2] 戴艳清：《基于用户体验的公共数字文化服务营销研究论纲》，《情报资料工作》2017年第1期。

[3] 高馨、李晓彤：《基于用户行为数据分析的公共图书馆微信服务——以"数字图书馆推广工程"微信公众号为例》，《图书馆杂志》2020年第6期。

[4] Sweeny K. et al., "Information Avoidance: Who, What, When, and Why", *Review of General Psychology*, Vol. 14, No. 4, 2010.

[5] Fuertes M. C. M. et al., "The Moderating Effects of Information Overload and Academic Procrastination on the Information Avoidance Behavior among Filipino Undergraduate Thesis Writers", *Journal of Librarianship and Information Science*, Vol. 52, No. 3, 2020.

[6] 中国互联网信息中心：《中国农村互联网发展调查报告》，http://www.cnnic.net.cn。

15.80%和9.00%,外出务工人员占比达到4.20%。本书样本的性别较为平衡,学历以初高中为主,各年龄段均有覆盖,职业以个体经营人员、务农/务工人员、下岗人员以及学生为主,东中西部地区均有涉及,总体上与农村统计数据一致。同时,可以发现乡村公众获取信息的主要渠道虽为熟人介绍,但是通过社交媒介获取信息的公众比率超过从传统媒介、政府宣传渠道获取信息的公众。样本信息如表9-7所示。

表9-7 样本基本情况统计

项目	类别	样本数	比例(%)
性别	男	128	50.20
	女	127	49.80
年龄	20岁及以下	50	19.61
	21—30岁	52	20.39
	31—40岁	56	21.96
	41—50岁	64	25.10
	51岁及以上	33	12.94
学历	小学及以下	20	7.84
	初中	98	38.43
	高中/中专/技校	73	28.63
	大专/本科及以上	64	25.10
职业	企业/公司职员	27	10.59
	公务员/事业单位人员	23	9.02
	个体经营人员	45	17.65
	务农/务工人员	76	29.80
	学生	55	21.57
	离退休人员	7	2.75
	无业/下岗/失业人员	19	7.45
	其他	3	1.18
地区	东部省份	92	36.08
	中部省份	83	32.55
	西部省份	80	31.37

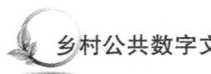

续表

项目	类别	样本数	比例（%）
获取信息渠道	社交媒体	72	28.24
	熟人介绍	77	30.20
	广播电视、报纸	55	21.57
	政府宣传	51	20.0

（三）数据赋值与校准

在定性比较分析中，模糊集 fsQCA 避免了二分或者三分类数据的局限性，对于进一步处理量表类数据的程度变化以及部分隶属问题的适用性更强，本书运用 fsQCA3.0 工具完成后续数据处理。

数据校准是正式处理数据前的首要任务。由于变量所对应的并非单一问项，在数据校准前先对各个变量的测项数据取均值，将均值作为各变量的初始数值。本书将李克特 7 点量表中的"7"值设定为完全隶属，"4"为交叉点，"1"为完全不隶属[①]，使用 fsQCA 把问卷初始数值转换为 0—1 的模糊得分，校准后的变量加上"fs"后缀加以区分。

（四）条件的必要性检测

在确定各个样本的模糊隶属程度之后，通过对各个变量作必要性检验来确定导致结果发生的必要条件。一般认为前因变量的必要性结果的一致性取值达到 0.90 时，此变量就是必要条件，检测结果如表 9 - 8 所示。

表 9 - 8   条件的必要性分析

条件变量	结果变量 IAfs		条件变量	结果变量 IAfs	
	一致性	覆盖度		一致性	覆盖度
ILfs	0.80	0.73	~ ILfs	0.72	0.80

---

① Fiss P. C., "Building Better Causal Theories: A Fuzzy Set Approach to Typologies in Organization Research", *Academy of Management Journal*, Vol. 54, No. 2, 2011.

续表

条件变量	结果变量 IAfs 一致性	结果变量 IAfs 覆盖度	条件变量	结果变量 IAfs 一致性	结果变量 IAfs 覆盖度
CAfs	0.90	0.74	~CAfs	0.70	0.88
SQfs	0.85	0.79	~SQfs	0.79	0.85
PQfs	0.86	0.84	~PQfs	0.84	0.86
IQfs	0.82	0.85	~IQfs	0.87	0.84

注："~"指逻辑非。

由表9-8的数据可以看出，五个条件变量的一致性值都不高于0.90，表明单一条件变量不是结果变量的重要必要条件。因此，需要进一步分析五个条件变量的组合路径对公众信息规避行为这一结果变量的影响。

（五）真值表构建

构建真值表是对结果变量作充分性分析，识别与结果相对应的条件变量的所有可能的逻辑组合。一般而言，在中样本或者大样本分析时，案例阈值≥1，原始一致性≥0.75。本书将一致性大于阈值的组合赋值为1，小于阈值的组合赋值为0，真值表运算结果如表9-9所示。

表9-9　　　　　　　　　　真值表构建

ILfs	CAfs	SQfs	PQfs	IQfs	IAfs	样本数	原始一致性	结果编码
1	1	0	1	1	1	3	0.95	1
0	0	1	1	1	1	2	0.95	1
0	1	1	1	1	1	13	0.94	1
1	1	1	0	1	1	6	0.94	1
1	1	1	1	1	1	50	0.92	1
1	1	0	1	0	1	2	0.92	1
1	1	1	1	0	1	11	0.91	1
1	0	0	1	0	1	4	0.91	1
0	1	1	0	0	1	2	0.89	1

续表

ILfs	CAfs	SQfs	PQfs	IQfs	IAfs	样本数	原始一致性	结果编码
1	1	1	0	0	1	4	0.89	1
1	0	1	0	0	1	2	0.88	1
0	0	1	0	0	1	3	0.88	1
0	1	0	0	0	1	2	0.85	1
1	1	0	0	0	1	27	0.82	1
1	0	0	0	0	0	25	0.76	1
0	0	0	0	0	0	16	0.73	0

（六）变量的标准化组态分析

使用 fsQCA3.0 作标准化分析之后，本书得到简约解、中间解和复杂解，并将出现在简约解和中间解中的前因条件视为核心条件，仅出现在中间解的前因条件为边缘条件。同时基于各个解的特征以及研究经验，本书对中间解作分析。表9-10 即为五个影响因素对乡村公共数字文化服务公众信息规避行为的组态分析结果。在表中，● 表示条件存在，⊗ 表示条件否定或不存在，●表示核心条件存在，⊗表示核心条件否定或不存在，空白表示条件可有可无。

表9-10　　　　　　　乡村公众信息规避行为构型

变量	IAfs 组态结果						
	路径1	路径2	路径3	路径4	路径5	路径6
ILfs			●	●	●	⊗
CAfs	●		●	●		
SQfs		●	●		⊗	●
PQfs	⊗	⊗		●	●	●
IQfs	⊗	⊗			⊗	●
原始覆盖度	0.530	0.493	0.699	0.689	0.455	0.597
唯一覆盖度	0.035	0.004	0.007	0.011	0.010	0.052
解的一致性	0.772	0.839	0.864	0.884	0.898	0.933
组合一致性	0.766						
组合覆盖度	0.846						

以上六条路径的组合一致性为 0.766，每条路径的一致性都大于阈值 0.75，一致性较好。中间解的组合覆盖水平为 0.846，说明所得到的结果能够解释说明乡村公共数字文化服务公众信息规避行为中 84.60% 的样本情况。六条路径中核心条件有所差异，但最终达到殊途同归的效果。

第七节　乡村公共数字文化服务信息规避行为的应对策略

鉴于多重因素对信息规避行为存在影响，结合社会认知理论，根据不同路径所展现的特点，本书归纳了三种公众信息规避行为类型。本书认为可从以下方面着手减少乡村公共数字文化服务中的信息规避行为，改善公众对公共数字文化的弱参与状况[1]，拓展公众使用乡村公共数字文化服务的深度和广度。建议如下：

路径 1（CAfs × ～IQfs × ～PQfs）和路径 2（SQfs × ～IQfs × ～PQfs）有共同的条件变量 ～IQfs × ～PQfs，路径可表示为：非平台质量×非信息质量×（文化氛围+服务质量）。信息质量和平台质量两个要素不存在时，公众会因为感受不到浓郁的数字文化氛围或者工作人员来提供优质服务而放弃对公共数字文化服务的采纳和使用，从而导致公众信息规避行为。日常生活中，工作人员之外的公众由于没有任务需求，对公共数字文化服务的关注度较低，很难形成关注文化动态的习惯，以及将公共文化服务平台作为一种文化传播媒介的意识，乡村地区缺乏文化消费气氛，加上"空心化"问题，文化场所的人气较低。[2] 乡村公众本身所具有的文化基础与数字文化特性存在冲突也

---

[1] 李少惠、赵军义：《农村居民公共文化服务弱参与的行动逻辑——基于经典扎根理论的探索性研究》，《图书与情报》2019 年第 4 期。

[2] 徐望：《营造农村文化消费氛围》，《中国国情国力》2020 年第 4 期。

不利于其对公共数字文化服务的选择①。公众可能并不会因为软硬件设施的改变而直接改变原先的文化选择习惯，其更需要一个合适的氛围和人际因素来引导认知。另外，乡村公众对于服务的使用还受质量因素的影响。若服务无法满足公众的实际文化需求，会导致满意度大打折扣，从而引发公众信息规避行为。基于以上分析，可以看出文化氛围和服务质量侧重于人文环境营造，属于"人文环境导向型"公众信息规避行为路径。

针对"人文环境导向型"的乡村公众，营造文化环境是保障，需要重点关注乡村公共文化机构文化氛围的营造和服务质量的优化。文化场景理论认为文化环境是文化参与和文化表达的载体，乡村公众的文化参与率与文化环境显著相关。② 文化氛围的形成依赖公共数字文化服务的持续推进和政策支持，这对公共文化服务主体提出了较高的要求。具体策略如下：①优化文化宣传和服务形式。文化的宣传需要常态化开展，可以适当吸收数字图书馆阅读推广和文化营销的经验，因地制宜做出变革，平衡时代感和地域感之间的关系，将节日化宣传与日常化普及结合起来，潜移默化地将公共数字文化氛围营造起来。比如，在橱窗贴海报的方式太过陈旧，可以利用大众媒体在人口密集区设置 LED 屏，投放公共数字文化服务的使用过程视频，用通俗易懂的视频内容向公众介绍服务内涵和应用。各文化服务机构在作统筹规划的过程中，应针对不同合作受众特点，加强与电视、微信、广播等媒体的联合推广。在宣传和推广服务过程中，乡村公共文化机构可与当地的中小学加强合作，形成人才互通、资源共享的新局面，为公共数字文化的使用营造良好的环境，从而增强公众的信息使用意识，达到减少规避行为的目的。此外，开放时间合理化也很重要。当前公共文化服务还带有较强的行政属性，开馆时间与公众有限的休闲时间不甚吻合，文化机构在听取民意的前提下可适当调整开馆时间，错时开

---

① 刘娜：《重塑与角力：网络短视频中的乡村文化研究——以快手 App 为例》，《湖北大学学报》（哲学社会科学版）2018 年第 6 期。

② 陈波、侯雪言：《公共文化空间与文化参与：基于文化场景理论的实证研究》，《湖南社会科学》2017 年第 2 期。

放，为公众创造便利和充足的文化服务使用环境。②增强数字文化临场感。计算机设备运行缓慢、设施配备不全、设施布局混乱等问题会降低公众的使用体验，乡村公共文化机构需要将基础设施维护常态化，软硬件设备设施定期更新、维护、维修甚至更换。在此基础上，乡村公共数字文化资源库着重突出数字资源的地域特色，吸引乡村公众加大对数字文化服务的支持和关注。乡村也可以构建"数字学习中心""数字文化休闲空间"等数字公共文化服务圈，达到智慧化的临场感知效果，让公众从对数字文化的新鲜感逐渐转变为一种文化选择的习惯。③创新数字文化服务共创机制。乡村公共数字文化服务供需不平衡，公众与数字文化的情感联系薄弱，认可度和涉入度较低，不利于良好文化习惯和文化氛围的形成。文化活力的激发不在于"送文化"而在于"参与感"，以提升公众的数字文化参与感作为公共文化建设思路，有助于提高潜在公众和现实公众感知的公共数字文化服务与个人深层次需求的相符程度。

路径3（ILfs × CAfs × SQfs）、路径4（ILfs × CAfs × PQfs）和组合路径5（ILfs × ～SQfs × ～IQfs × PQfs）包含共同的条件要素ILfs，即公众信息素养，但每条路径又有各自的核心要素。在乡村公共数字文化服务中，以三大文化共享工程为依托的公共数字文化服务本着文化惠民的目标，满足着信息人的基本诉求。[①] 然而，当前乡村公共文化建设的理念与乡村社会变迁存在不平衡现象，乡村公众的文化主体性作用发挥不足。尽管网络的普及让乡村公众越来越认识到信息和知识的重要性，但是受限于教育水平，他们对数字文化服务的利用层次及水平不高。[②] 组合路径3凸显的是文化氛围和服务质量与公众信息素养的组合，较差的文化环境和不成熟的服务机制导致处于信息边缘的公众无法突破屏障，完成从信息贫困到信息富有的转变。组合路径4是公众信息素养、文化氛围和平台质量的组合，其中平台质量侧重技

---

① 张新明等：《以人为本的信息生态系统构建研究》，《情报理论与实践》2007年第4期。

② 孙红蕾等：《信息生态视域下新市民信息贫困成因及应对策略》，《图书与情报》2016年第1期。

术层面的因素。对于接收和获取信息较为困难的公众，他们对数字化环境本就不太熟悉，如果平台质量太过烦琐或者经常报错，再加上没有足够的吸引力，就会导致公众产生信息规避行为。路径5也有相似之处，没有平台质量的加持，如果服务质量和信息质量又缺位，则容易引发信息规避行为。鉴于这三条路径虽各有侧重，但都与公众信息素养相关，我们将其归纳为"素养导向型"公众信息规避行为。

  针对"素养导向型"的乡村公众，乡村公共文化服务机构需要侧重公众信息素养教育的持续性开展，发挥专业人员的引领作用，提升核心服务能力。服务能力差和服务持续供给能力弱是当前乡村地区数字文化服务存在的较为普遍的问题。工作人员是各项文化活动的主导者，乡村公共文化机构可充分调动工作人员的积极性和行动能力，促进形成与乡村公众良性互动的局面。具体可从以下方面推进：①丰富教育形式，注重文化素养培育的普及性与适用性。乡村公共文化机构可以利用公共文化空间循序渐进地开展公众培训，提高公众的信息意识和技能；并定期举办公益性培训讲座来辅助公众使用互联网的检索功能，增强公众使用数字文化服务的自我效能感。针对不同群体，可以丰富补充农村少年儿童的义务教育内容，增设与数字技术相关的课外兴趣课程；发展成人教育和终身教育，通过教育内容与数字化时代同轨，促使公众转变信息使用意识，使其适应数字传播设备，主动获取和利用数字信息资源及其服务。②吸纳高素质教育培训人才，建立公共文化服务专业队伍。乡村文化建设不只是一种文化理念，更是一种生活方式和生活状态，但是公众因缺乏数字设备和平台的工具素养而望而却步，这就需要乡村基层服务人员利用自己的专业优势开展趣味化数字培训课程或者以数字化剧场等喜闻乐见的方式开展推广和培训。为加强基层专业服务队伍建设，政府管理部门还应转变只把"送文化"作为政绩的思维，通过制定志愿者招募管理规定，引导乡村的文艺爱好者投身于公共数字文化服务中，并通过完善表彰机制激发志愿者的创新能力，不断提升乡村公共数字文化服务能力。此外，乡村

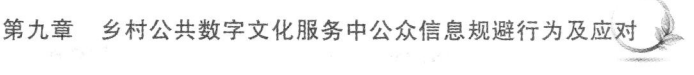

公共文化机构还需要政府制定吸引各类人才尤其是数字化技术人才回流[①]的优惠政策,拓宽技能教育培训渠道,联合推动公众数字素养培育。③对接乡村需求,增强公众培训的针对性。"职业化"会成为乡村主体的一个重要趋势,《职业技能提升行动方案(2019—2021年)》提出要针对各类劳动者开展职业技能培训,对农民的知识、技能、创新提升提出培养要求。乡村公共文化机构可立足于公众的实际需求,针对不同经济基础、不同信息偏好的乡村公众制定不同的素养培训与服务推广方案,开设蔬菜种植、办公技能入门、电商运营等不同的授课主题,为乡村公众的职业转型提供条件。

路径 6 ($\sim$ ILfs $\times$ SQfs $\times$ IQfs $\times$ PQfs) 没有考虑外部的文化氛围,可以解读为:非公众信息素养×服务质量×信息质量×平台质量,这条路径的一致性达到 0.966,趋近于 1,说明此路径对于乡村公众信息规避行为也具有强解释力。在公众信息素养变量不存在的情况下,内外部环境因素中服务质量、信息质量、平台质量同时存在问题,就会触发公众信息规避行为,其中平台质量和服务质量是核心要素。这说明依托信息技术的发展,通过互联网获取资源更加便利,部分乡村公众在一定程度上摆脱了对物理空间的依赖,对乡村公共数字文化服务的综合要求更高,对于平台、资源、服务有较高的质量要求。基于以上分析,此路径涉及的因素较为全面,属于"综合导向型"公众信息规避行为。

针对"综合导向型"的乡村公众,乡村公共文化机构应注重保障公共数字文化服务的平台、信息内容、服务质量。具体可从以下方面着手:

第一,丰富信息内容是基础。"内容为王"依旧是新媒体时代文化建设的基本准则,呈现丰富生动的内容是服务的基本要求,而数字环境下内容的呈现更需要加强资源的有效组织。基于我国目前文化信息共享工程的发展基础和成果积累,丰富乡村公共数字文化服务的信

[①] 李翔、宗祖盼:《数字文化产业:一种乡村经济振兴的产业模式与路径》,《深圳大学学报》(人文社会科学版)2020年第2期。

息内容并非难事,重点在于从公众角度去考虑文化供给结构,创新文化的呈现形式,毫无特点的批量式内容发布已经无法满足日趋多样的文化需求,形式和内容的有机结合才可有效减少公众对信息的规避,这可通过以下途径细化信息内容:①重视乡村公共数字文化服务的预调查,增加服务平台可用性。针对公众在公共数字文化服务信息门户网页布局、色彩搭配,以及图文设计方面的审美需求,网站开发时可吸纳公众建议,通过眼动实验和生理实验完成网站或者 App 的可用性测试[1],结合公众的使用偏好,达到公众预期。②服务内容深度化。目前公共文化示范区建设尚未与地方特色文化紧密结合,应发掘乡村文化产业、健康产业的潜力,将文化产业、旅游等因素融入乡村公共数字文化服务中[2],帮助乡村公众克服认知上的偏见,促使乡村公众从弱参与走向常参与,进而形成强参与的局面,最终有效避免规避行为的产生。③服务形式多样化。乡村公众对于网络还存在一定的误解,认为其对青少年的身心发展不利,导致"忧"而不见"优",致使公共数字文化服务中的学习资源处于沉睡状态。学校可以尝试与文体中心等乡村文化机构建立合作关系,将其作为学生的课外学习实践基地,逐渐转变家长和学生对网络和数字化资源的偏见,把握青年群体的信息需求,宣传和提供专题特色服务,发挥数字资源的教育价值。此外,乡村公众在公共数字文化服务中"听觉大于视觉"的特征更加明显,由此知识服务可从"无声"到"有声",多提供音视频资源,少提供文本信息。④服务方式多元化。目前打造的公共数字文化服务平台主要依托网站对文化知识作罗列,虽然内容多样,但是缺乏"烟火气",需要进一步完善公众参与渠道。比如,文化部门可以与抖音、B 站、微博等交互性较强的社交媒介合作,迎合各个年龄段的数字文化品位,并通过开设账号、传送视频等方式与乡村公众开展更加便捷的交流,满足多样化的乡村公众需求。

---

① 唐晓莉、宋之杰:《在线评论对异质性消费者购买决策的影响研究——基于眼动实验》,《情报科学》2020 年第 4 期。
② 潘丽敏、陈丽红:《文旅融合背景下云和县图书馆县域文旅服务创新探索》,《图书馆研究与工作》2019 年第 9 期。

第二，强化技术支持是支撑。数字文化内容通过技术呈现，服务主客体之间的交流也必须依赖特定技术平台才能实现，数字化和智能化技术革新为公共数字文化服务运行、内容传播、交流互动提供了重要的技术支撑。设计开发更贴合乡村公众信息接纳和信息使用的技术友好型服务平台，需要紧扣公众的认知状况和信息技能水平，数字文化服务的技术实现应从以下三点作突破：①服务支持常态化。公共数字文化融合、云平台资源和服务的整合离不开成熟的技术支持，无论是网站、App还是公众号等其他的平台都需要一套成熟的内部技术运行系统来实现公众的正常注册、登录、评论等功能，平台搭建过程中应借鉴其他网站平台成熟的建设经验，形成流畅的资源管理、公众管理、数据分析、联合检索等常规功能，使技术支持得到常态化保障。②服务互动亲民化。手机App阅读比网页浏览更为便捷，公众更愿意使用App获取公共数字文化服务。此外，这种参与机制和平台交流互动性很强，公众因交互情境薄弱而产生的信息规避行为也可由此减少。在交流互动中公众可将身边的精彩文化活动上传到个人官方账号开设的公众圈，聚集志趣相投的公众，形成专属的文化标签，加强乡村公众的互动交流。③空间服务创新化。乡村公共文化机构在公共数字文化空间建设中可将"以人为本"的核心发展理念与现代化技术相融合，充分考虑公众对创新创业、教育发展等方面的需求，对旧文化空间作改造，针对性增设或扩大不同属性的数字空间，比如将文体中心划分为新农民新技术创业创新中心、少儿数字资源阅读空间、青少年数字化学习空间等，满足乡村公众对创新型数字文化体验区的差异化需求。

第三，激发公众主体性。具体策略为：①利用多种技术形式，参与打造特色文化资源。近年来通过短视频的形式将中国乡村地区的田园生活文化"场景化"传播的"李子柒现象"博得关注。乡村公共文化服务机构可激发公众的文化表达欲，帮助和引导公众以文字、图像、音频及视频等形式将当地的文化形成数字记忆资源，以互动和体验的形式增强乡村公众的归属感，让当地的历史和人文文化在技术的支撑下焕发新的活力。②利用人机交互和大数据技术，提供精准服务。公共数字文化服务单一、供需不匹配影响了公众体验，导致信息素养较高的公众会寻求更好的替代服务，信息素养一般的公众则可能放弃使用服务。乡村公共文化机构可抓取公众数据，为公众精准画像，根据公众差异化需求，为其提供有针对性的公共数字文化服务。

第八节　本章小结

本章以社会认知理论和压力应对理论为理论基础，结合乡村公共数字文化服务公众信息规避行为的影响机理扎根分析成果，确定变量及其具体维度，进一步运用模糊集定性比较分析方法分析数据，解析了乡村公共数字文化服务公众信息规避行为的不同组态路径及其关键特征，总结出"人文环境导向型""素养导向型""综合导向型"三种公众类型，最后提出针对不同类型公众的信息规避行为差异化应对策略，为乡村公共数字文化服务能力提升提供借鉴。

第十章

乡村公共数字文化服务中公众流失行为及应对

乡村公共数字文化服务的职能是通过基本的数字设备、网络和数字信息资源，引导乡村公众提升自身的媒介素养、数字技能[①]，强化公众信息和知识存取的能力。但是，乡村数字设施不齐全，资源更新滞后，网络不畅，公众信息素养较低，再加上工作人员专业性不强，服务宣传不到位等问题，导致乡村公共数字文化服务利用率低下，公众流失问题较严重。本章节将着眼于乡村公共数字文化服务中公众流失行为问题，探讨影响公众流失行为的关键因素及关联，发现其间的作用机理，进而提出针对性建议，来促进乡村公共文化服务能力的提升。

第一节 乡村公共数字文化服务中流失行为

关于用户流失，Keaveney 等总结两种典型类型：一种是用户放弃网络服务商的产品，并不再使用产品及其他类似产品；另一种是放弃

---

① 杨扬等：《信息增能与技术赋权：数字时代农家书屋的发展趋势及创新思路》，《图书馆学研究》2020 年第 9 期。

使用某服务商的产品后,转而使用其他服务商的类似产品。[1] 当前研究用户流失行为的主题较为广泛。在图书情报领域,Salo等研究应用程序的用户流失行为状况,发现用户由于可轻松切换至替代应用程序,移动应用程序面临较高用户流失风险。[2] 陈渝、黄亮峰[3]对电子书阅读客户端的用户流失作分析,得出社会影响是系统和隐私因素之外造成用户流失行为的重要因素。Ferreira等[4]认为,移动互联网领域用户的人际关系是影响用户行为的重要因素,因此管理者在避免用户流失中应优先考虑用户对象及其人际网络因素。朱雅彬[5]利用SVM算法构建高校移动图书馆App用户流失模型,将用户分为低活跃度型、试用型、注重体验型、馆藏查询型、学术资源型五种类型,并分别归结流失原因。唐天娇[6]通过因子分析、回归分析方法,将社会阅读平台的用户流失行为影响因素分为信息、社交、替代品、用户四类。郑德俊等[7]对微信读书平台作用户流失研究,归纳出功能、外部环境、信息质量、用户体验四个维度会对流失行为产生影响。

总体上看,大多数公共服务研究侧重满意度、文化活动参与度,但是围绕乡村公共数字文化服务和用户流失行为二者结合的成果较少。乡村公共数字文化服务属于社会服务系统的一部分,用户流失行为相关成果可为乡村公共数字文化服务公众研究提供新的思路。结合

---

[1] Keaveney S. M. and Parthasarathy M., "Customer Switching Behavior in Online Services: An Exploratory Study of the Role of Selected Attitudinal, Behavioral and Demographic Factors", *Journal of the Academy of Marketing Science*, Vol. 29, No. 4, 2001.

[2] Salo M. and Makkonen M., "Why Do Users Switch Mobile Applications? Trialing Behavior as a Predecessor of Switching Behavior", *Communications of the Association for Information Systems*, Vol. 42, No. 1, 2018.

[3] 陈渝、黄亮峰:《理性选择理论视角下的电子书阅读客户端用户流失行为研究》,《图书馆论坛》2019年第9期。

[4] Ferreira P. et al., "Effect of Friends' Churn on Consumer Behavior in Mobile Networks", *Journal of Management Information Systems*, Vol. 36, No. 2, 2019.

[5] 朱雅彬:《高校移动图书馆App用户流失实证研究》,《图书馆学研究》2020年第10期。

[6] 唐天娇:《社会化阅读平台用户不持续使用行为影响因素研究》,硕士学位论文,华中师范大学,2019年。

[7] 郑德俊等:《移动阅读服务平台的用户流失因素分析——以"微信读书"平台为例》,《情报理论与实践》2019年第8期。

第十章 乡村公共数字文化服务中公众流失行为及应对

已有的用户流失行为概念，本书将乡村公共数字文化服务中公众流失行为分为三类：①彻底放弃乡村公共数字文化服务的公众行为。②公众向其他公共数字文化服务的转移行为。③公众向非公益性质的其他替代服务的转移行为，而后采用分析公众行为的S—O—R理论作为立论基础，初步设计了乡村公共数字文化服务公众流失行为理论模式。

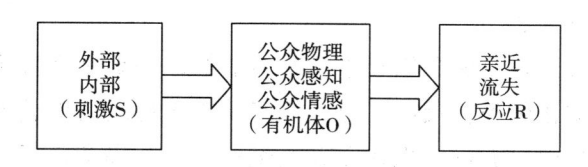

```
┌─────────┐     ┌─────────┐     ┌─────────┐
│  外部   │     │公众物理 │     │  亲近   │
│  内部   │ ──▶ │公众感知 │ ──▶ │  流失   │
│（刺激S）│     │公众情感 │     │（反应R）│
│         │     │（有机体O）│    │         │
└─────────┘     └─────────┘     └─────────┘
```

图 10-1 乡村公共数字文化服务的公众流失行为理论模式

在模式中，刺激（S）主要包含外部刺激与内部刺激两方面，外部刺激主要是服务体系以外的影响因素，包括公众信息素养[①]，可替代当地数字文化服务的其他数字文化服务等。内部刺激就是服务体系本身因素对公众使用行为的影响，包括公共数字文化服务的系统、信息、服务质量等；有机体（O）包括物理、认知、情感三方面，比如，公共数字文化服务的供给质量（内部刺激），影响公众体验，从而导致公众满意度下降；最后反应（R）代表着公众作出的行为预测，当受到正向刺激时，公众会表现出亲近行为，当出现负向刺激时，就会产生公众流失行为。

参与以上模式，本书以乡村公众为对象，结合S—O—R理论与认知负荷理论，进一步设计访谈提纲，了解公众亲近及流失行为状况，提炼影响公众流失行为的变量，得出乡村公共数字文化服务流失行为的传导机制及影响路径，以此构建乡村数字文化服务公众流失行为模式，提出应对公众流失行为的针对性建议，提升乡村数字文化服务的使用效能。

---

① 王锰等：《公共数字文化服务效能的关键影响因素及其机理研究》，《中国图书馆学报》2018年第3期。

第二节 乡村公共数字文化服务中公众流失行为研究设计

一 调研点选择

我国乡村公共数字文化服务发展不平衡，特别是部分中西部地区的公共数字文化服务发展不充分，即使是在东部地区的公共文化服务体系示范区基层服务点，也存在有效供给不足、满意度低、服务使用不足等问题，因此本书选取在基础设施、设备配备、活动展开、人员支持、综合管理等方面符合国家创建标准，服务相对完善的江苏省镇江市国家公共文化服务体系示范区基层服务点作调查，以揭示当前我国东部地区乡村服务中存在的公众流失行为发生和发展问题，为我国乡村公共数字文化服务能力提升提供一定的参考。

本次调查地点是镇江市的G镇和Y镇。G镇服务点包括图书馆及分馆、文化馆、人才服务中心、多媒体教室，拥有图书8600余册，杂志80余种。从2016年起，G镇图书馆及分馆已与上级数字图书馆对接，可实现网上阅读、文献检索、视听播放等服务。G镇文化馆主要陈列当地的特色文化资源，内有电子触摸屏可用于查询资源。多媒体教室主要用于职业培训、专家讲座等，使用的数字资源多为培训机构自有的或上级文艺中心的共享资源。Y镇拥有文体中心、全国示范性农家书屋、季子文化陈列室、电子阅览室、展览大厅、文化广场，计算机、多媒体、电子触摸屏等数字设备齐全，定期会推出图书漂流、电影下乡、文艺演出、艺术品展览等文化活动。Y镇数字资源主要分为四部分，第一部分是文体中心与Y镇政府联合打造具有Y镇文化特色的微信公众号，内有"品读Y镇""微话Y镇""共享Y镇"三个专栏，主要用于记录政务信息和宣传特色文化等；第二部分是Y镇文体中心的农家书屋与电子阅览室的数字图书资源，与县级市数字图书馆系统连接，也有部分自建的数字资源；第三部分是围绕当地特色文化打造的"季子文化"数字文化资源，已与上级文化共享资源云平台对接;第四部分是数字广播村村通工程,以及由外部企业承包的"电影下乡"项目。

二 研究方法

本书使用文献调研法了解近年来乡村数字文化服务的研究情况,借鉴已有研究设计及成果,结合乡村公共数字文化服务的公众行为理论模型,形成符合本书研究目标的访谈提纲;使用田野调查法对 G 镇和 Y 镇各乡村服务点进行实地走访,了解乡村公共数字文化服务公众流失情况,收集原始语料,同时完成语料文本转化;使用扎根分析法,主要借助 Nvivo11 质性分析软件,对语料文本重新编码、挖掘,构建乡村公共数字文化服务的公众流失行为模型。

三 数据采集

2019 年 10—11 月,研究团队对 G 镇和 Y 镇文体中心、图书馆及分馆、文化馆、多媒体教室、农家书屋的乡村公共文化机构的管理人员及周边公众作调研,采用半结构化访谈方式,单次访谈时间在 20—30 分钟不等。在访谈中,简要介绍公共数字文化服务,展示网站或微信公众号等相关的公共数字文化服务平台并请公众作体验,然后依循预先设计的提纲收集数据,但不拘泥于固定的顺序或某种提问方式,主要根据被访者的具体情况,穿插提出问题,并进行录音或者用笔记录。本次调查意在了解受访者的学历、职业、年龄等基本情况,以及受访者对公共数字文化服务的使用状况,了解受访者需求及建议。访谈提纲见表 10 – 1。

表 10 – 1　　　　　　　　公众流失行为访谈提纲

访谈主题	主要内容
基本信息	年龄、职业、受教育程度、收入水平等
公共文化服务情况	1. 您是否知晓村镇的图书馆或文化中心向群众免费开放? 2. 您是否去过村镇的图书馆或文体中心?每周去几次?一般需要花费多少时间到达?参与最多的文化活动是什么?您是否满意? 3. 您是通过哪些渠道了解到公共数字文化服务的? 4. 您是否访问或使用过图书馆或文体中心等公共文化机构的网站、微信公众号、微博、手机 App?

续表

访谈主题	主要内容
流失行为影响因素	1. 您觉得是否能明确自身的信息需求？能不能独立操作数字设备（如手机、电脑等）？您习惯使用什么方式来获取信息？ 2. 您是否了解乡村公共数字文化服务？是否有关注过当地公共文化服务的发展状况？ 3. 您对本村镇文体中心的数字化系统是否满意？您觉得当地公共文化部门的空间布局、开放时间安排是否有要改进的地方？ 4. 您对乡村公共文化机构人员的服务是否满意？是否开展过数字文化活动？宣传形式怎么样？宣传效果如何？ 5. 乡村公共数字文化服务是否对自己有用？服务供给是否和自身需求相匹配？是否可以解决自身的问题？ 6. 您是否使用过其他地区或者相类似的替代服务？相比而言本地数字文化服务有哪些优势和劣势？ 7. 在体验本地的数字文化服务后，是否还会继续使用公共数字文化服务？为什么？ 8. 您对本地公共数字文化服务还有哪些意见和建议？

第三节 乡村公共数字文化服务中公众流失行为的研究过程与结果

本书在剔除重复性或代表性不高的样本后，获得 30 个样本。本书从收集到的有效样本语料中，选取 24 份作为开放式编码的初始资料，另外 6 份留作理论饱和性检验。本书的访谈对象多为乡村常住人口，少数为返乡人员，样本基本情况见表 10-2。

表 10-2　　　　　　　　受访人基本情况统计

项目	类别	样本数	比例（%）
性别	男性	17	56.67
	女性	13	43.33

续表

项目	类别	样本数	比例（%）
年龄	20 岁及以下	2	6.67
	21—30 岁	5	16.67
	31—40 岁	8	26.66
	41—50 岁	4	13.33
	51—60 岁	6	20.00
	61 岁及以上	5	16.67
学历	小学	4	13.33
	初中	11	36.67
	高中及专科	9	30.00
	本科	6	20.00
职业	干部	6	20.00
	企业职员	3	10.00
	个体户及务工	11	36.67
	务农	3	10.00
	学生	3	10.00
	其他	4	13.33

一　开放式编码

开放式编码是扎根理论的初始阶段，本书将访谈时所得的 24 份录音及笔记作文本化处理，并使用 Nvivo11 质性分析软件作开放式编码；在剔除重复次数较少及重叠概念后，一共产生 60 个初始概念（a1—a60）；进一步对初始概念归纳总结，共获得 21 个范畴（A1—A21）。部分原始访谈资料见表 10-3。

表 10-3　　　　　　　　　开放式编码结果

范畴	初始概念
A1 信息意识	a1 新事物接受能力；a2 信息兴趣；a3 个人发展；a4 个人需求
A2 信息技能	a5 检索工具；a6 检索途径；a7 检索技能
A3 服务替代	a8 市级图书馆；a9 市级博物馆；a10 高校图书馆

续表

范畴	初始概念
A4 工具替代	a11 手机；a12 书籍；a13；报纸
A5 资源替代	a13 其他网站；a14 手机应用；a15 其他公众号
A6 工作人员	a16 服务态度；a17 专业素养；a18 业务能力
A7 服务种类	a19 网上查阅；a20 广播收听；a21 数字电视；a22 在线技能培训
A8 宣传推广	a23 宣传主题；a24 宣传形式；a25 宣传效果
A9 系统质量	a26 系统卡顿；a27 平台崩溃；a28 注册问题
A10 系统设计	a29 视觉设计；a30 网站排版
A11 设施质量	a31 网络速度；a32 设备可用性；a33 设备老旧
A12 空间管理	a34 布局合理性；a35 开放时间
A13 信息效用	a36 职业需要；a37 兴趣需要；a38 技能需要
A14 信息形式	a39 文字；a40 图片；a41 音视频
A15 信息特性	a42 原创性；a43 真实性；a43 时效性
A16 感知互动性	a44 社交；a45 评论
A17 感知有效性	a46 知识获取；a47 生活丰富；a48 技能拓展
A18 满意度	a49 信息满意度；a50 系统满意度；a51 服务人员满意度；a52 环境满意度
A19 满足感	a53 学习需求；a54 娱乐需求；a55 文化需求；a56 信息需求
A20 流失行为	a57 减少使用；a58 不再使用
A21 亲近行为	a59 乐意使用；a60 继续使用

二 主轴编码

主轴编码是在开放式编码范畴化的基础上，进一步发现并建立范畴联系。结合研究目标、对象特征、基础概念范畴之间的逻辑关系，本书确定9个主范畴（B1—B9 公众信息素养、替代品、服务、系统、环境、信息、感知有用性、满意度、反应），如表10-4所示。其中公众信息素养、替代品、服务、系统、环境、信息属于刺激（S）因素，感知有用性、满意度属于有机体（O）因素，最后流失行为和亲近行为属于反应（R）因素。

表 10-4　　　　　　　　　　主轴编码形成的主范畴

主范畴	副范畴	范畴内涵
B1 公众信息素养（S_1）	A1 信息意识	能否想到使用数字文化服务
	A2 信息技能	能否熟练使用数字文化服务
B2 替代品（S_2）	A3 服务替代	可替代本地的其他地区的公共数字文化服务
	A4 工具替代	可替代公共数字文化服务设备的其他工具
	A5 系统替代	可替代公共数字文化服务系统的其他网络系统
B3 服务（S_3）	A6 工作人员	工作人员的服务态度、专业性等
	A7 服务种类	可提供的服务类型
	A8 宣传推广	主要是指有无宣传活动，活动质量及公众接受度情况等
B4 系统（S_4）	A9 系统质量	系统卡顿问题、注册问题等
	A10 系统设计	系统美观性、合理性等
B5 环境（S_5）	A11 设备质量	（电脑、网络等）设施的使用、老旧程度等
	A12 空间管理	提供服务的场所布局是否合理、开放时间是否正常等
B6 信息（S_6）	A13 信息效用	公众认为提供的信息对自己是否有用
	A14 信息形式	公众对服务提供的信息载体的认可度
	A15 信息特性	公众认为提供的信息是否具备真实性、原创性、时效性等
B7 感知有用性（O_1）	A16 感知互动性	对公众来说当地的公共数字文化服务是否能与他人互动
	A17 感知有效性	对公众来说使用服务可以有效帮助到自己
B8 满意度（O_2）	A18 满意度	对当地的公共数字文化服务的满意程度
	A19 满足感	使用当地公共数字文化服务后满足自身需要
B9 反应（R）	A20 流失行为	是否减少或不再使用这项服务
	A21 亲近行为	会继续或增加使用这项服务

三　选择性编码

选择性编码阶段的主要任务是挖掘核心范畴，建立并揭示主范畴之间的关系结构。结合乡村实际情况，参考乡村公共数字文化服务公众流失行为理论模型，本书进一步梳理主范畴关系，发现了典型关系，见表10-5。本书利用预留的6份语料作饱和度检验，未发现新的重要概念、范畴及典型关系，说明通过饱和度检验。

表10-5　主范畴的典型关系结构

关系结构	关系结构的内涵	代表性访谈语料内容
公众信息素养—>感知有用性—>流失行为	信息素养会影响感知有用性，从而影响公众反应	我年纪大了，学历低，这种数字服务操作不来，这种服务对我用处不大，所以这种服务我不会用
替代品—>流失行为	替代品可以直接影响公众反应，但对反应的作用并非绝对性的	我上大学可以用校内的数字信息资源，不需要服务点的数字服务
服务—>满意度—>流失行为	服务的好坏会影响满意度进而影响公众反应	（工作人员）态度很不让人满意，让我不想再使用这种服务
系统—>满意度—>流失行为	系统的好坏会影响公众使用体验，从而影响公众满意度，进而影响公众反应	网站上呈现的内容太多……我很难使用下去
环境—>满意度—>流失行为	环境的好坏会影响公众满意度，进而影响公众反应	我觉得他们设计得不合理，阅览室在4楼
信息—>感知有用性—>流失行为	提供的信息对公众是否有用，会影响公众对这项服务感知有用性，进而影响公众反应	……会去用他们的系统查新闻、资料。……对我的工作是有帮助的
信息—>满意度—>流失行为	提供的信息质量会影响公众满意度，进而影响公众反应	……版面却还是70周年庆，我们要知道这些滞后的新闻有啥用……还不如不用

第四节　乡村公共数字文化服务中公众流失行为模式的构建

根据扎根分析结果，本书发现乡村公共数字文化服务公众流失行为模式。在模式中，公众信息素养、乡村公共数字文化服务替代品被归纳为外部因素（S_1），乡村公共数字文化服务自身的服务、系统、环境、信息4个主范畴属于内部因素（S_2）；满意度及感知有用性是有机体（O）的体现；主范畴反应（R）则通过流失行为体现。刺激、有机体、反应三个因素及其关系如图10-2所示。

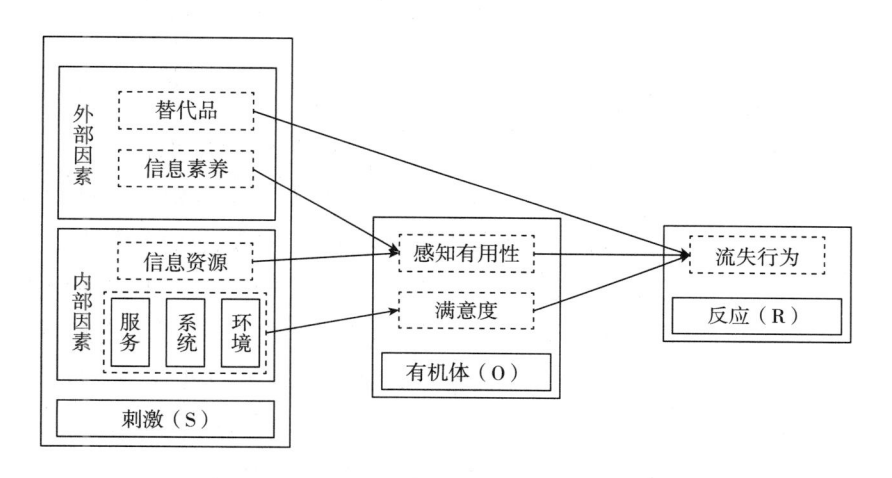

图10-2　乡村公共数字文化服务公众流失行为模式

一　外部刺激因素

刺激维度的外部因素由公众信息素养和服务替代品组成。信息素养是人类在信息化社会所需具备的一种基本能力之一，是一种判断自身信息需求的同时，掌握信息获取技能，从而识别信息价值，解决自身问题或者满足需求的能力。通过实地走访，我们发现乡镇常住人口以少儿和老人为主，他们大多文化水平有限、年龄偏大或过小，比如"#1 我年纪大了，学历低，没接受过什么教育"，无法判断自身需求且信息获取技能匮乏。他们信息获取方式相对落后，多以书籍、报纸等实体资源为主，比如"#1 我不会使用手机，一般看电视、报纸来了解本地所发生的一些事情。（报纸）"，更多的是满足自身娱乐性需求，比如棋牌、玩具等，有些人甚至并不需要获取信息。① 而文化水平较高，年龄适中的青年人与成年人，大多都离开当地去外地上学或打工。这类群体虽然有较大的信息需求，但是却能找到百度搜索引擎、阅读 App、懒人听书等乡村数字服务的替代品，比如"#9 就算我想了解这些消息，也没必要非要看你们说的这个网站，而且我觉得 App 比较方便一点"。可见，替代品可以直接影响乡村公共数字文化服务中的公众流失行为。

二 内部刺激因素

服务、环境、系统、信息资源质量组成刺激维度的内部因素。①服务方面，两镇各服务点在宣传推广上都存在一定问题，导致受益人群有限。比如，G 镇服务点宣传效果较差，使周边居民产生"#2 这个广电文化中心里还可以读书上网、健身？"的疑问，表明他们不知道文化中心提供阅览、上网等服务。Y 镇虽会定时组织文艺演出、送书下乡等文化活动，但对公众数字文化服务宣传力度较小。同时，两镇服务点都存在服务人员专业性不足的问题，比如"#26 在使用服务中，询问工作人员相关问题，他们的回答总是模糊不清"。在走访 Y 镇下属村庄的农家书屋时，农家书屋的管理员是一位养老社区的老年人，以及一位村委会的行政人员，两人都缺乏专业知识，无法在公众使用服务时提供实质性的帮助。另外，服务人员态度也需改善，"#13 他们（工作人员）的态度不是很好"。②环境方面，文化中心的空间布局不合理，"#26 我觉得文化站点布局得不合理，行政办公地在 1 楼，图书阅览室却在 4 楼"。服务场所多处于关闭状态，在农家书屋采访管理员时，他表示"#7 村子里大多是小孩或老人，很少用到农家书屋的电脑、电子阅览室等，所以我就把它关了"。G 镇服务点还存在阅览室网络不能使用、书籍大多有积灰、电子设备很久未更新维护等问题。③系统方面，多数人反映在使用系统平台时，会出现网站跳出慢，平台界面设计繁杂，注册账号收到验证码时间等待过久等问

---

① 陈建：《乡村振兴中的农村公共文化服务功能性失灵问题》，《图书馆论坛》2019 年第 7 期。

题,"#11 这个网站给我的第一感觉是界面太杂,也没有针对性"。④ 信息资源供给方面,乡村服务机构所提供的信息资源在种类和数量均存在结构性不足的问题,大多数人感觉无用,或者提不起兴趣,他们认为"#26 我更对养生、致富的资讯感兴趣,但是公众号上没有这些内容"。即使有建议,也无法作出评论或者得到反馈,导致信息资源的效用发挥不足,这都影响了公众对乡村公共数字文化服务的满意度。

三 有机体因素

有机体维度是由满意度和感知有用性组成,分别对应的是公众情感和认知。满意度是指公众在使用乡村公共数字文化服务后,对服务满足与否做出的判断。① 服务、系统、环境、信息 4 个内部因素都影响公众满意度。本书将满意度分为服务满意度和服务满足感两个范畴。服务人员的态度、信息更新不及时、设备无法使用、系统崩溃等原因,导致公众对公共数字文化服务的满意度偏低,比如"#14 设备上全是灰,所以我也不能用来查资料,完全没有解决我的需求","#30 工作人员的服务态度让我很不满意,让我不想再使用这种服务"。服务满足感是指公众需求无法从乡村数字文化服务中得到满足,从而造成满意度下降,比如"#14 设备上全是灰,所以我也不能用来查资料,完全没有解决我的需求"。感知有用性是指公众感知到使用乡村公共数字文化服务的有用程度。② 通过访谈语料的分析,感知有用性包含感知互动性和感知有效性,即对于公众来说是当地的公共数字文化服务是否能提供互动功能来满足社交需求,以及服务能否满足特定需求。在访谈中,乡村公众更偏好于可以满足他们娱乐需求的"电影下乡""数字电视广播村村通"服务,他们表示"#13 镇里会安排各

---

① Kim M. K. et al.,"The Effects of Customer Satisfaction and Switching Barrier on Customer Loyalty in Korean Mobile Telecommunication Services", *Telecommunications Policy*, Vol. 28, No. 2, 2004.

② Chea S. and Luo M. M.,"E‐Service Customer Retention: The Roles of Negative Affectivity and Perceived Switching Costs", Paper Delivered to 11th Americas Conference on Information Systems, sponsored by AMCIS, Omaha, Nebraska, USA, August 11–14, 2005.

个村子组织看电影，电影比较好看，而且人在一起可以聊天说话，热闹"，而对"农家书屋""电子阅览室""数字文化平台"等满足基本文化需求的服务不太感兴趣。因为他们不知道这些信息资源，或者即使了解但没有使用这些信息资源的意识及操作能力，导致乡村公共数字文化服务效用较低，公众流失行为时有发生。

四 反应因素

反应维度主要由公众流失行为来表现。流失行为主要分为两种状态，一种是减少使用频率，比如"#17 可能我会减少使用次数吧，毕竟这种服务也不是必需的"。另一种是放弃使用，比如"#16 我不会再使用这种服务"。减少使用频率是因为公众对乡村文化服务满意度下降或者认为服务的有用性不高。放弃使用是指公众找到比乡村公共文化服务更适合自己的替代品，或者是对服务已经彻底失望，以及对自身完全无用所导致的行为表现。这些乡村公共数字文化服务的内外部因素的问题，共同导致公众满意度和感知有用性偏低，致使公众流失行为发生，比如"#13 我觉得这个网站上的东西不行，国庆都过去多久了，版面却还是 70 周年庆，已经算不上新闻了"。大量替代服务的出现和使用，更使公众减少甚至停止使用乡村公共数字文化服务，有公众表示"#3……我才不会去这边的文化中心使用服务呢，一般我会带我儿子去市里的博物馆参观，用过他们电子设备，了解镇江的历史文化"。

第五节 乡村公共数字文化服务中公众流失行为的研究发现

本书研究发现在乡村公共数字文化服务中仍存在资源建设、服务保障等问题，同时由于公众信息素养不高、社会替代品多样、服务人员态度差及专业性不强、宣传策略不到位等，导致公众流失，构建了乡村公共数字文化服务公众流失行为模型，得出如下结论：

（1）替代品吸引力可以直接影响公众流失行为。乡村公共数字文化服务的替代品可分为服务替代、工具替代,以及系统替代,这些替代品在各方面都优于乡村数字文化服务的情况下,无形之中与乡村数字文化服务形成竞争关系,很容易分流公众,使公众减少或放弃使用乡村数字文化服务,产生流失行为。

(2)公众信息素养通过感知有用性影响公众流失行为。大龄乡村公众和低学历公众的信息技能匮乏,获取信息手段仍以书籍、报纸等传统工具为主。乡村公众多从事体力劳动或简单脑力劳动,获得知识的渠道主要为自身实践或同行经验,造成公众信息意识薄弱,专业信息技能无法有效利用乡村数字文化服务,使公众对服务的有用性产生怀疑,导致流失行为产生。

(3)信息资源质量通过感知有用性或满意度影响公众流失行为。乡村公众更偏好于传统文化以及自身生活信息,而乡村公共数字文化服务的信息供给多以新闻为主,造成信息资源供给与公众需求不匹配,导致公众的感知有用性降低;同时,公众在使用信息资源过程中,信息资源有形质差或有形无质,体验与期望有落差,也易产生流失行为。

(4)服务、系统、环境质量通过公众满意度影响流失行为。一方面,服务人员较少、专业性不足、服务态度有问题,均导致乡村公共数字文化服务管理及宣传工作不到位,无法营造良好的公众数字文化服务氛围,形成有效需求困难;另一方面,平台系统功能、设备可用性问题,空间布局、开放及管理问题,影响公众满意度,导致流失行为产生。

第六节 乡村公共数字文化服务中公众流失行为的生成逻辑

在政府与社会力量的联合作用下,乡村数字文化建设开始从数量的增长逐步转向高质量发展,数字服务平台质量有一定提升。但是,这些乡村文化服务机构的数字设施及平台仍遭遇无人使用的窘境,打击了乡村公共文化机构的服务积极性。在供给方面，乡村地区缺乏专业性人才，数字建设条件与城市依旧存在差距，导致乡村公共文化服务机构缺乏科学管理，管理者无法明确公众的信息需求。同时，管理者注重硬件设施的建设，而未在乡村营造出浓厚的数字文化使用氛围。在需求方面，乡村公共数字文化服务面向的公众主要是乡村常住居民。公众受当地的文化气氛、习惯等多方面因素的影响，呈现出信息需求与文化需求较低、信息素养与数字素养匮乏等特点。在手机等移动设备以及互联网的普及下，乡村公共文化服务机构所提供的数字服务具有可替代性，乡村公众更愿意使用简单方便的手机App，满足自身的娱乐等信息需求。尤其是在信息素养与数字素养的缺失下，乡村公众对乡村文化服务机构提供的数字服务产生认知负荷和技术负荷，即不了解数字服务的用途，以及不知如何使用数字设备，导致在多方面的负面条件作用下形成流失行为。本部分将进一步以S—O—R理论作为框架基础，认知负荷理论作为补充理论，并结合扎根分析成果，论证乡村公共数字文化服务中公众流失行为的关键影响因素及其作用过程，探讨乡村公共数字文化服务中流失行为的应对策略。

一 研究模型与假设

根据S—O—R理论，本书认为乡村数字文化服务的环境刺激因素会降低公众体验，导致公众质疑服务的有用性，从而作出流失行为反应。根据认知负荷理论，乡村公众无法使用乡村数字文化服务或服务超出其认知范围时，会形成技术过载和认知过载，从而导致公众切断自身与服务的关联而放弃使用服务。基于此，本书将两个理论结合，以S—O—R模型作为理论框架，认知负荷理论作为要素补充，初步构建出关于乡村公共数字文化服务的公众流失行为概念模型（见图10-3）。

（一）外部刺激与有机体

公众信息素养指用户利用信息解决问题的技术与能力。[1] 它涵盖

---

[1] Zurkowski P. G., "The Information Service Environment Relationships and Priorities", https://eric.ed.gov/?id=ED100391.

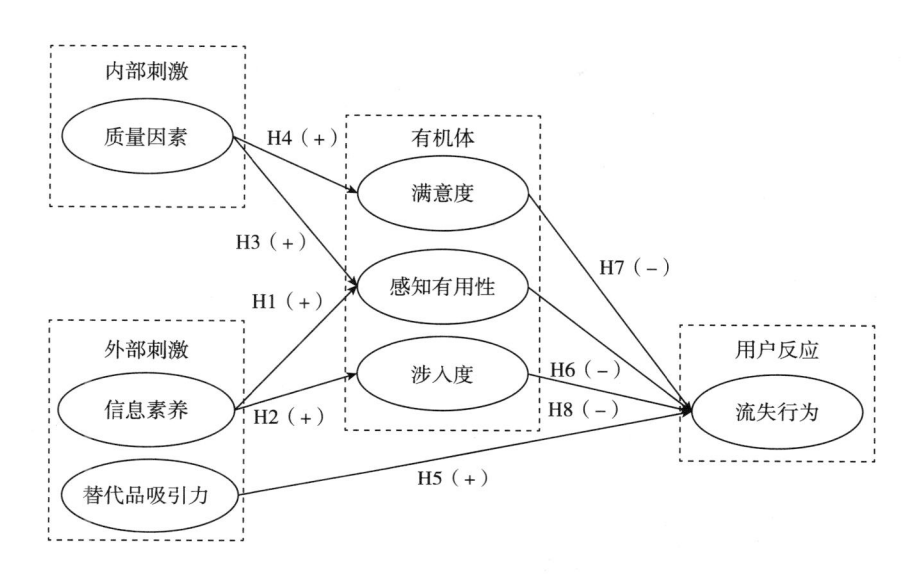

图 10-3　乡村公共数字文化服务的公众流失行为概念模型

了信息挖掘、分析、利用以及融入社群学习等综合素质。① 公众信息素养包含两方面：一是信息意识，指公众对于关注的信息是否具有敏感度、判断力；二是信息能力，指在信息意识作用下，公众为满足自身信息需求，利用网络作信息检索、组织、利用等过程中所体现的能力。Mullins 等②将信息素养纳入认知负荷理论中，探究对学习效率的影响，并发现良好的信息素养可以提高课堂学习质量。Saunders 等③认为，当用户不能有效检索或处理信息时，会形成技术超载，使用户产生负向反应。由于信息素养体现了公众的信息习惯和对信息的认知水平，属于认知负荷理论中的内部认知负荷，并非公众对乡村数字文化服务的认知感受，所以，本书将信息素养维度放入刺激因素之中，提出以下假设：

---

① Board A., "Framework for Information Literacy for Higher Education", https://pdfs.semanticscholar.org/967f/9b3d36189883c7681802cabdd5febbb9dfcf.pdf.

② Mullins K., "Good Idea: Instructional Design Model for Integrating Information Literacy", *The Journal of Academic Librarianship*, Vol. 40, No. 3, 2014.

③ Saunders C. et al., "The Impact of Mental Repre-sentations on ICT-related Overload in the Use of Mobile Phones", *Journal of Management Information Systems*, Vol. 34, No. 3, 2017.

H1：公众信息素养对公众感知有用性产生正向影响。

针对网站的导航结构和用户熟悉度，已有研究探索了二者对用户体验的影响。Xu 等[1]发现，用户的熟悉度可以降低用户的认知载荷，改善用户体验。本书将熟悉度升华为更能反映公众对产品认知感受的涉入度，并带入流失行为模型中。涉入度，反映了公众对某事物与自身联系程度的认知，是公众对乡村数字文化服务与自身相关性程度的认知体现，本书将其纳入公众有机体中。信息素养是对公众利用信息处理问题能力的综合评价，基层公众信息素养参差不齐，对数字服务认识不深，技能不足，可能无法适应当前数字服务形式。[2] 所以，本书提出以下假设：

H2：公众信息素养正向影响涉入度。

（二）内部刺激与有机体

质量因素主要体现为乡村公共数字文化服务相关的人员、信息、环境、系统四个方面的综合质量评价情况。本书将质量因素作为乡村数字文化服务的内部刺激因素纳入 S—O—R 模型。Delone 等[3]的研究证实了质量因素与公众满意度呈正向影响。结合访谈资料，乡村公众认为当地的公共数字文化服务的总体质量需要进一步提升。他们对于现今的乡村数字文化服务整体质量并不满意，特别是数字设备提供、物理与人文环境营造等方面。同时由于乡村数字文化服务的供给与公众需求不匹配，乡村公共文化服务无法满足公众需求，严重影响到公众的感知有用性。本书提出以下假设：

H3：质量因素对感知有用性有正向影响。

H4：质量因素对满意度产生正向影响。

---

[1] Xu J. et al., "The Nature and Consequences of Trade – off Transparency in the Context of Recommendation Agents", *MIS Quarterly*, Vol. 38, No. 2, 2014.

[2] 王锰等：《公共数字文化服务的用户接受模式研究》，《图书馆学研究》2018 年第 2 期。

[3] Delone W. H. and Mclean E. R., "The DeLone and Mc Lean Model of Information Systems Success: A Ten – year Update", *Journal of Management Information Systems*, Vol. 19, No. 4, 2003.

（三）外部刺激与反应

在 S—O—R 模型中，替代品吸引力是指与乡村文化数字服务功能相近的替代服务对公众产生吸引力，致使公众脱离原有服务，被纳入外部刺激因素中。Zhang 等[1]认为，替代品吸引力可以直接影响用户的转移行为。目前与乡村数字文化服务功能相近，但质量更优的服务存在较多，这些服务提供更佳的公众体验或无与伦比的便利性，更容易吸引乡村公众的目光，从而使公众产生转移行为，与乡村数字文化服务形成了竞争关系。基于此，本书提出假设：

H5：替代品吸引力对公众流失行为产生正向影响。

（四）有机体与反应

根据顾客满意度模型，Eshghi 等[2]证明用户的满意度与用户流失行为存在反向关系，即用户的不满情绪，会造成用户的流失行为。Bhattacherjee[3]认为，用户感知有用性对用户的接纳行为、转移行为存在影响。徐孝娟等[4]将满意度、感知有用性两个因素纳入用户有机体维度中，发现两者与流失行为存在负相关关系，并得出社交网站用户更加注重网站的有用性的结论。同时，熊巍等[5]在微信移动社交用户黏性研究中，发现涉入度是影响公众行为的重要因素。所以，本书提出以下假设：

H6：感知有用性对公众流失行为存在负向影响。

H7：满意度对公众流失行为存在负面影响。

H8：涉入度对公众流失行为存在负向影响。

---

[1] Zhang K. Z. K. et al., "Understanding the Role of Gender in Bloggers' Switching Behavior", *Decision Support Systems*, Vol. 47, No. 4, 2009.

[2] Eshghi A. et al., "Determinants of Customer Churn Behavior: the Case of the Local Telephone Service", *Marketing Management Journal*, Vol. 16, No. 2, 2006.

[3] Bhattacherjee A., "Understanding Information Systems Continuance: An Expectation–confirmation Model", *MIS Quarterly*, Vol. 25, No. 3, 2001.

[4] 徐孝娟等：《S—O—R 理论视角下的社交网站用户流失行为实证研究》，《情报杂志》2017 年第 7 期。

[5] 熊巍等：《微信移动社交用户心流体验对用户粘性的影响研究》，《新闻界》2015 年第 7 期。

二 研究方法

为验证乡村公共数字文化服务中公众流失行为的概念模型，本书以问卷调查为主，辅之以访谈，并利用最小二乘路径建模法对数据作定量分析，检验流失模型的整体性，各要素之间的关联性及影响路径，为提出应对公众流失行为的解决方案提供科学依据。

（一）数据收集

本书的调查对象是使用公共数字文化服务的乡村公众，以实地调研与网络问卷相结合的方式收集数据。研究小组使用问卷星通过社交网络平台发放网络问卷，同时在实地调查现场采集数据。2020 年 6—7 月，正式发放问卷 336 份，其中有效问卷 234 份，有效问卷与量表题项之比约为 7∶1，达到样本稳定性要求。

本书利用 SPSS 26，对问卷样本数据作基本情况统计，分析结果见表 10-6。样本男女比例比较合理，职业覆盖全面，多为学生、企业职员、个体经营户、务农人员，学历覆盖度广泛，其中高中及以下学历占 60.69%。

表 10-6　　　　　样本基本情况统计

项目	类别	样本数	比例（%）
性别	男	124	52.99
	女	110	47.01
年龄	20 岁及以下	51	21.79
	21—30 岁	51	21.79
	31—40 岁	29	12.39
	41—50 岁	73	31.20
	51—60 岁	22	9.40
	61 岁及以上	8	3.42
学历	小学及以下	26	11.11
	初中	60	25.64
	高中或中专	56	23.93
	大学本科或高职高专同等学历	89	38.03
	研究生及以上	3	1.28

续表

项目	类别	样本数	比例（%）
职业	企业职员	32	13.68
	公务员或政府人员	8	3.42
	事业单位人员	23	9.83
	个体经营人员	31	13.25
	务工人员	27	11.54
	务农人员	42	17.95

（二）量表设计

本书首先作预调查，旨在掌握公众的基本信息，以及通过可靠性分析和探索性因子分析，对问卷信度与效度作初步检验。正式调查问卷包括三大部分，第一部分为单选与多选题，主要是了解测试者的基本信息（性别、职业、学历等），以及当地乡村数字文化服务的使用频率、设施状况、活动开展等情况。第二部分为量表题，主要涉及公众信息素养、替代品吸引力、质量因素、感知有用性、满意度、涉入度、流失行为。本书主要采用的是"李克特七级量表"（1＝非常不同意、2＝不同意、3＝有点不同意、4＝不清楚、5＝有点同意、6＝同意、7＝非常同意）。第三部分开放式题型，目的在于收集公众的建议及需求。量表测量题项及主要参考来源见表10－7。

表10－7　　　　　　　　　　量表题项与来源

变量	测度项	测度项描述	参考来源
替代品吸引力	AA1	我知道类似服务可以替代当地的乡村数字文化服务	Zhang等[1]
	AA2	我认为其他地区的数字文化服务质量比当地的更高	
	AA3	我认为其他地区的数字文化服务体验感比当地的更好	

---

[1] Zhang K. Z. K. et al., "Understanding the Role of Gender in Bloggers' Switching Behavior", *Decision Support Systems*, Vol. 47, No. 4, 2009.

续表

变量	测度项	测度项描述	参考来源
涉入度	IN1	我不了解公共数字文化服务	Xu 等[1]；熊巍 等[2]
	IN2	我没有时间去使用当地的公共数字文化服务	
	IN3	我很少使用公共数字文化服务	
	IN4	我对公共数字文化服务不太感兴趣	
质量因素	UE1	服务人员的专业性不足	Gu 等[3]
	UE2	当地乡村数字文化服务设施陈旧，未及时更换或维修	
	UE3	当地乡村数字文化设施种类不能满足需求	
	UE4	当地乡村数字文化服务空间布局不合理或环境较差	
	UE5	当地乡村公共数字文化服务提供的信息内容不全面	
	UE6	当地乡村公共数字文化服务很少发布新颖的作品	
	UE7	当地乡村公共数字文化服务提供的信息内容形式单一	
	UE8	服务平台排版不美观	
	UE9	服务平台容易卡顿	
	UE10	服务平台不能提供个性化信息服务	
公众信息素养	IL1	我不认为互联网能使查找信息变得更容易	Mullins[4]；王锰 等[5]
	IL2	我想不到使用网络来解决问题	
	IL3	我不认为网络对个人发展有利	
	IL4	我在网上不容易找到需要的信息	
	IL5	我不能独立使用网络设备或平台	
满意度	ST1	我在使用服务时，感到不满足	Eshghi 等[6]；

---

[1] Xu J. D. et al., "The Nature and Consequences of Trade–off Transparency in the Context of Recommendation Agents", *MIS Quarterly*, Vol. 38, No. 2, 2014.

[2] 熊巍 等：《微信移动社交用户心流体验对用户粘性的影响研究》，《新闻界》2015 年第 7 期。

[3] Gu B. et al., "Competition among Virtual Communities and User Valuation：the Case of Investing–related Communities", *Information Systems Research*, Vol. 18, No. 1, 2007.

[4] Mullins K., "Good Idea：Instructional Design Model for Integrating Information Literacy", *The Journal of Academic Librarianship*, Vol. 40, No. 3, 2014.

[5] 王锰 等：《政社联动对公共数字文化服务效能的作用机理研究》，《图书情报知识》2020 年第 6 期。

[6] Eshghi A. et al., "Determinants of Customer Churn Behavior：the Case of the Local Telephone Service", *Marketing Management Journal*, Vol. 16, No. 2, 2006.

续表

变量	测度项	测度项描述	参考来源
满意度	ST2	我在使用服务时，感到无聊	徐孝娟等[1]
	ST3	我在使用服务时，感到不满意	
感知有用性	PU1	使用服务时，不能打发时间，不能丰富文化生活	Bhattacherjee[2]
	PU2	使用服务时，有用信息较少，不能解决自身问题	
	PU3	感觉这项服务在自己生活中意义不大	
流失行为	EI1	我更愿意使用其他更好的替代服务	徐孝娟等[3]
	EI2	我会减少使用服务的频率	
	EI3	我不会再使用服务	

三　数据分析

本书使用 Cronbach's α 和组合信度（CR）检验数据内部一致性与稳定性，一般认为两者都应大于 0.7。效度主要是检验问卷量表题项的有效性，测量结果是否可以实际反映被测对象。效度检验主要分为内容效度检验和建构效度检验。由于本书的变量与题项都源自相关文献，因此具有较好的内容效度。建构效度检验分为收敛效度和区分效度。收敛效度的指标主要由平均变异萃取量（AVE）及因子载荷系数衡量，两者值一般大于 0.5；区分效度通常要求 AVE 值平方根大于变量相关系数值。信度和效度检验结果见表 10-8 和表 10-9。

本书采用最小二乘路径建模法（PLS—SEM）构建结构方程。PLS 分析法，相较于协方差结构方程模型，更适合作理论模型探索，且在样本量较小的情况下依然具有较好的稳定性。本书将使用 SmartPLS 3.0 软件来验证概念模型假设。

---

[1] 徐孝娟等：《S—O—R 理论视角下的社交网站用户流失行为实证研究》，《情报杂志》2017 年第 7 期。

[2] Bhattacherjee A., "Understanding Information Systems Continuance: An Expectation-confirmation Model", *MIS Quarterly*, Vol. 25, No. 3, 2001.

[3] 徐孝娟等：《S—O—R 理论视角下的社交网站用户流失行为实证研究》，《情报杂志》2017 年第 7 期。

表 10-8　　　　　　　　　信度检验与因子载荷系数

变量	测度项	α	CR	因子载荷
替代品吸引力	AA1	0.88	0.93	0.87
	AA2			0.91
	AA3			0.92
涉入度	IN1	0.90	0.93	0.88
	IN2			0.85
	IN3			0.88
	IN4			0.89
质量因素	UE1	0.96	0.97	0.80
	UE2			0.89
	UE3			0.85
	UE4			0.90
	UE5			0.87
	UE6			0.89
	UE7			0.88
	UE8			0.90
	UE9			0.83
	UE10			0.87
公众信息素养	IL1	0.91	0.93	0.81
	IL2			0.87
	IL3			0.86
	IL4			0.89
	IL5			0.87
满意度	ST1	0.94	0.96	0.95
	ST2			0.93
	ST3			0.97
感知有用性	PU1	0.92	0.95	0.94
	PU2			0.92
	PU3			0.92
流失行为	EI1	0.89	0.93	0.87
	EI2			0.93
	EI3			0.92

第十章 乡村公共数字文化服务中公众流失行为及应对

表 10-9　AVE 值、AVE 值平方根和相关系数矩阵

	AVE	公众信息素养	感知有用性	替代品吸引力	流失行为	涉入度	满意度	质量因素
公众信息素养	0.74	0.86						
感知有用性	0.86	0.61	0.93					
替代品吸引力	0.81	-0.44	-0.57	0.90				
流失行为	0.82	-0.57	-0.66	0.57	0.91			
涉入度	0.77	0.42	0.55	-0.33	-0.53	0.88		
满意度	0.90	0.63	0.78	-0.67	-0.70	0.56	0.95	
质量因素	0.75	0.55	0.80	-0.60	-0.72	0.58	0.79	0.87

从表 10-8 来看，本书变量的 Cronbach's α 系数大于 0.80，CR 值都在 0.90 以上，说明数据符合信度要求。表 10-8 中的因子载荷系数与表 10-9 中的 AVE 值都在 0.50 以上，且各变量 AVE 值平方根都大于与其他因子相关系数，表明数据收敛效度和区分效度良好。

本书进一步使用 SmartPLS 3.0 软件验证假设。同时，采用 BootstrApping 再抽样算法作检验，对原数据作样本容量为 2000 的重复抽样，显著水平调整为 0.05，感知有用性、满意度、流失行为的 R^2 分别为 0.66、0.63、0.55，说明模型具有较好的解释力，各路径假设获得支持（见表 10-10）。最后利用软件的 Blindfolding 算法，计算模型的拟合优度指标 Gof。一般认为 Gof 值大于 0.36，代表模型具有强适配度，而本书模型的 Gof 值为 0.58，说明乡村公共数字文化服务的公众流失行为模型具有良好的整体拟合效果。

表 10-10　乡村公共数字文化服务公众流失模型检验结果

	研究假设	路径系数	t 检验	P 值	假设验证
H1	公众信息素养—>感知有用性	0.24	4.63	0.00	成立
H2	公众信息素养—>涉入度	0.42	8.12	0.00	成立
H3	质量因素—>感知有用性	0.67	13.77	0.00	成立
H4	质量因素—>满意度	0.79	30.82	0.00	成立

续表

研究假设		路径系数	t检验	P值	假设验证
H5	替代品吸引力—>流失行为	0.17	2.23	0.03	成立
H6	感知有用性—>流失行为	-0.22	2.60	0.01	成立
H7	满意度—>流失行为	-0.31	3.30	0.00	成立
H8	涉入度—>流失行为	-0.18	2.97	0.00	成立

在刺激维度到有机体维度的影响路径中，质量因素与满意度、感知有用性的路径系数分别为 0.79***、0.67***，说明质量因素对两者呈显著正向影响（H3、H4 假设成立），即乡村公共数字文化服务整体质量的下降，会降低满意度，使公众对乡村公共数字文化服务的有用性产生怀疑。公众信息素养与感知有用性、涉入度的路径系数分别为 0.24***、0.42***，公众信息素养与两者也具有显著正向相关关系（H1、H7 假设成立）。替代品吸引力与流失行为存在于刺激维度和反应维度，两者之间的路径系数为 0.17*，证明替代品吸引力对公众流失行为存在一定的正向影响（H2 假设成立）。有机体维度的满意度、感知有用性、涉入度三个变量对流失行为的影响系数为 -0.31**、-0.22**、-0.18**，三者都对流失行为有负向影响（H5、H6、H8 假设成立）。

四 研究发现

本书从刺激与有机体、刺激与反应、有机体与反应三个方面探讨公众流失行为，发现乡村公共数字文化服务的公众流失行为模型（见图 10-4）。从结果来看，模型呈现的影响路径与前人观点较为契合，说明以 S—O—R 理论为基础，认知负荷理论的影响因素作为补充，对于解析乡村公共数字文化服务的公众流失研究具有可行性。从最后的流失模型来看，我们发现从质量因素、公众信息素养、替代品吸引力三个刺激因素出发，通过满意度、感知有用性、涉入度，有五条路径影响公众流失行为。

（一）刺激与有机体

质量因素主要包含乡村数字文化服务的人员、信息、环境、系统

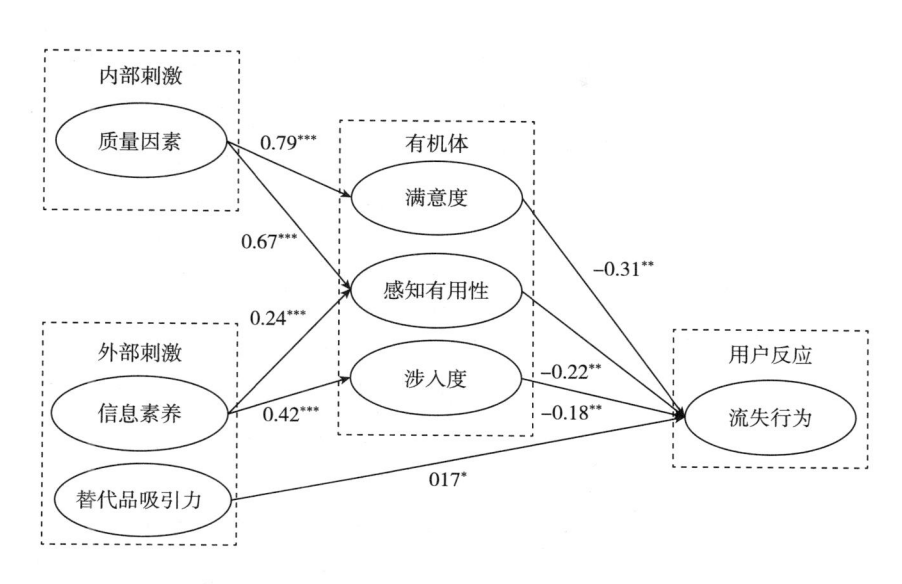

图 10-4　乡村公共数字文化服务的公众流失行为模型

注：＊表示 p<0.05；＊＊表示 p<0.01；＊＊＊表示 p<0.001。

四个方面的质量。满意度是反映公众在使用乡村数字文化服务后对总体质量作评价的最直观的变量，感知质量较差，满意度会随之降低；反之，满意度则会提升。[①] 近年来，乡村公共文化机构已基本落实"广播电视村村通""电影下乡""农家书屋""电子阅览室"等文化惠民工程，但在微观细节层面，乡村数字文化服务依旧存在供给质量不高的问题。乡村公共文化机构的工作人员专业性较差，工作任务较为简单，比如仅能胜任看管任务，根本无法解决公众的实际问题，影响了公共文化服务价值的实现。服务环境较差，布局不合理让公众产生距离感，信息形式的单一性和内容的滞后性使公众感到乏味和厌倦，平台未能及时维护，造成卡顿出错会让公众产生焦虑感，是服务无法达到期望的主要原因。

乡村公众数字文化建设及文化工程的实施旨在满足乡村公众的基本文化需求。然而，乡村公共数字文化服务的供给与公众需求不匹

---

① 张海等：《基于 S—O—R 理论的移动政务 App 用户使用意愿影响因素研究》，《情报科学》2019 年第 6 期。

配，严重影响供给有效性。乡村公众更倾向于了解健康信息、农业信息等，更愿意观看视频、图片，而非文字，加之数字设备可用性不高、周边环境不尽如人意等问题，导致公众认为服务对其没有帮助，无法满足自身需求，致使公众文化服务的有用性大打折扣。

两个路径系数相比较，质量因素对满意度影响更为突出。与感知有用性不一样，虽然乡村的数字文化服务总体满意度不高，但对"广播电视村村通"这样的数字文化工程参与度较高，乡村公众更在意人员、信息、环境、系统质量，给其带来的主观感受。另外，由于工作需要，公众也会利用乡村数字文化服务平台检索信息。所以，质量因素对感知有用性的路径系数相较于满意度低。

从上述的假设检验结果中可以看出，将公众信息素养与涉入度纳入 S—O—R 模型的刺激因素以及有机体维度中是适宜的。公众信息素养较低，会对公众感知有用性和涉入度产生负面影响。从影响系数来看，信息素养对于涉入度影响程度更高。乡村公众受职业、年龄、学历、习俗、所处环境等影响，信息素养差距较大。大部分乡村公众无法明确自身的信息需求，不善于发现信息资源，获取信息的手段匮乏，无法适应数字环境，加上乡村公共文化机构对数字文化服务的宣传工作不到位，无法让乡村公众体会到公共数字文化服务对于自身的重要性，导致乡村公众对公共数字文化服务认知不足，感知有用性偏低。所以，信息素养提升是培养公众数字素养的前提，信息素养可以提升公众对数字设备和数字信息价值的认知。[①]

乡村公众受制于信息素养水平导致自身的文化需求和信息需求普遍较低。以参与度较高的"广播电视村村通"数字文化工程为例，乡村公众虽然已配备数字电视与广播，条件较好的已连接上网络，但大多数公众利用数字电视、广播、网络并非是为满足自身的文化信息需求，而是追剧、玩游戏等，仅满足自身的娱乐需求。公众对真正意义上可以实现文化、信息需求的"电子阅览室""农家书屋"等数字工

---

① Leaning M., "An Approach to Digital Literacy through the Integration of Media and Information Literacy", *Communication*, Vol.7, No.2, 2019.

程的参与度并不高。综上，乡村公众信息素养偏低导致其对乡村数字文化服务的感知有用性和涉入度偏低。

（二）刺激与公众反应

替代品吸引力直接影响公众流失行为。随着智能手机与社交媒体的普及与发展，众多与乡村数字文化服务功能相近的替代服务孕育而生。社会性替代品方便快捷，可以提供更高质量的服务，无形之中已成为乡村数字文化服务的竞争对手。一方面，由于城乡文化服务不均等，城乡数字鸿沟依旧存在的缘故，乡村公众更愿意使用城市公共文化机构（市图书馆、市博物馆等）的数字服务，他们认为市级公共文化服务环境更加舒适，服务更加全面，而对乡村公共文化服务不屑一顾，导致乡村公共文化服务处于边缘化位置。[1] 另一方面，根据访谈及问卷数据，乡村公众主要是以 20 岁及以下的年轻人和 41 岁及以上的中老年人为主，这类群体特点是信息素养普遍较低，信息需求较小。而处于 21—40 岁这一年龄段者，虽然信息素养相对较高，但是大多都离开当地去外地上学或打工，常住者少。这类群体存在较大的信息需求，但却能找到乡村数字服务的替代服务。这也是替代品吸引力对公众流失行为产生正向影响的原因。本书认为除了弥补资金与技术的短板，积极地与替代服务缩小差距以外，应明确自身优势，打造异于其他替代服务的个性化特色的数字文化服务体系也格外重要。

（三）有机体与公众反应

公众在体验过程中满意度下降、感觉服务对自身无用或对乡村数字文化服务认知不足，会让公众产生放弃使用服务的想法，从而产生流失行为。在三个变量的影响系数绝对值中，满意度最高，这充分说明满意度是影响公众流失行为的核心因素。满意度较低指公众在使用数字文化服务时不满足，无法获得服务价值，对服务提不起兴趣，体验感较差。公众认为服务对自身无用则是因为服务无法打发时间，无法在生活中起到一定作用，在自身生活中存在意义较低。乡村公共文

---

[1] 刘文玉、刘先春：《农民工公共文化服务的缺失及其原因探析》，《兰州学刊》2011 年第 5 期。

化机构缺少必要的宣传，或宣传重心偏移，导致公众无法真正了解乡村数字文化服务的作用更是加剧了用户流失。因此，在乡村数字文化服务过程中，将满意度放在首位，改善服务的整体质量，考虑公众实际需求，同时提高乡村公众信息素养，促进涉入度和感知有用性的提升，可有效规避公众流失行为。

第七节　乡村公共数字文化服务中公众流失行为的应对策略

针对以上结论，本书认为可从丰富服务供给渠道，培育公众信息素养，提升信息资源质量，改善服务支撑环境四方面着手，有效避免乡村公共数字文化服务中公众流失行为的发生。

（1）丰富服务供给渠道，为公众提供多元选择。具体可从以下方面实施：①促进供给形式的多元化。在分析同类常规替代产品优势的基础上，乡村服务机构可加强与社会力量合作，通过"互联网+服务"的形式，以短视频、直播等作为乡村公共数字文化服务的信息普惠工具，实现供给的多样性。②打造文旅融合的数字文化服务供给平台。乡村服务机构可结合乡村振兴、文旅融合、新时代文明实践中心建设三大重点任务加以拓展，围绕区域优势及特色资源，打造一体化的特色数字平台，提供乡村公众喜闻乐见的多元文化产品，拓宽受众群体[①]，增强公众黏性。③提高供给支持力度。在打造优质的数字文化平台同时，政府可加大资金与技术支持，与社会力量合作，推出符合时代特点的创新性服务产品，提升乡村公共数字文化服务的有效供给水平。

（2）打造专业团队，培育公众信息素养。具体可从以下方面推进：①重视人才队伍建设。专业型人才是营造良好的数字文化氛围的

---

① 杨扬等：《信息增能与技术赋权：数字时代农家书屋的发展趋势及创新思路》，《图书馆学研究》2020年第9期。

关键。乡村文化服务机构可通过国家基层就业项目着重引进专业文化人才，提高乡村公共数字文化服务的专业服务支持能力。②加强服务宣传推广。乡村文化服务机构可举办相关的数字文化主题活动，让乡村公众了解数字文化服务及其功能，发挥服务在公众生产和生活中的积极作用。③开展数字扫盲专项行动。针对乡村中学历较低或不会使用计算机、网络服务等数字工具的公众，乡村公共数文化服务机构（如农家书屋、文化站等）可与县市相关单位和高校合作，以邀请专家开设讲座、数字培训等形式，提高公众的信息意识、信息知识、信息技能。

（3）提升信息资源质量，促进产品供给提质增效。具体可从以下方面着手：①定位公众信息需求。乡村公共文化服务机构可建立完善的公众信息需求采集机制，联合村委会、社区服务中心等基层行政机构，定期开展采集工作，充分把握公众主要信息需求内容，以此作为改善供需关系的重要依据。②加强精准推送能力。针对乡村公众的差异化信息需求，乡村文化服务机构可按照农业知识、致富技能、艺术普及等信息分类供给，按照音频、视频及视听结合的信息承载形式，向公众精准推送不同的信息资源，以满足公众多样化需求，提高其对乡村公共数字文化的使用和应用能力。

（4）改善服务支撑环境，实现规范化管理。具体实施如下：①空间布局与开放时间合理化。乡村公共文化服务机构的空间布局与开放时间应充分考虑公众便利性，考虑公众客观条件，并进行灵活调整和优化。②数字设施及系统维护常态化。乡村公共文化服务机构可定期对乡村公共数字文化服务设施维护，对服务平台及时更新，确保设施的可用性、平台的易用性，提升公众的使用体验[①]，吸引并留住公众，不断提高公众满意度。③完善公众反馈机制。鉴于服务质量对公众满

---

① 戴艳清、戴柏清：《中国公共数字文化服务平台用户体验评价：以国家数字文化网为例》，《图书情报知识》2019 年第 5 期。

意度存在直接影响关系①，乡村文化服务机构可将公众评价和反馈融入服务过程，通过打分，甚至开通匿名投诉渠道，确保公众在服务使用中得到有求必应、有问必答的优质体验。

第八节　本章小结

本章以 S—O—R 理论为基础框架，结合认知负荷理论，构建乡村公共数字文化服务的公众流失行为模型，阐明刺激因素、有机体、公众反应三者之间关系，厘清三者之间的影响路径，发现乡村数字文化服务的人员、信息、环境、系统四个方面的质量因素、公众信息素养、替代品吸引力是重要的环境刺激因素，满意度、有用性、涉入度是有机体因素，公众流失行为则是反应因素，从质量因素、公众信息素养、替代品吸引力三个刺激因素出发，通过满意度、感知有用性、涉入度，有五条路径影响公众流失行为，为我国现代公共文化服务体系的建设和发展提供了新思路，丰富了公众流失的研究成果。

---

① Delone W. H. and Mclean E. R., "The DeLone and Mc Lean Model of Information Systems Success: A Ten - year Update", *Journal of Management Information Systems*, Vol. 19, No. 4, 2003.

第十一章

协同提升乡村公共数字文化服务能力

数字乡村是数字中国战略的重要组成部分,是智慧社会建设在乡村的延伸,重在实现现代信息技术在农村经济、政治、文化、社会、生态各领域各环节广泛而深度的应用。公共文化服务能力是指政府主导、社会力量参与,为社会公众提供公共文化设施、文化产品、文化活动以及其他相关文化服务,满足人民群众基本文化需求的能力的总和。数字乡村背景下的公共文化服务能力是地方政府提供公共数字文化设施、公共数字文化产品、公共数字文化活动和其他数字文化服务的能力的总和。数字乡村背景下的公共文化服务着力于社会效益,能为公众提供非竞争性、非排他性的文化服务,是以非营利性为目的的公共文化事业,其实质是面向大众的公共文化,通过快捷便利的数字化传播途径,成为现代公共文化服务体系的重要组成部分,也是国家文化事业发展的一个主要分支。

作为公共文化服务与数字文化相结合的产物,乡村公共数字文化服务以满足社会公共文化需求为目的,以政府公共财政为支撑,以数字化资源为依托,以网络化传播为载体,向全体社会公众提供产品和服务,是信息技术环境下提高公共文化服务水平的重要途径。在我国乡村公共数字文化服务的普及率不断提高和覆盖面日趋广泛的同时,乡村公共数字文化服务出现缺位、失位问题,乡村数字设施不齐全,资源更新滞后,网络不畅,公众信息素养较低,再加上工作人员专业性不强，服务宣传不到位等问题导致乡村公共数字文化服务利用率低下，文化资源不平等、数字鸿沟、数字化贫困现象突出，与城市公共数字文化服务存在较大差距，不能有效满足公众的文化需求，因而需要进一步从保基本、兜底线、促公平等多重角度加强乡村公共文化服务研究。

然而，当前研究主题大多集中在公共文化服务项目，探究微观图书馆、文化站、农家书屋等文化机构及其服务，涉及资源、技术、公众接受及使用等方面，从宏观的角度将乡村公共文化服务作为内核作系统性研究的成果尚少。面对文化生存和发展的经济基础、体制环境、社会条件等外部环境的变化，为满足公众的多层次文化需求，国外基本形成多主体共同参与的公共文化服务模式，国内公共文化服务涉及中央与地方政府关系、第三方机构角色定位等结构性问题，已有研究过于注重局部要素的驱动，对于主体、服务、保障等多种要素之间的宏观关系把握不够，对多种要素与社会环境的关系认知仍不足，缺乏跨学科层面的理论整合和实践应用代表性成果，仍需要进一步理顺理论与实践的逻辑关系，发挥理论对于实践的指导作用。

本书主要借鉴整体性治理理论、信息场理论、刺激—有机体—反应理论、认知负荷理论、社会认知理论、压力应对理论，通过对乡村公共数字文化服务问题诊断及态势分析，挖掘影响要素，识别机理，揭示了乡村公共数字文化服务能力提升的模式，并进一步解析模式，开发量表，验证了模式的科学性。本书认为主体、保障、内容、素养、效能要素相互作用形成乡村公共数字文化服务能力提升模式。其中，主体要素包括政府、文化单位、社会组织、企业、公众，保障要素包括经济、目标、制度、能力、动力保障，服务内容要素包括资源、服务活动类因素，信息素养要素侧重信息技能，服务效能要素体现了公众对服务的使用满意度等情况。本书发现，乡村公共文化服务能力提升的两条路径：一是政府和社会主体通过服务保障作用于信息素养，进而影响服务效能；二是政府和社会主体依次作用于服务保障、服务内容、信息素养，进而影响服务效能。这两条路径都与信息素养因素密切相关，公众信息素养与服务内容、主体、服务效能共同构成数字乡村背景下公共文化服务能力提升的模式。

鉴于社会主体在公共数字文化服务中的参与度不够，本书基于乡村公共数字文化服务能力提升的模式，认为要提升乡村公共数字文化服务能力，必须从整体性治理的角度认识社会主体的作用，使其充当积极的建设者角色，在提供服务内容、完善服务保障、培育公众信息素养、评估效能中发挥相应的作用。针对政府和社会力量对乡村公共数字文化服务能力的差异化影响、乡村公共数字文化服务中公众信息规避及流失行为，本书认为乡村公共数字文化服务中出现的问题需要从"人"的发展视角来看待和解决。本书进一步以田野调查的形式采集数据，使用定性比较分析法，发现公众的态度、需求、满意度、使用意愿、使用信心等数字化体验因素影响公众采纳行为，信息素养、文化氛围、服务质量、平台质量影响公众信息规避行为，信息质量、信息素养、感知有用性、涉入度、替代品吸引力、满意度影响公众流失行为，并提出差异化应对策略，以指明乡村公共数字文化服务能力提升的方向。

总之，数字乡村背景下的公共数字文化服务各要素之间的关联互动显现整体协同效应，无论是增强宏观层面的竞争优势和提高综合服务能力，还是微观层面化解要素之间的冲突及促进功能互补，都发挥着统摄作用。本书认为，在数字乡村背景下从整体性治理的角度加强公共文化服务协同对于提升乡村公共数字文化服务能力是必要的，可从以下方面着手：

（1）平衡多元主体的乡村公共数字文化治理结构。针对乡村公共数字文化服务中存在的问题，必须推动公共文化服务的社会化，发挥政府"元治理"的角色，其他主体如公共文化机构、企业、非政府组织、公众等，则发挥具体的管理服务职能，最终形成多元主体共同参与的乡村公共文化服务格局。欧美国家一般认定某一个特定级别的政府（中央政府或地方政府）独立或联合充当文化建设主体，负责在辖区内构建文化服务体系。我国是一级政府建设和管理一级文化服务，导致什么级别的政府都是文化建设主体，而不管其是否具有提供公共文化服务的能力。如果某地方政府不具有经费支持等能力，它就是缺乏能力的建设主体，就无力提供覆盖全区域的普遍平等的文化服务，这是我国边远地区公众无法平等地获得公共文化服务的一个重要原因。随着社会分层细化，不同利益主体的需求复杂多样，乡村公共数字文化建设主体不能仅限于政府，社会力量也是重要的参与者和推动者。政府一方面发挥政策导向职能，从宏观上规定社会主体的进入门槛和服务范围，并对政府在公共数字文化服务中的角色作规范，避免出现违规现象；另一方面是站在全局高度，对公共文化建设中的合作作规定，充分发挥市场主体在文化建设各环节中的地位与作用，保障各参与主体平等竞争。非政府组织和社会个人等则可发挥组织协调作用，促使政府职能由管理向服务转变。最终，在多元建设主体参与下，政府、市场和非政府组织在乡村公共数字文化建设中既能合作，又能各司其职，在服务中博弈、调适，最终形成合理的乡村公共数字文化服务体系。

（2）培育协同治理的乡村公共数字文化服务保障环境。乡村公共数字文化建设需要以满足公众基本需求为目标，形成一个开放协同的环境，而不是各自为政、相互封闭的闭环系统。乡村公共文化资源开发、利用、协调、整合与优化需要打破资源及组织间的障碍和边界，使各种、保障要素等以公共数字文化建设为主线，实现数字乡村背景下公共文化服务的有效保障。当前我国处于社会主义初级阶段，仅靠政府来开展乡村公共数字文化建设，不可行也不可能。尤其是相对落后地区在公共数字文化建设中更应克服"一切靠政府"的固化意识，引入社会力量如非营利组织、企业、公众，参与公共文化建设，发挥相应的优势，共同担负起乡村公共数字文化建设的重任。我国的法律保障体系较为落后，涵盖乡村公共数字文化内容并规范主体行为的政策法规并不完善。在乡村公共文化服务中，需要制定配套的法律法规，将数字文化事业的投入与管理及早纳入法制化的轨道，以应对乡村公共文化服务可能出现的各种情况，保障公民享有平衡充分的公共文化服务。数字乡村背景下的公共文化服务同样需要高素质的专业化人才。很多基层文化单位因缺乏专业人才，影响了公共文化服务质量。在乡村公共数字文化服务中，可以充分发挥全国文化资源共享工

第十一章　协同提升乡村公共数字文化服务能力

程等公共文化服务主渠道作用,加快培训数字文化建设、管理和服务人才。此外,还可引入社会资源,建立社会工作者、志愿者队伍,使之成为乡村公共数字文化人才体系的补充。公共数字文化服务的产生、存在、发展与数字技术密切相关。数字乡村背景下的公共文化服务还需要加强公众信息素养培育,培养公众的信息意识和技术能力,实现文化服务与技术的无缝隙连接。借助于数字基础设施,公众文化需求的表达、文化资源的共享得以实现。动力保障主要从公众参与的角度来讲,可促进参与程序的公正性和信息的公开透明,为公众参与服务创造良好的外部条件。具体来说,公众参与公共数字文化服务包括两方面的含义:公众使用服务、公众根据服务体验反馈服务质量。平台为公众提供表达的机会,公共文化机构对公众意见回应积极、负责,能够激发公众的参与热情,使公众在公共文化服务参与、互动中获得满足感,养成自觉参与公共数字文化服务的习惯,推动数字乡村背景下的公共文化建设。

(3) 推进乡村公共数字文化服务内容体系均衡发展。当前,城乡、区域之间公共文化服务体系发展不均衡的问题日益突出,主要表现在城乡和区域之间的设施供给、资源供给、服务供给等多个方面。面对公众对公共数字文化服务的综合化、高效化、多元化、复杂化需求现状,需要缩小城乡、区域、群体之间公共文化服务差距,提供智能化和精准化的公共文化服务,确保真正意义上的文化服务均等化。乡村公共文化机构服务能力有限,而公众对服务的需求却是相对无限。如何利用有限的条件提高服务效能,实现需求和供给动态平衡?尤其是伴随我国现代化的推进,公众的文化需求与消费水平逐渐提升,之前的文化产业部分因为已经广为普及,可变为公众平等享有的基本文化服务内容,从而成为数字文化事业的组成部分。而文化事业部分内容也会因只有少数公众需求而市场化,可调整为文化产业部分。所以,公共数字文化服务包括哪些内容,数字文化产业又包括哪些内容,其判断标准需要根据现实情况不断调整。这需要在政府厘清公益性与经营性关系的基础上,对公众基本文化服务需求与部分公众更高层次的多元文化需求的尺度予以把握,将公共文化事业的全面宏观布局与数字文化产业的专业化、个性化服务相结合，根据发展情况适时调整二者的内容范围。因此，结合乡村公共数字文化服务目标，为使公众充分享有基本文化权利，公共数字文化服务供给，一方面体现公平公正原则，优先满足不同群体的一般性需求；另一方面满足部分公众差异化需求，以实现乡村公共文化服务的均等化。我国公共文化服务体系的现代化建设，其薄弱点在基层，重点难点也在基层。完善乡村公共文化设施，坚持重心下放、资源下沉、服务下移，对公共文化设施资源整合，打造一体化服务平台，建立面向社会的、开放的、平等的公共数字文化服务标准框架，使公众享受普遍均等的公共文化服务，是推动数字乡村背景下的公共文化服务体系建设的有效手段。因此，建立协同高效的公共文化运行体系，以及功能完备、保障有力的公共数字文化供给体系，满足公众基本文化服务需求，能够有效缩小城乡公共数字文化服务差别、保障公民基本文化权益，最终推动国家公共文化事业的可持续发展。

（4）不断提高公众信息素养。乡村公共数字文化服务为公众带来全新体验。不过，信息素养的差异会导致公众公共数字文化服务体验和数字文化参与的不平等，限制了公众充分享有基本文化权利。在乡村公共数字文化服务中，鉴于信息技术环境深刻地影响并决定公众信息素养水平，公共文化机构必须意识到信息素养培育的重要作用。这不仅是一个技术问题，还是一个社会问题。在数字乡村背景下，公共文化服务机构应加大对公众文化信息素养培育的投入，建立培育网站、设立相关专栏或开办信息培育专题节目等，以形成面向公众的文化信息素养教育环境，同时调动社会群体主动参与、相互服务的积极性，开展基本数字技能和文化资源利用竞赛等活动，最终形成强有力的信息素养培育大环境，增强公众使用基本公共数字文化服务的能力。

（5）畅通乡村公共数字文化服务的反馈渠道。在乡村公共数字文化服务中，社会主体并不仅仅是被管理对象和被动的服务接受者，其可发挥回应性和监督性作用，参与公共数字文化建设过程，对服务内容提出要求，对服务管理流程提出建议，对服务政策的制定和落实效果作出反馈。为保障公众基本文化权利，建立政府和社会多元主体主导的公共文化服务反馈机制是必要的。从服务的全面性和系统性出发，注重形式、内容和效用，重视反馈机制的持续性和畅通性，建立涵盖综合保障、资源与服务形式和内容评价，以及公众层面的信息素养、公众采纳、信息规避、流失行为等效用评价体系，可推动乡村公共数字文化服务能力的有效提升，有力地促进乡村公共文化事业的发展。在具体落实上，以政府、企业、文化单位、社会组织、公众为代表，一方面对乡村公共数字文化服务作综合评估，充分考虑区域环境的特殊性，制定科学合理的评估标准，作为乡村公共数字文化服务落实的参考依据；另一方面则可开展广泛而深入的乡村公共数字文化服务社会调查，结合服务对象的特点，从公众信息素养、采纳、信息规避、流失行为等方面作效用评价，促进乡村公共数字文化服务均等化。总之，数字乡村背景下的公共文化服务反馈渠道的建立将推动乡村公共服务规范化运行，促进乡村现代公共文化服务体系建设，最终系统提升乡村公共数字文化服务能力。

附录 A

访谈提纲

一 基本情况

1. 服务点名称：

2. 每周开放时间：

3. 独立法人单位：□是　□否

4. 性质：

□全额拨款事业单位　□差额拨款事业单位　□自收自支事业单位　□其他

5. 管理机制：

□自我运营　□社会化运营　□参与管理　□其他

6. 管理人员情况：

□在编专职　□在编兼职　□非在编劳务派遣　□非在编项目外包　□其他

7. 一般人员情况：

□在编专职　□在编兼职　□非在编

8. 年龄：

9. 学历：

10. 收入：

11. 年平均培训时间：

12. 经费情况：

□财政拨款　□自筹资金　□其他

二 设施配置

13. 是否有广播电视服务室？具体情况。
14. 是否有共享工程服务室？具体情况。
15. 是否有电子阅览室？具体情况。
16. 是否有电脑？具体情况。
17. 是否有平板？具体情况。
18. 是否有自动化管理系统？具体情况。

三 资源配置与服务

19. 服务点拥有（多选）：
□网站　□App　□微博　□微信公众号　□没有
20. 提供的公共数字文化服务项目：
□信息发布　□活动预约　□场馆预约　□网上展览　□活动直播　□数字资源展览　□视频资源播放　□其他
21. 机当前拥有的数字资源类型：
□电子图书　□电子期刊　□电子报纸　□图片/照片　□音频/视频资源　□数据库　□其他
22. 数字资源的访问使用权限：
□站内使用　□互联网使用（电脑）　□互联网使用（移动设备）
23. 地方特色历史文化资源项目：
□宣传网站　□特色数据库　□主题馆　□视频资源　□口述历史
24. 共建共享项目：
□联合采购设备　□联合采购资源　□数字资源共享　□联合展览　□联合讲座　□联合活动
25. 目前的服务需求：
（1）急需建设项目：
□网站　□App　□微博　□微信公众号
（2）急需的公共数字文化项目：
□信息发布　□活动预约　□场馆预约　□网上展览　□活动直

播　□数字资源展览　□视频资源　□其他

（3）希望重点配置的数字资源类型：

□电子图书　□电子期刊　□电子报纸　□图片/照片　□音频/视频资源　□数据库　□其他

（4）希望重点配置的数字资源内容：

□历史传记　□种植养殖　□文学艺术　□财经　□时政　□社会　□军事　□生活健康　□科技　□娱乐　□体育　□旅游　□法律　□其他

（5）数字阅读的载体需求：

□电脑　□平板　□电子阅读器　□机顶盒　□触摸式阅读屏

（6）地方数字资源需求：

□宣传网站　□特色数据库　□主题馆　□视频资源　□口述历史

四　使用情况和建议

26. 管理、运行方面的经验或建议

27. 设备、资源、服务等方面的经验或建议

28. 服务人才队伍建设方面的经验或建议

附录 B

调查问卷

B1 乡村公共数字文化服务能力调查

尊敬的先生/女士：

您好！非常感谢您百忙之中填写这份问卷。本问卷将花费您10—15分钟时间。本次调查旨在了解乡村公共数字文化服务中公众的文化生活形态，基本文化需求，信息素养，公共数字文化服务的使用及使用中对公共数字文化服务相关主体要素、保障要素、效能要素等的认识。本问卷仅用于学术研究，匿名填写不涉及个人隐私，请您根据自己的情况如实作答。

您的参与对本书有很大帮助，恳请您的支持！谢谢！

2018年9月

注：公共文化服务是指由政府主导、社会力量参与，以满足公民基本文化需求为主要目的而提供的公共文化设施、文化产品、文化活动及其他相关服务。乡村公共数字文化服务是以资源数字化、传播网络化、设备智能化、信息共享化、管理实体化为形式的服务体系，其职能在于通过基本的数字设备、网络和数字信息资源，引导乡村公众提升自身的媒介素养、数字技能，强化信息和知识存取的能力。

一　基本情况

1. 您目前所在的区域有哪些公共文化机构或场所？

□图书馆　□档案馆　□博物馆　□文化站　□影剧院　□科技馆　□美术馆/展览馆　□儿童/老年活动中心　□文化公园/广场　□其他_____ *

2. 您文化生活的频率？

○很少　○每月至少一次　○每周至少一次　○每天至少一次

3. 您每次文化生活的时间？

○3 小时以内　○3—6 小时　○6—9 小时　○9—12 小时　○12 小时以上

4. 您拥有的设备情况？

□智能手机　□电子阅读器　□平板　□电脑　□其它_____

5. 您每日使用网络的时长？

○不上网　○1 小时以内　○1—3 小时　○3—5 小时　○5 小时以上

6. 您是否知道公共文化机构基本服务免费向公众开放？

○是　○否

7. 您常去的公共文化场所是？

□图书馆/文化馆　□博物馆/档案馆　□影剧院　□展览馆/美术馆　□科技馆　□儿童/老年活动中心　□文化公园/广场　□其他_____ *

8. 您去公共文化场所的频率？

○从来不　○一年一次及以上　○一个月一次及以上　○一周一次及以上　○每日一次及以上

9. 您很少去或不去公共文化场所的原因是？

□资源陈旧　□资源种类少　□服务手续烦琐　□距离远　□使用线上服务　□不知道地方/没有资源、服务　□其他原因_____ *

10. 您目前所在地有哪些公共数字文化场所或设施？

□文化站数字设施　□数字图书馆　□数字档案馆　□数字博物

馆　□广播网、有线电视网　□电影院　□互联网资源，包括GOOGLE学术、社交网站等　□无数字文化设施

11. 您关注数字文化资源的原因？

□工作/教学需要　□科研需要　□寻找灵感　□个人兴趣　□学习知识　□休闲娱乐　□子女文化熏陶

12. 您主要通过哪些渠道关注数字文化资源？

□广播电视　□公共数字文化网站　□CNKI等专业性网站　□互联网、社交媒体　□报纸、杂志　□亲友宣传　□其他_____＊

13. 您使用图书馆等公共文化服务机构网站的频率？

○从来不　○一年一次及以上　○一月一次及以上　○一周一次及以上　○每日一次及以上

14. 您关注哪些公共数字文化内容？

□学习资源　□科研资源　□曲艺等文化资源　□政治经济资源　□科技教育资源　□历史文化资源　□健康知识/科普知识　□休闲娱乐资源　□其他_____＊

15. 您了解和使用"全国文化信息资源共享工程"等公共数字文化项目吗？

○不了解，不使用　○了解，不使用　○了解，不常使用　○了解，使用

二　公共数字文化服务内容

以下两个为国家级公共数字文化服务网站。

如果您此前未使用公共数字文化服务，请点击链接使用服务，并根据体验结果，如实填写此部分问项。

数字图书馆推广工程（http：//www.ndlib.cn/）

国家数字文化网（http：//www.ndcnc.gov.cn/）

14. 您认为以下服务内容很重要	①—>⑦表示从不同意到同意程度的不断提高						
文化资讯	①	②	③	④	⑤	⑥	⑦
文化资源	①	②	③	④	⑤	⑥	⑦
专题资源	①	②	③	④	⑤	⑥	⑦

续表

14. 您认为以下服务内容很重要	①—>⑦表示从不同意到同意程度的不断提高						
讲座活动	①	②	③	④	⑤	⑥	⑦
互动空间	①	②	③	④	⑤	⑥	⑦
文献提供	①	②	③	④	⑤	⑥	⑦

三 公共数字文化服务的主体

15. 您认为公共文化服务多元主体治理重要	①—>⑦表示从不同意到同意程度的不断提高						
政府负责	①	②	③	④	⑤	⑥	⑦
文化单位负责	①	②	③	④	⑤	⑥	⑦
社会组织负责	①	②	③	④	⑤	⑥	⑦
企业负责	①	②	③	④	⑤	⑥	⑦
公众负责	①	②	③	④	⑤	⑥	⑦

四 公共数字文化服务的保障

16. 您认为以下服务目标很重要	①—>⑦表示从不同意到同意程度的不断提高						
公益性	①	②	③	④	⑤	⑥	⑦
开放性	①	②	③	④	⑤	⑥	⑦
共享性	①	②	③	④	⑤	⑥	⑦
普惠性	①	②	③	④	⑤	⑥	⑦

17. 您认为法制保障很重要	①—>⑦表示从不同意到同意程度的不断提高						
相关法律制定与实施评估	①	②	③	④	⑤	⑥	⑦
版权制度规范与实施评估	①	②	③	④	⑤	⑥	⑦
规章制定与实施评估	①	②	③	④	⑤	⑥	⑦
规划、宣传制定与实施评估	①	②	③	④	⑤	⑥	⑦

18. 您认为能力保障很重要	①—>⑦表示从不同意到同意程度的不断提高						
提供场所便利条件	①	②	③	④	⑤	⑥	⑦
提供设施便利条件	①	②	③	④	⑤	⑥	⑦
提供技术支持便利条件	①	②	③	④	⑤	⑥	⑦

18. 您认为能力保障很重要	①—>⑦表示从不同意到同意程度的不断提高						
提供人员协助便利条件	①	②	③	④	⑤	⑥	⑦
提供教育与培训	①	②	③	④	⑤	⑥	⑦

19. 您认为经济保障很重要	①—>⑦表示从不同意到同意程度的不断提高						
国家财政	①	②	③	④	⑤	⑥	⑦
地方财政	①	②	③	④	⑤	⑥	⑦
企业资本	①	②	③	④	⑤	⑥	⑦
社会捐赠	①	②	③	④	⑤	⑥	⑦

20. 您认为动力保障很重要	①—>⑦表示从不同意到同意程度的不断提高						
参与程序规范	①	②	③	④	⑤	⑥	⑦
信息公开透明	①	②	③	④	⑤	⑥	⑦
回应积极灵敏	①	②	③	④	⑤	⑥	⑦
回应负责有效	①	②	③	④	⑤	⑥	⑦
对执行结果有影响	①	②	③	④	⑤	⑥	⑦

五 信息素养

21. 信息意识	①—>⑦表示从不同意到同意程度的不断提高						
您喜欢学习新事物	①	②	③	④	⑤	⑥	⑦
您喜欢探寻隐藏事实和有用信息	①	②	③	④	⑤	⑥	⑦
网络使查找信息变得更容易	①	②	③	④	⑤	⑥	⑦

22. 信息技能	①—>⑦表示从不同意到同意程度不断提高						
您知道如何使用检索技巧来完成任务	①	②	③	④	⑤	⑥	⑦
您使用恰当关键词表达自己的检索任务	①	②	③	④	⑤	⑥	⑦
您可以自助使用帮助文件查到所需资料	①	②	③	④	⑤	⑥	⑦
您对自己的信息检索能力很自信	①	②	③	④	⑤	⑥	⑦

六 公共数字文化服务的效能

23. 公共数字文化使用	①—>⑦表示从不同意到同意程度不断提高
您依赖并经常使用公共数字文化服务	① ② ③ ④ ⑤ ⑥ ⑦
您对公共数字文化服务很满意	① ② ③ ④ ⑤ ⑥ ⑦
公共数字文化服务满足您的信息需求	① ② ③ ④ ⑤ ⑥ ⑦
公共数字文化服务总体质量高	① ② ③ ④ ⑤ ⑥ ⑦

七 基本信息

24. 您的性别？

○男　○女

25. 您的年龄？

_____

26. 您受教育程度？

○初中及以下　○高中　○高职高专　○大学本科　○研究生及以上

27. 您的学科背景？

○理学　○工学　○农学　○医学　○经济学、管理学　○法学　○教育学　○文学、历史学、哲学　○社会学　○艺术　○军事　○其他_____*

28. 您当前的职业？

○企业/公司人员　○政府公务员　○事业单位人员　○学生　○个体户/自由职业者　○离退休人员　○下岗人员　○务工、务农等　○其他_____*

29. 您目前的月平均收入？

○1000元及以下　○1001—2000元　○2001—3000元　○3001—5000元　○5001—8000元　○8001元及以上

30. 请选择目前所在省份城市与地区_____

八 开放题目

您对本次调查的想法、建议以及其他需要说明的信息？

感谢您的真诚作答，祝您生活愉快！

B2 公众自我归因调查

尊敬的先生/女士：

您好！非常感谢您百忙之中填写这份问卷。本问卷将花费您10—15分钟时间。本次调查旨在了解乡村公共数字文化服务中公众的文化生活形态，基本文化需求，公共数字文化服务的使用及使用中对公共数字文化服务的认识。本问卷仅用于学术研究，匿名填写不涉及个人隐私，请您根据自己的情况如实作答。

您的参与对本书有很大帮助，恳请您的支持！谢谢！

2020 年 6 月

一 基本情况

1. 您业余时间参加的文化生活活动？

□看电视/电影 □读书报刊，包括电子书刊 □听音乐、广播 □上网 □广场活动 □演出 □培训 □讲座、展览 □音乐/摄影/书法/绘画/体育健身 □其他_____ *

2. 您目前所在的区域有哪些公共文化机构或场所？

□图书馆 □档案馆 □博物馆 □文化站 □影剧院 □科技馆 □美术馆/展览馆 □儿童/老年活动中心 □文化公园/广场 □其他_____ *

3. 您经常去的公共文化场所是？

□图书馆/文化馆 □博物馆/档案馆 □影剧院 □展览馆/美术馆 □科技馆 □儿童/老年活动中心 □文化公园/广场 □其他_____ * □没有

4. 您去公共文化场所的频率？

○从不 ○每年至少一次 ○每月至少一次 ○每周至少一次 ○每天至少一次

5. 您每日文化生活的时间？

○3 小时以内　○3—6 小时　○6—9 小时　○9—12 小时　○12 小时以上

6. 您是否知道公共文化机构基本服务免费向公众开放？

○是　○否

二　公共数字文化服务

7. 您目前所在地有哪些公共数字文化场所或设施？

□文化站数字设施　□数字图书馆　□数字档案馆　□数字博物馆　□广播网、有线电视网　□电影院　□互联网资源，包括 GOOGLE 学术、社交网站等　□无数字文化设施

8. 您关注哪些公共数字文化内容？

□学习资源　□科研资源　□曲艺等文化资源　□政治经济资源　□科技教育资源　□历史文化资源　□健康知识/科普知识　□休闲娱乐资源　□其他_____*

9. 您关注数字文化资源的原因？

□工作/教学需要　□科研需要　□寻找灵感　□个人兴趣　□学习知识　□休闲娱乐　□子女文化熏陶

10. 您主要通过哪些渠道关注数字文化资源？

□广播电视　□图书馆等公共数字文化网站　□CNKI 等专业性网站　□互联网、社交媒体　□报纸、杂志　□亲友宣传　□其他_____*

11. 您认为以下服务内容很重要	①—>⑦表示从不同意到同意程度的不断提高						
文化资讯	①	②	③	④	⑤	⑥	⑦
在线文化资源	①	②	③	④	⑤	⑥	⑦
在线专题资源	①	②	③	④	⑤	⑥	⑦
讲座等活动	①	②	③	④	⑤	⑥	⑦
数字知识培训	①	②	③	④	⑤	⑥	⑦
信息互动空间	①	②	③	④	⑤	⑥	⑦
在线预约、预订服务	①	②	③	④	⑤	⑥	⑦
科技查询在线服务	①	②	③	④	⑤	⑥	⑦

续表

11. 您认为以下服务内容很重要	①—>⑦表示从不同意到同意程度的不断提高						
文献提供在线服务	①	②	③	④	⑤	⑥	⑦
健康信息/就业培训信息/政府信息服务	①	②	③	④	⑤	⑥	⑦
实体空间电脑/打印机等数字设备服务	①	②	③	④	⑤	⑥	⑦
数字参考咨询服务	①	②	③	④	⑤	⑥	⑦

三 公共数字文化服务的采纳

12. 信息意识	①—>⑦表示从不同意到同意程度的不断提高						
您喜欢学习新事物	①	②	③	④	⑤	⑥	⑦
您喜欢探寻难以发现的事实和信息	①	②	③	④	⑤	⑥	⑦
网络使查找信息变得更容易	①	②	③	④	⑤	⑥	⑦

13. 信息技能	①—>⑦表示从不同意到同意程度的不断提高						
您知道如何使用检索技巧来完成任务	①	②	③	④	⑤	⑥	⑦
您使用恰当关键词表达自己的检索任务	①	②	③	④	⑤	⑥	⑦
您可以自助使用帮助文件查到所需资料	①	②	③	④	⑤	⑥	⑦
您对自己的信息检索能力很自信	①	②	③	④	⑤	⑥	⑦

14. 对公共数字文化服务的态度	①—>⑦表示从不同意到同意程度不断提高						
您喜欢使用公共数字文化服务	①	②	③	④	⑤	⑥	⑦
您认为使用公共数字文化服务是明智的选择	①	②	③	④	⑤	⑥	⑦
您使用公共数字文化服务的体验很愉快	①	②	③	④	⑤	⑥	⑦
您认为公共数字文化服务很有价值	①	②	③	④	⑤	⑥	⑦

15. 公共数字文化服务绩效预期	①—>⑦表示从不同意到同意程度的不断提高						
公共数字文化服务应对工作/学习有效	①	②	③	④	⑤	⑥	⑦
公共数字文化服务应使工作/学习更好	①	②	③	④	⑤	⑥	⑦
公共数字文化服务应使工作/学习更快	①	②	③	④	⑤	⑥	⑦
公共数字文化服务应使工作/学习更容易	①	②	③	④	⑤	⑥	⑦
公共数字文化服务应使工作/学习更轻松	①	②	③	④	⑤	⑥	⑦

16. 公共数字文化服务易用性	①—>⑦表示从不同意到同意程度的不断提高						
公共数字文化服务内容清晰	①	②	③	④	⑤	⑥	⑦
公共数字文化服务内容易于理解	①	②	③	④	⑤	⑥	⑦
公共数字文化资源容易获取	①	②	③	④	⑤	⑥	⑦
公共数字文化服务平台容易操作	①	②	③	④	⑤	⑥	⑦
公共数字文化服务容易使用	①	②	③	④	⑤	⑥	⑦

17. 公共数字文化有用性	①—>⑦表示从不同意到同意程度的不断提高						
公共数字文化服务有助于学习/工作	①	②	③	④	⑤	⑥	⑦
公共数字文化服务可提升学习/工作效能	①	②	③	④	⑤	⑥	⑦
公共数字文化服务符合学习/工作需要	①	②	③	④	⑤	⑥	⑦
公共数字文化服务可促进学习/工作	①	②	③	④	⑤	⑥	⑦

18. 重要人物影响	①—>⑦表示从不同意到同意程度的不断提高						
好友使用公共数字文化服务	①	②	③	④	⑤	⑥	⑦
同事推荐使用公共数字文化服务	①	②	③	④	⑤	⑥	⑦
身边的人推荐公共数字文化服务	①	②	③	④	⑤	⑥	⑦

19. 对公共数字文化服务采纳	①—>⑦表示从不同意到同意程度的不断提高						
您现在会使用公共数字文化服务	①	②	③	④	⑤	⑥	⑦
您还会再次使用公共数字文化服务	①	②	③	④	⑤	⑥	⑦
您会推荐别人使用公共数字文化服务	①	②	③	④	⑤	⑥	⑦

四　基本信息

20. 您的性别？

〇男　〇女

21. 您的年龄？ _____

22. 您的家乡所在地属于？

〇乡村　〇县区　〇城市

23. 您目前所在地区属于?

○西部 ○中部 ○东部

24. 您受教育程度?

○初中及以下 ○高中 ○高职高专 ○大学本科 ○硕士 ○博士及以上

25. 您的学科背景?

○理学 ○工学 ○农学 ○医学 ○经济学、管理学 ○法学 ○教育学 ○文学、历史学、哲学 ○社会学 ○艺术 ○军事 ○其他_____*

26. 您的工作性质?

○全职 ○兼职 ○无职

27. 您当前的职业

○企业/公司人员 ○政府公务员 ○事业单位人员 ○学生 ○个体户/自由职业者 ○离退休人员 ○下岗人员 ○务工、务农等 ○其他_____*

28. 您目前的月平均收入?

○1000元及以下 ○1001—2000元 ○2001—3000元 ○3001—5000元 ○5001—8000元 ○8001元及以上

29. 请选择目前所在省份城市与地区

30. 请选择家乡省份城市与地区

31. 您对本次调查的想法、建议以及其他需要说明的信息?

感谢您的真诚作答,祝您生活愉快!

B3 用户规避和流失行为调查

尊敬的先生/女士：

您好！非常感谢您百忙之中抽出时间填写这份问卷。本次调查旨在了解用户对公共数字文化服务的认识、使用及评价情况。本问卷不涉及个人隐私，仅用于学术研究，希望您能如实填写。

公共数字文化服务是依托国家公共文化服务云平台、文化信息资源共享工程、数字图书馆推广工程、公共电子阅览室建设计划等，免费向当地公民提供的数字文化服务。乡村公共数字文化服务主要是乡镇或农村的文体中心、文化站、图书馆等公共机构通过官网、公共文化云平台、微信公众号、微博、App等，向公众免费提供电脑设备上网、电子图书借阅、活动场所预约、信息技能培训、电影放映、广播、信息咨询等服务。

2020年6月

一 基本信息

1. 您的性别：

○男 ○女

2. 您所在的地区：

○乡镇 ○农村 ○东部省份 ○中部省份 ○西部省份

3. 您的年龄：

○20岁及以下 ○21—30岁 ○31—40岁 ○41—50岁 ○51—60岁 ○61岁及以上

4. 您的学历：

○小学及以下 ○初中 ○高中或中专 ○大学本科或高职高专同等学历 ○研究生及以上

5. 您的职业：

○企业职员 ○公务员或政府人员 ○事业单位人员 ○个体经

营人员　○务工人员　○务农人员　○学生　○离退休人员　○其他_____＊

6. 您的目前的月平均收入：

○ 1000 元及以下　○ 1001—2000 元　○ 2001—3000 元　○ 3001—4000 元　○ 4001—5000 元　○ 5001—8000 元　○ 8001 元及以上

二　公共文化服务基本情况

7. 您居住地附近有哪些公共文化设施？

□农家书屋　□图书馆/文化馆　□文化室/文化站　□文体中心/文化中心　□博物馆/档案馆　□儿童/老年活动中心　□其他_____

8. 您是否知道镇上或村里的图书馆、文化站等提供的基本服务项目免费向公众开放？

○是　○否

9. 您经常去图书馆、文化站、综合文化中心等公共文化机构吗？

○每天都去　○一周去一次及以上　○一月去一次及以上　○一年去一次及以上　○没去过

10. 您一般需要多长时间（步行或骑自行车、电动车）到达附近的文化活动场所？

○ 10 分钟以内　○ 11—20 分钟　○ 21—30 分钟　○ 31 分钟及以上

11. 您通过什么渠道了解到公共文化服务？

○社交媒体（微博、微信等）　○电视传媒/广播电台　○报纸杂志　○主办方的网站或宣传册　○没有了解　○其他_____＊

12. 您平时参与最多的文化活动是？

□读书看报　□收听广播　□观看电视　□观赏电影　□观看文艺表演　□参加文体活动（广场舞等）　□上网

13. 您是否访问或使用过图书馆、文体中心等公共文化机构的网站、微信公众号、微博或手机 App？

○是　○否

14. 您对公共数字文化服务的关注情况	①—>⑦表示从不同意到同意程度的不断提高						
我不了解公共数字文化服务	①	②	③	④	⑤	⑥	⑦
我没有时间去使用当地的公共数字文化服务	①	②	③	④	⑤	⑥	⑦
我很少使用公共数字文化服务	①	②	③	④	⑤	⑥	⑦
我对公共数字文化服务不太感兴趣	①	②	③	④	⑤	⑥	⑦

15. 您被身边人影响情况	①—>⑦表示从不同意到同意程度的不断提高						
我身边很少有人主动使用当地公共数字文化服务	①	②	③	④	⑤	⑥	⑦
我身边很少有人向我介绍或推荐当地公共数字文化服务	①	②	③	④	⑤	⑥	⑦
我身边的人都在使用类似更好的公共数字文化服务	①	②	③	④	⑤	⑥	⑦

三 公共数字文化服务使用

如您以前未使用公共数字文化服务，请点击国家公共文化云网站链接，了解和使用服务，并根据体验结果，如实填写以下问项：

国家公共文化云（https：//www.culturedc.cn/web2.1/index.html）

16. 您对服务内容的需求情况	①—>⑦表示从不同意到同意程度的不断提高						
本地文化活动资讯	①	②	③	④	⑤	⑥	⑦
本地年节、民俗特色资源	①	②	③	④	⑤	⑥	⑦
戏剧、电影休闲娱乐资源	①	②	③	④	⑤	⑥	⑦
在线借书、阅览服务	①	②	③	④	⑤	⑥	⑦
公共阅览室场馆在线预约	①	②	③	④	⑤	⑥	⑦
视听空间服务	①	②	③	④	⑤	⑥	⑦
健康、政府政策法规服务	①	②	③	④	⑤	⑥	⑦
在线文化讲座、文化科技培训、个人信息技能培训	①	②	③	④	⑤	⑥	⑦
信息互动共享与直播服务	①	②	③	④	⑤	⑥	⑦

17. 您的公共数字文化服务使用经验情况	①—>⑦表示从不同意到同意程度的不断提高						
我对如何使用公共数字文化服务并不熟悉	①	②	③	④	⑤	⑥	⑦
我无法独立使用服务	①	②	③	④	⑤	⑥	⑦
我不知道服务的用途	①	②	③	④	⑤	⑥	⑦
我不能熟练操作服务的数字设备	①	②	③	④	⑤	⑥	⑦

18. 您认为当地服务质量情况	①—>⑦表示从不同意到同意程度的不断提高						
服务人员的态度不太好	①	②	③	④	⑤	⑥	⑦
服务形式过于单一（例如只是带领进入服务场所，无其他服务）	①	②	③	④	⑤	⑥	⑦
服务不能解答我的问题	①	②	③	④	⑤	⑥	⑦
服务人员的服务不够专业	①	②	③	④	⑤	⑥	⑦
这里很少或根本不举办宣传活动	①	②	③	④	⑤	⑥	⑦
这里服务的宣传形式和宣传内容不满意	①	②	③	④	⑤	⑥	⑦

19. 您认为当地环境质量情况	①—>⑦表示从不同意到同意程度的不断提高						
这里的数字文化服务设施（电脑、电子阅览）陈旧，未及时更换或维修	①	②	③	④	⑤	⑥	⑦
这里的数字文化设施种类不齐全	①	②	③	④	⑤	⑥	⑦
这里的数字文化服务空间布局不合理或环境较差	①	②	③	④	⑤	⑥	⑦

20. 您认为当地信息质量情况	①—>⑦表示从不同意到同意程度的不断提高						
这里的公共数字文化机构提供的信息内容不全面	①	②	③	④	⑤	⑥	⑦
这里提供的网站平台或公众号很少发布新颖的作品	①	②	③	④	⑤	⑥	⑦
这里提供的信息内容形式较为单一（例如仅有图片、文字等，没有其他形式）	①	②	③	④	⑤	⑥	⑦

21. 您认为当地的公共数字文化服务云平台（或网站、App、微信公众号）情况	①—>⑦表示从不同意到同意程度的不断提高						
服务平台排版不美观（色彩搭配、图文搭配、页面布局等）	①	②	③	④	⑤	⑥	⑦
服务平台容易卡顿（下载速度慢、难注册等）	①	②	③	④	⑤	⑥	⑦
服务平台分类不简洁，无法有效查询信息	①	②	③	④	⑤	⑥	⑦
服务平台不能提供个性化信息服务	①	②	③	④	⑤	⑥	⑦

22. 您认为当地服务的趣味性情况	①—>⑦表示从不同意到同意程度的不断提高						
这里的公共数字文化服务不能给学习和生活带来乐趣	①	②	③	④	⑤	⑥	⑦
这里的公共数字文化服务很枯燥、无聊	①	②	③	④	⑤	⑥	⑦
这里的公共数字文化服务不是良好的娱乐等来源	①	②	③	④	⑤	⑥	⑦

23. 您认为当地服务的有用性情况	①—>⑦表示从不同意到同意程度的不断提高						
使用当地服务时，不能打发时间，不能丰富文化生活	①	②	③	④	⑤	⑥	⑦
使用当地服务时，有用信息较少，不能解决自身问题	①	②	③	④	⑤	⑥	⑦
当地服务对我的生活影响和帮助不大	①	②	③	④	⑤	⑥	⑦

24. 您认为服务平台的交互性情况	①—>⑦表示从不同意到同意程度的不断提高						
数字文化服务不能满足我的互动需求	①	②	③	④	⑤	⑥	⑦
数字文化服务平台的交互界面不易操作	①	②	③	④	⑤	⑥	⑦
数字文化服务平台的互动形式（下载、分享、上传等功能）单一	①	②	③	④	⑤	⑥	⑦

25. 您自身的信息素养情况	①—>⑦表示从不同意到同意程度的不断提高						
我不认为互联网络能使查找信息变得更容易	①	②	③	④	⑤	⑥	⑦
我想不到使用文化服务平台来解决问题	①	②	③	④	⑤	⑥	⑦
我不认为网络对个人发展有利	①	②	③	④	⑤	⑥	⑦
我在网上不容易找到需要的信息	①	②	③	④	⑤	⑥	⑦
我不能独立使用网络设备或平台	①	②	③	④	⑤	⑥	⑦
我不知道如何表达自己的需求	①	②	③	④	⑤	⑥	⑦

26. 您对公共数字文化服务的体验情况（情感感知）	①—>⑦表示从不同意到同意程度的不断提高						
我在使用服务时，感到不满足	①	②	③	④	⑤	⑥	⑦
我在使用服务时，感到无聊	①	②	③	④	⑤	⑥	⑦
我在使用服务时，感到不满意	①	②	③	④	⑤	⑥	⑦
在使用服务时，我会感到厌倦	①	②	③	④	⑤	⑥	⑦

27. 您认为其他地区公共数字文化服务吸引力情况	①—>⑦表示从不同意到同意程度的不断提高						
我知道其他可替代当地数字文化服务的平台	①	②	③	④	⑤	⑥	⑦
我认为替代服务的服务质量比当地的数字文化服务更高	①	②	③	④	⑤	⑥	⑦
我认为替代服务的体验感比当地的更好	①	②	③	④	⑤	⑥	⑦

28. 您是否会避免使用这项服务	①—>⑦表示从不同意到同意程度的不断提高						
我在了解或使用服务后，没有向别人推荐服务的想法	①	②	③	④	⑤	⑥	⑦
我在了解或使用服务后，倾向于使用其他相似的更好的服务	①	②	③	④	⑤	⑥	⑦
我在了解或使用服务后，不想与服务产生联系	①	②	③	④	⑤	⑥	⑦

29. 是否会继续使用公共数字文化服务	①—>⑦表示从不同意到同意程度的不断提高						
我以后会延长使用公共 数字文化服务的时间	①	②	③	④	⑤	⑥	⑦
我会更愿意使用公共数字 文化服务来打发时间	①	②	③	④	⑤	⑥	⑦
我愿意使用公共数字文化 服务其他的更多功能	①	②	③	④	⑤	⑥	⑦
我在未来一段时间会提高使用 公共数字文化服务的频率	①	②	③	④	⑤	⑥	⑦

30. 您是否会减少或放弃使用服务	①—>⑦表示从不同意到同意程度的不断提高						
我更愿意使用更好的替代服务， 而非当地的数字文化服务	①	②	③	④	⑤	⑥	⑦
我会减少使用服务的频率	①	②	③	④	⑤	⑥	⑦
我不会再使用服务	①	②	③	④	⑤	⑥	⑦

31. 您对本次调查的想法、建议以及其他需要说明的信息？

感谢您的真诚作答，祝您生活愉快！

参考文献

［美］彼得·德鲁克：《非营利组织的管理》，吴振阳译，机械工业出版社2009年版。

白晶等：《基于公众满意度的政府公共文化信息服务研究》，《情报科学》2019年第9期。

毕强等：《数字图书馆微服务交互情境功能与用户行为的内在关系研究》，《情报理论与实践》2017年第4期。

蔡晓莉、刘丽：《中国乡村公共品的提供：连带团体的作用》，《经济社会体制比较》2006年第2期。

曹爱军、方晓彤：《西部农村公共文化服务及其制度梗阻——基于甘肃农村的调查分析》，《贵州社会科学》2010年第3期。

曹树金等：《广东省公共数字文化网站调查与分析》，《图书馆论坛》2015年第11期。

曹树金等：《我国公共数字文化建设与服务研究进展及特征分析》，《图书馆论坛》2015年第11期。

曾凡军：《基于整体性治理的政府组织协调机制研究》，博士学位论文，武汉大学，2010年。

曾鸣：《互联网使用与农村公共文化服务满意度》，《华南农业大学学报》（社会科学版）2018年第4期。

陈波、侯雪言：《公共文化空间与文化参与：基于文化场景理论的实证研究》，《湖南社会科学》2017年第2期。

陈波、邵羿凌：《影响中国农村居民文化参与的因素研究——以江西省三村九十户调查为例》，《中国软科学》2018年第12期。

陈昊琳：《基本公共文化服务：概念演变与协同》，《国家图书馆学刊》2015年第2期。

陈建：《超越结构性失灵：农村公共文化服务供给侧改革研究》，《图书馆建设》2017年第9期。

陈建：《发达国家的公共文化治理模式》，《图书馆论坛》2019年第12期。

陈建：《乡村振兴中的农村公共文化服务功能性失灵问题》，《图书馆论坛》2019年第7期。

陈立梅等：《基于信息质量的农民移动信息服务使用行为调节效应研究——基于江苏939位农户微观数据的分析》，《图书与情报》2019年第5期。

陈立旭：《推动基本公共文化服务均等化》，《浙江社会科学》2011年第12期。

陈琼等：《突发公共卫生事件中信息过载对用户信息规避行为的影响：基于COVID—19信息疫情的实证研究》，《情报资料工作》2020年第3期。

陈世海、戴珩：《县域公共文化服务协同创新研究——以江苏省张家港市为例》，《上海文化》2014年第8期。

陈思宇：《乡镇政府公共文化服务能力提升策略研究》，硕士学位论文，湘潭大学，2019年。

陈向明：《参与式行动研究与教师专业发展》，《教育科学研究》2006年第5期。

陈晓宇等：《社会化问答用户信息搜寻的影响因素研究——一种混合方法的视角》，《图书情报工作》2018年第20期。

陈雪樵：《数字图书馆与文化共享工程》，中国环境科学出版社2008年版。

陈渝、黄亮峰：《理性选择理论视角下的电子书阅读客户端用户流失行为研究》，《图书馆论坛》2019年第9期。

陈则谦：《我国文化云的服务现状及展望》，《图书情报知识》2018年第5期。

陈则谦等：《公共文化云服务的评价指标构建及应用》，《图书情报知识》2020 年第 6 期。

陈志华：《政府购买服务——社会公共服务改革的新途径》，硕士学位论文，厦门大学，2006 年。

程萍：《农村公共文化服务多元供给系统的构建：以江苏省为例》，《编辑之友》2018 年第 9 期。

淳于淼泠、金莹：《论公共服务供给能力的内涵与研究框架的构建》，《西南政法大学学报》2015 年第 5 期。

戴艳清、戴柏清：《创新融合发展背景下公共数字文化工程供给要素配置优化》，《图书馆学研究》2020 年第 1 期。

戴艳清、戴柏清：《中国公共数字文化服务平台用户体验评价：以国家数字文化网为例》，《图书情报知识》2019 年第 5 期。

戴艳清、孙颖博：《印度公共数字文化项目服务营销探析》，《图书馆建设》2017 年第 1 期。

戴艳清：《基于用户体验的公共数字文化服务营销研究论纲》，《情报资料工作》2017 年第 1 期。

戴艳清等：《PPP 模式在公共数字文化服务中的应用——基于参与主体职能视角》，《图书馆论坛》2020 年第 7 期。

戴艳清等：《农村公共数字文化服务供需矛盾分析——基于湖南省花垣县的调查》，《国家图书馆学刊》2020 年第 2 期。

邓胜利、付少雄：《定性比较分析（QCA）在图书情报学中的应用——以网络社区健康信息搜寻影响因素研究为例》，《情报理论与实践》2017 年第 12 期。

邓胜利、凌菲：《移动问答服务发展及其交互分析》，《数字图书馆论坛》2015 年第 5 期。

邓晓红：《县级政府公共文化服务供给能力存在的问题与提升对策研究》，硕士学位论文，湘潭大学，2014 年。

迪莉娅：《西方信息行为认知方法研究》，《中国图书馆学报》2011 年第 3 期。

邸焕双、王玉英：《互联网背景下农村文化信息资源共享工程建设研究》，《情报科学》2019 年第 10 期。

丁建军、赵奇钊：《农村信息贫困的成因与减贫对策——以武陵山片区为例》，《图书情报工作》2014年第2期。

段宇锋等：《嘉兴市城乡一体化公共图书馆服务体系建设》，《图书馆杂志》2019年第3期。

范逢春：《农村公共服务多元主体协同治理的实证研究——对"成都模式"的检验》，《经济体制改革》2014年第2期。

方堃：《农村公共服务需求偏好、结构与表达机制研究——基于我国东、中、西部及东北地区的问卷调查和统计》，《农业经济与管理》2011年第4期。

冯永财等：《新民风引领乡村公共文化治理能力现代化制度设计》，《图书馆》2020年第8期。

傅才武、刘倩：《农村公共文化服务供需失衡背后的体制溯源——以文化惠民工程为中心的调查》，《山东大学学报》（哲学社会科学版）2020年第1期。

甘春梅等：《基于fsQCA的移动地图App持续使用意愿影响因素研究》，《情报理论与实践》2020年第11期。

高洁：《论人的文化权益与人的发展》，硕士学位论文，山东师范大学，2013年。

高馨、李晓彤：《基于用户行为数据分析的公共图书馆微信服务——以"数字图书馆推广工程"微信公众号为例》，《图书馆杂志》2020年第6期。

古学斌：《行动研究与社会工作的介入》，《中国社会工作研究》2013年第1期。

关磊：《高校图书馆微信平台阅读推广成效影响因素研究——以TAM和D&M模型为视角》，《图书馆》2020年第6期。

郭海明：《我国数字图书馆服务的具体模式》，《图书馆理论与实践》2008年第2期。

郭涵、郑逸芳：《基于SEM的文化扶贫公众满意度研究》，《东南学术》2020年第1期。

韩秋明：《农民专业合作社信息服务消费影响因素研究——基于

陕西和内蒙古部分地区的实证研究》,《图书情报知识》2015 年第 1 期。

韩正彪、林延胜:《社会资本视角下农民日常生活信息搜寻行为实证研究:以江苏省为例》,《图书情报工作》2016 年第 13 期。

何俊志:《比较政治分析中的模糊集方法》,《社会科学》2013 年第 5 期。

洪星、邓喜清:《行动研究:图书情报工作研究的新范式》,《图书情报工作》2008 年第 10 期。

胡昌平:《信息服务管理》,科学出版社 2003 年版。

胡杰等:《数字化公共文化平台界面的人性化设计研究》,《包装工程》2015 年第 22 期。

胡立耘:《社区信息学的"社区"视角及相关研究议题》,《图书馆》2012 年第 5 期。

胡运哲:《打通农村公共文化服务的"最后一公里"》,《人民论坛》2020 年第 1 期。

霍豪爽等:《基于社会认知理论的在线健康社区用户持续使用行为影响因素》,《中华医学图书情报杂志》2019 年第 6 期。

江苏省文化厅:《江苏省公共文化服务促进条例》,http://www.jsrd.gov.cn/zyfb/sjfg/201512/t20151209_269563.shtml。

蒋飞云、邹艺:《图书馆在提高新市民文化素质中的作用》,《农业图书情报学刊》2013 年第 9 期。

蒋云根:《提升基层政府公共服务供给能力的路径思考》,《甘肃行政学院学报》2008 年第 3 期。

金武刚:《公共文化服务体系中的图书馆创新发展研究》,《图书馆》2019 年第 5 期。

经渊、郑建明:《新型城镇化进程中公共信息一体化服务模式研究》,《图书馆建设》2017 年第 5 期。

柯平:《图书馆战略规划研究的时代背景与理论视角》,《图书馆工作与研究》2010 年第 2 期。

柯平等:《构建我国基本公共文化服务体系研究》,《国家图书馆学刊》2015年第2期。

　　柯平等：《我国基本公共文化服务研究评述》，《国家图书馆学刊》2015年第2期。

　　孔繁秀、张哲宇：《西藏康马县数字公共文化服务平台构建研究》，《西藏大学学报》（社会科学版）2019年第1期。

　　孔祥智等：《农户对公共产品需求的优先序及供给主体研究——以福建省永安市为例》，《社会科学研究》2006年第4期。

　　寇垠、刘杰磊：《东部农村居民公共文化服务满意度及其影响因素》，《图书馆论坛》2019年第11期。

　　雷兰芳：《基于精准扶贫视角的公共图书馆服务研究》，《图书馆工作与研究》2017年第11期。

　　黎万强：《参与感：小米口碑营销内部手册》，中信出版社2014年版。

　　李春梅：《城镇居民公众参与认知、态度和行为关系的实证研究》，博士学位论文，西南交通大学，2013年。

　　李道亮：《中国农村信息化阶段化发展战略》，《中国信息界》2007年第3期。

　　李国新：《关于加强农村公共文化服务建设的思考》，《中国图书馆学报》2019年第4期。

　　李国新：《提升公共文化服务效能思考》，《新世纪图书馆》2016年第8期。

　　李国新：《完善农村公共文化服务政府购买政策与机制》，《行政管理改革》2019年第5期。

　　李国新：《制度改革创新促进公共文化服务高质量发展——析〈公共文化领域中央与地方财政事权和支出责任划分改革方案〉》，《图书馆建设》2020年第4期。

　　李金龙、刘巧兰：《话语赋权：农村公共文化服务高质量供给的基本保障》，《图书馆建设》2018年第10期。

　　李璐：《我国政府购买社会公共服务问题研究》，《中国物价》2011年第4期。

李明、曹海军：《信息生态视域下突发事件网络舆情生发机理研究——基于40起突发事件的清晰集定性比较分析》，《情报科学》2020年第3期。

李鹏、韩毅：《基于场所理论的信息聚集地研究——对于信息交流行为场所的思考》，《情报资料工作》2013年第1期。

李蓉：《甘肃文化资源保护与利用的治理机制研究》，硕士学位论文，兰州大学，2014年。

李少惠、余君萍：《公共治理视野下我国农村公共文化服务绩效评估研究》，《图书与情报》2009年第6期。

李少惠、赵军义：《农村居民公共文化服务弱参与的行动逻辑——基于经典扎根理论的探索性研究》，《图书与情报》2019年第4期。

李少惠：《甘南藏区农村公共文化服务的主体困境分析》，《图书与情报》2015年第4期。

李少惠：《转型期中国政府公共文化治理研究》，《学术论坛》2013年第1期。

李翔、宗祖盼：《数字文化产业：一种乡村经济振兴的产业模式与路径》，《深圳大学学报》（人文社会科学版）2020年第2期。

李小云等：《行动研究：一种新的研究范式？》，《中国农村观察》2008年第1期。

李晓凤、余双好：《质性研究方法》，武汉大学出版社2006年版。

李孝敏：《社会协同治理视域下河南公共文化服务体系建设浅析》，《中共郑州市委党校学报》2016年第6期。

李旭等：《认知负荷视角下社交媒体用户倦怠及消极使用行为研究——以微信为例》，《图书馆论坛》2018年第11期。

李月琳、胡玲玲：《基于环境与情景的信息搜寻与搜索》，《情报科学》2012年第1期。

李志、毛惠玉：《贫困地区农村文化建设的居民满意度及提升对策探讨——基于重庆市的调查研究》，《重庆工商大学学报》（社会科学版）2020年第1期。

刘济群、闫慧：《农村女性居民信息搜寻行为研究——甘皖津三地的田野发现》，《图书情报知识》2015年第1期。

刘济群：《研究对象的在场：在图书情报学领域中引入参与式行动研究》，《图书与情报》2015年第2期。

刘健等：《数字图书馆微服务评价指标体系构建及实证研究》，《现代图书情报技术》2016年第5期。

刘晶、罗云川：《基层公共数字文化服务的现状与对策——以湖南省长沙县图书馆、文化馆及乡镇文化站为例》，《图书馆研究与工作》2020年第5期。

刘俊生：《公共文化服务组织体系及其变迁研究——从旧思维到新思维的转变》，《中国行政管理》2010年第1期。

刘力、阮荣平：《农村公共文化需求排序及其影响因素研究》，《图书馆》2019年第5期。

刘丽：《农民：信息素养研究领域被忽视的群体——对国内研究现状的思考》，《情报科学》2012年第10期。

刘娜：《重塑与角力：网络短视频中的乡村文化研究——以快手App为例》，《湖北大学学报》（哲学社会科学版）2018年第6期。

刘巧园、肖希明：《基于XML中间件的公共数字文化资源整合研究》，《图书情报知识》2015年第5期。

刘文玉、刘先春：《农民工公共文化服务的缺失及其原因探析》，《兰州学刊》2011年第5期。

刘咏梅等：《行动研究在图书馆工作中的实践探索》，《图书馆论坛》2018年第11期。

刘玉堂、李少多：《论新乡贤在农村公共文化服务体系建设中的功能——基于农村公共文化服务供需现状》，《理论月刊》2019年第4期。

陆晓曦：《中国公共文化服务保障性立法研究与实践综述》，《中国图书馆学报》2017年第43期。

罗孟：《贫困地区公共文化服务能力提升研究》，硕士学位论文，西南大学，2019年。

罗云川、阮平南：《"动力—行为—保障"视阈下的公共文化服务网络治理机制》，《图书馆论坛》2016年第5期。

吕叔湘、丁声树：《现代汉语词典》，商务印书馆2016年版。

马志远、刘珊珊：《中国国民幸福感的"镜像"与"原像"——基于国内外权威数据库的相互辅证与QCA适配路径分析》，《经济学家》2019年第10期。

毛伟、朱祥磊：《新时代乡村公共文化服务供给体系的优化策略》，《云南行政学院学报》2020年第2期。

闵庆飞等：《移动系统可用性综合研究框架》，《计算机应用研究》2012年第2期。

农业农村部新闻办公室：《中国数字乡村报告（2020）》发布，http：//www.moa.gov.cn/xw/zwdt/202011/t20201128_6357205.htm。

欧阳建勇：《乡村振兴战略下我国农村公共文化服务建设的财政政策研究》，博士学位论文，江西财经大学，2018年。

潘丽敏、陈丽红：《文旅融合背景下云和县图书馆县域文旅服务创新探索》，《图书馆研究与工作》2019年第9期。

齐勇锋、李平凡：《完善公共文化服务体系 提高国家文化软实力》，《中国特色社会主义研究》2012年第1期。

祁述裕：《提升农村公共文化服务效能的五个着力点》，《行政管理改革》2019年第5期。

钱丹、陈雅：《公共数字文化的一体化服务效能探析》，《图书馆》2017年第6期。

人民日报：《国家公共文化云正式开通》，http：//culture.people.com.cn/n1/2017/1130/c1013-29675970.html。

人民网：《中共中央关于制定国民经济和社会发展第十四个五年规划和二〇三五年远景目标的建议》，http：//cpc.people.com.cn/n1/2020/1104/c64094-31917780.html。

汝萌、李岱：《我国公共数字文化服务使用情况调查研究》，《图书馆建设》2017年第2期。

沈亚平、陈建：《从建设到治理：公共文化服务体系优化的基本逻辑》，《湖北社会科学》2017 年第 4 期。

史煜娟：《PPP 模式在公共图书馆服务体系建设中的应用研究》，《图书与情报》2017 年第 3 期。

宋雪雁、王萍：《信息采纳行为概念及影响因素研究》，《情报科学》2010 年第 5 期。

苏敬勤、张琳琳：《情境内涵、分类与情境化研究现状》，《管理学报》2016 年第 4 期。

睢党臣、肖文平：《农村公共服务质量测度与提升路径选择——基于因子聚类分析方法》，《陕西师范大学学报》（哲学社会科学版）2014 年第 5 期。

孙红蕾等：《信息生态视域下新市民信息贫困成因及应对策略》，《图书与情报》2016 年第 1 期。

孙玉伟：《用户信息行为研究的理论基础探源》（下），《图书馆杂志》2011 年第 11 期。

唐天娇：《社会化阅读平台用户不持续使用行为影响因素研究》，硕士学位论文，华中师范大学，2019 年。

唐晓莉、宋之杰：《在线评论对异质性消费者购买决策的影响研究——基于眼动实验》，《情报科学》2020 年第 4 期。

唐义等：《我国公共数字文化资源整合模式构建研究》，《图书馆杂志》2016 年第 7 期。

完颜邓邓、胡佳豪：《欠发达地区农村公共数字文化服务供给与利用——基于湖南省衡南县的田野调查》，《图书情报工作》2019 年第 16 期。

完颜邓邓、宋婷：《融合创新发展背景下公共数字文化服务品牌建设研究》，《图书馆》2020 年第 10 期。

完颜邓邓：《公共数字文化服务中的社会合作研究》，《图书与情报》2016 年第 3 期。

汪敏、张银侠：《基于治理视域的公共文化服务体系建设》，《中共山西省委党校学报》2016 年第 2 期。

汪智：《基于 S—O—R 理论的社会化旅游 App 消费者规避行为研

究》，硕士学位论文，山东财经大学，2018 年。

王冰：《文化立市战略下公共图书馆事业发展思考》，《中国图书馆学报》2005 年第 5 期。

王福：《移动图书馆场景化信息接受适配研究》，博士学位论文，吉林大学，2018 年。

王福等：《移动图书馆场景化信息接受内容适配剖析》，《图书情报工作》2018 年第 11 期。

王国华、张玉露：《我国乡村公共文化空间对村民人际互动的影响——基于河南省部分文化大院的调查》，《调研世界》2019 年第 5 期。

王贺等：《嵌入用户信息素养的信息服务实践研究——基于类型理论与活动理论视角》，《图书馆》2019 年第 2 期。

王华祎等：《农家书屋信息化服务发展的 SWOT 分析及策略研究》，《图书馆工作与研究》2018 年第 11 期。

王军伟、杨太康：《农村公共文化服务供需矛盾分析——以西安为例》，《西安财经学院学报》2017 年第 5 期。

王蕾、何韵：《试论公共图书馆服务体系治理机制的建立——以广东流动图书馆为例》，《图书情报工作》2014 年第 12 期。

王锰、陈雅：《面向用户的公共图书馆社会影响机制的实证研究》，《图书馆》2017 年第 11 期。

王锰等：《公共数字文化服务的用户接受模式研究》，《图书馆学研究》2018 年第 2 期。

王锰等：《公共数字文化服务体系的要素协同研究》，《现代情报》2018 年第 4 期。

王锰等：《公共数字文化服务效能的关键影响因素及其机理研究》，《中国图书馆学报》2018 年第 3 期。

王锰等：《政社联动对公共数字文化服务效能的作用机理研究》，《图书情报知识》2020 年第 6 期。

王明、闫慧：《农村居民跨越偶现式数字鸿沟过程中社会资本的价值——天津静海田野调查报告》，《中国图书馆学报》2013 年第

5期。

王舒可等：《基于主成分分析的公共图书馆文化扶贫影响因素的分析》，《图书馆学研究》2019年第13期。

王耀宗、牛明雷：《以"数字乡村"战略统筹推进新时代农业农村信息化的思考与建议》，《农业部管理干部学院学报》2018年第3期。

王毅等：《国家级贫困县基本公共文化服务均等化发展策略研究——基于图书馆和文化馆评估结果的分析》，《国家图书馆学刊》2017年第5期。

王渊等：《基于资源依赖理论的供应链联盟成因分析及其发展策略》，《科技进步与对策》2006年第4期。

王悦荣：《公共文化服务能力省际比较》，《广东行政学院学报》2012年第2期。

王振林、王松岩：《米德的"符号互动论"解义》，《吉林大学社会科学学报》2014年第5期。

韦景竹、李南星：《公众需求视角下公共数字文化资源建设版权问题与对策研究》，《图书与情报》2017年第5期。

韦景竹等：《公共数字文化服务需求调查》，《图书馆论坛》2015年第11期。

韦楠华、吴高：《公共数字文化服务营销推广现状、问题及对策研究》，《图书馆学研究》2018年第17期。

韦冉：《公共文化服务多元主体供给研究》，硕士学位论文，长安大学，2017年。

韦雅楠等：《智媒体环境下企业与用户信息交互意愿影响因素与实证》，《现代情报》2020年第3期。

魏大威：《浅析公共数字文化工程融合创新发展》，《图书馆理论与实践》2019年第8期。

文化和旅游部：《文化部印发〈文化部公共数字文化工程管理办法〉》，https：//www.mct.gov.cn/whzx/bnsj/ggwhs/201506/t20150630_764891.htm。

文化在线：《文化镇江云》，http：//www.wenhuayunzj.com/frontVenue/venueDetail.do？venueId=8f9a575617fa48ec94d2976f23a711f9。

吴红梅：《包容性增长背景下我国基本养老保险整合研究——基于整体性治理的分析框架》，博士学位论文，华中师范大学，2012年。

吴建中：《再议图书馆发展的十个热门话题》，《中国图书馆学报》2017年第4期。

吴理财：《把治理引入公共文化服务》，《探索与争鸣》2012年第6期。

吴理财：《公共文化服务的运作逻辑及后果》，《江淮论坛》2011年第4期。

吴理财：《以财政标准化投入推进农村公共文化服务均等化发展》，《行政管理改革》2019年第5期。

向勇、喻文益：《公共文化服务绩效评估的模型研究与政策建议》，《现代经济探讨》2008年第1期。

项兆伦：《完善农村公共文化服务体系》，《光明日报》2015年8月15日第7版。

肖崇好：《人际交往心理学》，东北师范大学出版社2017年版。

肖静华等：《缺乏IT认知情境下企业如何作IT规划——通过嵌入式行动研究实现战略匹配的过程和方法》，《管理世界》2013年第6期。

肖希明、曾粤亮：《公共数字文化资源整合与服务中的信息交流机制创新》，《图书馆论坛》2015年第6期。

肖希明、曾粤亮：《新公共服务理论与公共数字文化服务资源整合》，《图书馆建设》2015年第8期。

肖希明、李硕：《信息集群理论和公共数字文化资源整合》，《图书馆》2015年第1期。

肖希明、唐义：《信息生态理论与公共数字文化资源整合》，《图书馆建设》2014年第3期。

肖希明、完颜邓邓：《基于本体的公共数字文化资源整合语义互操作研究》，《国家图书馆学刊》2015年第3期。

肖希明、完颜邓邓：《治理理论与公共数字文化服务的社会参与》，《图书馆论坛》2016年第7期。

肖永英、何兰满：《国外日常生活信息查询行为研究进展（2001—2010）》，《图书情报工作》2012年第5期。

谢迪、吴春梅：《农村公共服务效率：机理与效应》，《南京农业大学学报》（社会科学版）2015年第6期。

新华社：《中共中央国务院〈关于实施乡村振兴战略的意见〉》，http：//www.moa.gov.cn/xw/zwdt/201802/t20180205_6136402.htm。

新华社：《中共中央办公厅国务院办公厅印发〈数字乡村发展战略纲要〉》，http：//www.gov.cn/zhengce/2019-05/16/content_5392269.htm。

新华社：《中华人民共和国公共文化服务保障法》，http：//www.gov.cn/xinwen/2016-12/26/content_5152772.htm。

新华网：《研究加强公共文化服务体系建设》，http：//news.xinhuanet.com/politics/2007-06/16/content_6250508.htm。

新华网：《中办、国办印发〈关于加快构建现代公共文化服务体系的意见〉》，http：//news.xinhuanet.com/2015-5-01/14/c_1113996696.htm。

新华网：《中华人民共和国公共图书馆法》，http：//news.xinhuanet.com/2017-11/04/c_1121906584.htm。

熊春林、赵阳：《文化信息资源共享工程农民满意度调查研究——以湖南宁乡为例》，《图书馆》2016年第8期。

熊巍等：《微信移动社交用户心流体验对用户粘性的影响研究》，《新闻界》2015年第7期。

熊文靓、王素芳：《公共文化服务的公众获得感测度与提升研究——以辽宁为例》，《图书馆论坛》2020年第2期。

徐双敏、宋元武：《当前农村公共文化服务供需契合状况实证研究》，《学习与实践》2015年第5期。

徐望：《营造农村文化消费氛围》，《中国国情国力》2020年第4期。

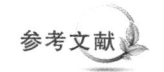

徐孝娟等：《S—O—R 理论视角下的社交网站用户流失行为实证研究》，《情报杂志》2017 年第 7 期。

徐艳：《基于信息素养视角的碎片化阅读行为实证研究——以图书馆微信平台为例》，《情报科学》2017 年第 3 期。

徐颖等：《虚拟社区 CSR 共创中顾客契合对知识共享行为的影响研究》，《情报科学》2019 年第 4 期。

闫慧、林欢：《中国公共数字文化政策的评估研究——以公共电子阅览室建设计划为样本》，《图书情报工作》2014 年第 11 期。

闫慧、刘济群：《农村数字化贫困群体的 ICT 接受行为研究——中国六省市田野调查报告》，《中国图书馆学报》2016 年第 3 期。

闫慧、闫希敏：《农民数字化贫困自我归因分析及启示——来自皖甘津的田野调查》，《中国图书馆学报》2014 年第 5 期。

闫慧：《农民数字化贫困的结构性成因分析》，《中国图书馆学报》2017 年第 2 期。

杨嘉骆：《精准视域下我国贫困地区公共图书馆服务质量实证研究》，《图书馆工作与研究》2019 年第 11 期。

杨建林、陆阳琪：《基于认知视角的社会化信息搜寻影响因素分析》，《情报理论与实践》2017 年第 5 期。

杨金龙等：《移动学习采纳动因及其组态效应》，《图书馆论坛》2020 年第 2 期。

杨静：《PPP 模式在县域公共文化设施供给中的应用研究》，硕士学位论文，西华师范大学，2019 年。

杨娟、刘澍：《论公共图书馆治理模式的立法预设——基于内源发展的远眺》，《图书馆论坛》2017 年第 6 期。

杨扬等：《信息增能与技术赋权：数字时代农家书屋的发展趋势及创新思路》，《图书馆学研究》2020 年第 9 期。

杨永生：《信息素养内涵工具观的评价》，《现代情报》2006 年第 6 期。

于良芝：《保障中国农村社区 ICT 接入的自上而下路径——社群信息学的机遇》，《中国图书馆学报》2013 年第 5 期。

余波等：《贫困地区公共图书馆数字化建设策略研究》，《图书馆》2018年第6期。

张大尧、高文华：《构建公共数字文化服务体系　保障人民群众基本文化权益》，《图书馆建设》2012年第4期。

张贵兰等：《农户信息渠道选择及其影响因素的探索性研究——以河北省南宫市大寺王村村民为例》，《现代情报》2016年第5期。

张海等：《基于S—O—R理论的移动政务APP用户使用意愿影响因素研究》，《情报科学》2019年第6期。

张海游：《信息行为研究的理论演进》，《情报资料工作》2012年第5期。

张开云等：《地方政府公共服务供给能力：影响因素与实现路径》，《中国行政管理》2010年第1期。

张明、杜运周：《组织与管理研究中QCA方法的应用：定位、策略和方向》，《管理学报》2019年第9期。

张树臣等：《大数据环境下公共数字文化服务云平台构建研究》，《情报科学》2021年第4期。

张帅：《大学生健康信息规避的潜在成因探究——基于压力应对理论》，《图书馆学研究》2020年第14期。

张晓娟、田馨滦：《移动社交媒体用户隐私悖论现象的产生路径研究——基于fsQCA的实证分析》，《情报理论与实践》2020年第11期。

张新明等：《以人为本的信息生态系统构建研究》，《情报理论与实践》2007年第4期。

张照龙、方堃：《趋于整体性治理的公共文化服务数字协同研究——以文化共享工程为考察对象》，《电子政务》2012年第7期。

张哲：《论我国公共文化服务体系的完善》，硕士学位论文，吉林大学，2008年。

张志胜：《农村公共文化服务的农民自主供给》，《科学社会主义》2016年第5期。

赵璟、党兴华：《新公共服务治理模式对中国城市群协调发展的现实意义及其应用》,《经济体制改革》2008年第3期。

赵俊玲、周旭:《信息行为研究中信息场理论发展评析》,《情报科学》2015年第4期。

赵文等:《二元社会网络与海归企业创新绩效——基于模糊集的定性比较分析》,《华东经济管理》2017年第6期。

郑德俊等:《移动阅读服务平台的用户流失因素分析——以"微信读书"平台为例》,《情报理论与实践》2019年第8期。

郑建明、王锰:《数字文化治理的内涵、特征与功能》,《图书馆论坛》2015年第10期。

郑燃、戴艳清:《公共数字文化服务营销体系构建》,《图书馆论坛》, http://kns.cnki.net/kcms/detail/44.1306.G2.20201024.1045.002.html。

郑雯、黄荣贵:《"媒介逻辑"如何影响中国的抗争?——基于40个拆迁案例的模糊集定性比较分析》,《国际新闻界》2016年第4期。

中国共产党第十六届中央委员会第五次全体会议:《中共中央关于制定国民经济和社会发展第十一个五年规划的建议》, http://www.gmw.cn/01gmrb/2005-10/19/content_319036.htm。

中国互联网信息中心:《中国农村互联网发展调查报告》, http://www.cnnic.net.cn。

中国人大网:《中华人民共和国公共文化服务保障法》, http://www.npc.gov.cn/npc/xinwen/2016-12/25/content_2004880.htm。

中国人大杂志:《构建公共文化服务体系提高公共文化服务效能》, http://www.npc.gov.cn/npc/zgrdzz/2017-05/04/content_2021275.htm。

中国网信网:《第47次〈中国互联网络发展状况统计报告〉发布》, http://www.gov.cn:8080/xinwen/2021-02/03/content_5584518.htm。

中国文化传媒网:《国家数字图书馆推广工程》, http://www.ccdy.cn/zhuanti2011/17dawhjs/content/2011-10/16/content_999018.

htm。

钟丽萍:《循证实践与行动研究的融合:当代图书情报学研究新范式》,《情报理论与实践》2009年第10期。

周超:《天津市公共文化服务信息化体系的现状及发展对策》,《电子商务》2011年第10期。

周耀林、吴化:《大数据时代的信息文化研究——从信息、技术和人的角度解析》,《现代情报》2019年第8期。

朱红灿等:《基于SOR框架的政府数据开放平台用户持续使用意愿研究》,《现代情报》2018年第5期。

朱红根等:《农民工择业政策需求优先序及其影响因素分析——基于江西等10省市的调查数据》,《农业经济与管理》2014年第2期。

朱雅彬:《高校移动图书馆App用户流失实证研究》,《图书馆学研究》2020年第10期。

Bagozzi R. P., "Evaluating Structural Equation Models with Unobservable Variables and Measurement Error: A Comment", *Journal of Marketing Research*, Vol. 18, No. 3, 1981.

Bandura A., *Social Foundations of Thought and Action: A Social Cognitive Theory*, Englewood Cliffs: Prentice Hall Inc., 1986, pp. 169–171.

Belk R. W., "Situational Variables and Consumer Behavior", *Journal of Consumer Research*, Vol. 2, No. 3, 1975.

Bentler P. M., "Comparative Fit Indexes in Structural Models", *Psychological Bulletin*, Vol. 107, No. 2, 1990.

Bhattacherjee A., "Understanding Information Systems Continuance: An Expectation-confirmation Model", *MIS Quarterly*, Vol. 25, No. 3, 2001.

Board A., "Framework for Information Literacy for Higher Education", https://pdfs.semanticscholar.org/967f/9b3d36189883c7681802cabdd5febbb9dfcf.pdf.

Brown A. et al. , "Local Music Policies within a Global Music Industry: Cultural Quarters in Manchester and Sheffield", *Geoforum*, Vol. 31, No. 4, 2000.

Camarero C. and Garrido M. J. , "Fostering Innovation in Cultural Contexts: Market Orientation, Service Orientation, and Innovations in Museums", *Journal of Service Research*, Vol. 15, No. 1, 2012.

Carter L. et al. , "The Role of Security and Trust in the Adoption of Online Tax Filing", *Transforming Government People*, Vol. 5, No. 4, 2011.

Chea S. and Luo M. M. , "E-Service Customer Retention: The Roles of Negative Affectivity and Perceived Switching Costs", Paper Delivered to 11th Americas Conference on Information Systems, Sponsored by AMCIS, Omaha, Nebraska, USA, August 11-14, 2005.

Chiang H. S. and Hsiao K. L. , "YouTube Stickiness: The Needs, Personal, and Environmental Perspective", *Internet Research*, Vol. 25, No. 1, 2015.

Counts S. and Fisher K. E. , "Mobile Social Net Working as Information Ground: A Case Study", *Library and Information Science Research*, Vol. 32, No. 2, 2010.

Crilly D. et al. , "Faking It or Muddling Through? Understanding Decoupling in Response to Stakeholder Pressures", *Academy of Management Journal*, Vol. 55, No. 6, 2012.

Davis F. D. , "Perceived Usefulness Perceived Ease of Use, and Acceptance of Information Technology", *MIS Quarterly*, Vol. 13, No. 3, 1989.

Delone W. H. and Mclean E. R. , "The DeLone and Mc Lean Model of Information Systems Success: A Ten-year Update", *Journal of Management Information Systems*, Vol. 19, No. 4, 2003.

Denhardt R. B. and Denhardt J. V. , "The New Public Service: Putting Democracy First", *National Civic Review*, Vol. 90, No. 4, 2001.

Dold C. J. and Chapman R. A., "Hearing A Voice: Results of A Participatory Action Research Study", *Journal of Child & Family Studies*, Vol. 21, No. 3, 2012.

Eshghi A. et al., "Determinants of Customer Churn Behavior: the Case of the Local Telephone Service", *Marketing Management Journal*, Vol. 16, No. 2, 2006.

Everitt A., *The Governance of Culture: Approaches to Integrated Cultural Planning and Policies*, Cultural Policies Research and Development Unit, Belgium: Council of Europe Publishing, 1999, p. 18.

Ferreira P. et al., "Effect of Friends' Churn on Consumer Behavior in Mobile Networks", *Journal of Management Information Systems*, Vol. 36, No. 2, 2019.

Fiddler J., "Walking the Talk: Connecting Remote Indigenous Communities Globally", http://knet.ca/documents/Jesse-Fiddler-Prato-Italy-Paper.doc.

Fisher K. E. et al., "Social Spaces, Casual Interactions, Meaningful Exchanges: 'Information Ground' Characteristics Based on the College Student Experience", *Information Research*, http://informationr.net/ir/12-2/paper291.html.

Fiss P. C., "Building Better Causal Theories: A Fuzzy Set Approach to Typologies in Organization Research", *Academy of Management Journal*, Vol. 54, No. 2, 2011.

Folkman S. and Lazarus R. S., "If It Changes It Must Be a Process: Study of Emotion and Coping During Three Stages of a College Examination", *Journal of Personality & Social Psychology*, Vol. 48, No. 1, 1985.

Frank A. M. and Christoph M., "Mobile Web Usability Evaluation – Combining the Modified Think Aloud Method with the Testing of Emotional, Cognitive and Conative Aspects of the Usage of a Web Application", Paper Delivered to International Conference on Computer and Information Science, sponsored by IEEE Computer Society, Washington D. C., 2010.

Fuertes M. C. M. et al., "The Moderating Effects of Information Overload and Academic Procrastination on the Information Avoidance Behavior among Filipino Undergraduate Thesis Writers", *Journal of Librarianship and Information Science*, Vol. 52, No. 3, 2020.

Gray P. H. and Durcikova A., "The Role of Knowledge Repositories in Technical Support Environments: Speed Versus Learning in User Performance", *Journal of Management Information Systems*, Vol. 22, No. 3, 2005.

Gu B. et al., "Competition among Virtual Communities and User Valuation: the Case of Investing – related Communities", *Information Systems Research*, Vol. 18, No. 1, 2007.

Guttman D., "Public Purpose and Private Service: The Twentieth Century Culture of Contracting out and the Evolving Law of Diffused Sovereignty", *Administrative Law Review*, Vol. 52, No. 3, 2000.

Hargittai E., "The Digital Reproduction of Inequality", in Grusky D B. *Social Stratification: Class, Race, and Gender in Sociological Perspective*. Philadelphia: Westview Press, 2008, pp. 936–944.

Heather N., "Tips From the Trenches: Marketing in A Small Public Library", *Feliciter*, Vol. 60, No. 4, 2014.

Jeong H., "An Investigation of User Perceptions and Behavioral Intentions Towards the E – library Library", *Collections Acquisitions & Technical Services*, Vol. 35, No. 2, 2011.

Johnson T. G., "Entrepreneurship and Development Finance: Keys to Rural Revitalization: Discussion", *American Journal of Agricultural Economics*, Vol. 71, No. 5, 1989.

Keaveney S. M. and Parthasarathy M., "Customer Switching Behavior in Online Services: An Exploratory Study of the Role of Selected Attitudinal, Behavioral and Demographic Factors", *Journal of the Academy of Marketing Science*, Vol. 29, No. 4, 2001.

Kim B., "Understanding Antecedents of Continuance Intention in Social - networking Services", *Cyberpsychology Behavior & Social Networking*, Vol. 14, No. 4, 2011.

Kim M. K. et al., "The Effects of Customer Satisfaction and Switching Barrier on Customer Loyalty in Korean Mobile Telecommunication Services", *Telecommunications Policy*, Vol. 28, No. 2, 2004.

Leaning M., "An Approach to Digital Literacy through the Integration of Media and Information Literacy", *Communication*, Vol. 7, No. 2, 2019.

Lee M. C., "Understanding the Behavioural Intention to Play Online Games", *Online Information Review*, Vol. 33, No. 5, 2013.

Lewin K., "Action Research and Minority Problem", *Journal of Social Issues*, Vol. 2, No. 4, 1947.

Marsh H. W. et al., "Goodness - of - fit Indexes in Confirmatory Factor Analysis: The Effect of Sample Size", *Psychological Bulletin*, Vol. 103, No. 3, 1988.

McDonald R. P. and Ho M. H. R., "Principles and Practice in Reporting Structural Equation Analyses", *Psychological Methods*, Vol. 7, No. 1, 2002.

Mclaughlin K., "Infectious Disease, Scandal Clouds China's Global Vaccine Ambitions", *Science*, Vol. 352, No. 6285, 2016.

Mehra B. et al., "Scenarios of Technology Use to Promote Community Engagement: Overcoming Marginalization and Bridging Digital Divides in the Southern and Central Appalachian Rural Libraries", *Information Processing & Management*, Vol. 57, No. 3, 2019.

Mehrabian A. and Russell J. A., *An Approach to Environmental Psychology*, Cambridge, MA: MIT Press, 1974, pp. 65 - 77.

Meyers E. M. et al., "Making Sense of an Information World: The Everyday Life Information Behavior of Preteens", *The Library Quarterly*, Vol. 79, 2009.

Morris C. D. and Stilwell C., "Getting the Write Message Right: Review of Guidelines for Producing Readable Print Agricultural Information Materials", *South African Journal of Libraries and Information Science*, Vol. 69, No. 1, 2003.

Mossberger K. et al., *Virtual Inequality: Beyond the Digital Divide*, Washington D. C.: Georgetown University Press, 2003, pp. 1 – 14.

Mullins K., "Good Idea: Instructional Design Model for Integrating Information Literacy", *The Journal of Academic Librarianship*, Vol. 40, No. 3, 2014.

Musgrave R. A., "The Theory of Public Finance: A Study in Public Economy", *Journal of Political Economy*, Vol. 99, No. 1, 1959.

Nogare C. D. and Galizzi M. M., "The Political Economy of Cultural Spending: Evidence From Italian Cities", *Journal of Cultural Economic*, Vol. 35, No. 3, 2011.

Oklara N. et al., "Information Literacy and Digital Nativity as Determinants of Online Information Search Strategies", *Computers in Human Behavior*, Vol. 70, 2017.

Omeluzor S. U. et al., "An Assessment of Rural Libraries and Information Services for Rural Development: A Study of Delta State, Nigeria", *Electronic Library*, Vol. 35, No. 3, 2017.

Penny Carpenter, "Utilizing Technologies to Promote Education and Well – being", http://knet.ca/documents/KO – KNET – APR – Vol6 – Chapter8.pdf.

Pfeffer J. and Salancik G. R., "The External Control of Organizations: A Resource Dependence Perspective", *Social Science Electronic Publishing*, Vol. 23, No. 2, 2003.

Ragaigne A., "Functions of the Evaluation of Public Services by Users' Satisfaction, between Discipline and Learning", *Comptabilite Control Audit*, Vol. 17, No. 2, 2011.

Ragin C. C., *Redisigning Social Inquiry: Fuzzy Sets and Beyond*, Chicago: University of Chicago Press, 2008, pp. 71 – 75.

Roma M. H. and Patricia D. , *Barriers to Information*: *How Formal Help Systems Fail Battered Women*, Westport, CT: Greenwood, 1994, pp. 20 – 27.

Salo M. and Makkonen M. , "Why Do Users Switch Mobile Applications? Trialing Behavior as a Predecessor of Switching Behavior", *Communications of the Association for Information Systems*, Vol. 42, No. 1, 2018.

Samsuddin S. F. et al. , "Youth Development In Rural Library: ICT Gratification as Mediating Effect", *Information Science & Library Science*, Vol. 23, No. 2, 2018.

Samuelson P. A. , "The Pure Theory of Public Expenditure", *The Review of Economics and Statistics*, Vol. 36, No. 4, 1954.

Saunders C. et al. , "The Impact of Mental Repre – sentations on ICT – related Overload in the Use of Mobile Phones", *Journal of Management Information Systems*, Vol. 34, No. 3, 2017.

Savolainen R. , "Everyday Life Information Seeking: Approach Information Seeking in the Context of 'way of life'", *Library & Information Science Research*, Vol. 17, No. 3, 1995.

Seddon P. and Kiew M. Y. , "A Partial Test and Development of Delone and Mclean's Model of IS Success", *Ajis Australasian Journal of Information Systems*, Vol. 4, No. 1, 1996.

Shen Y. C. et al. , "Virtual Community Loyalty: An Interpersonal – interaction Perspective", *International Journal of Electronic Commerce*, Vol. 15, No. 1, 2010.

Stoker G. , "Public Value Management: A New Narrative for Networked Governance", *American Review of Public Administration*, Vol. 36, No. 1, 2005.

Sweeny K. et al. , "Information Avoidance: Who, What, When, and Why", *Review of General Psychology*, Vol. 14, No. 4, 2010.

Sweller J. , "Cognitive Load During Problem Solving: Effects on Learning", *Cognitive Science*, Vol. 12, No. 2, 1988.

Tim Whiteduck, "First Nations School Net and the Migration of Broadband and Community – based ICT Applications", http://knet.ca/documents/White duck – FNS – APR – Vol6 – Chapter7. pdf.

Van Dijk J. A. G. M., "Digital Divide Research, Achievements and Shortcomings", *Poetics*, Vol. 34, No. 4/5, 2006.

Vargo S. L. and Lusch R. F., "Evolving to A New Dominant Logic for Marketing", *Journal of Marketing*, Vol. 68, No. 1, 2004.

Venkatesh V. and Davis F. D., "A Theoretical Extension of the Technology Acceptance Model: Four Longitudinal Fields Studies", *Management Science*, Vol. 46, No. 2, 2000.

Venkatesh V. et al., "User Acceptance of Information Technology: Toward a Unified View", *MIS Quarterly*, Vol. 27, No. 3, 2003.

Warschauer M., *Technology and Social Inclusion: Rethinking the Digital Divide*, Cambridge, MA: MIT Press, 2003, pp. 210 – 213.

Whyte W. F. E., *Participatory Action Research*, New York: Sage Publications, 1991, pp. 19 – 55.

Williamson K. and Asia T., "Information Behavior of People Information Age: Implications for the Conceptualization of Information Literacy", *Library & Information Science Research*, Vol. 31, No. 2, 2009.

Williamson K. and Roberts J., "Developing and Sustaining A Sense of Place: The Role of Social Information", *Library & Information Science Research*, Vol. 32, No. 4, 2010.

Woodworth R. S., "Dynamic Psychology", *The Pedagogical Seminary and Journal of Genetic Psychology*, Vol. 33, No. 1, 1926.

WorldCat Discovery, "Single Search of All Library Collections", https://www.oclc.org/zh – Hans/worldcat – discovery.html.

Xu J. D. et al., "The Nature and Consequences of Trade – off Transparency in the Context of Recommendation Agents", *MIS Quarterly*, Vol. 38, No. 2, 2014.

Xu J. et al., "The Nature and Consequences of Trade – off Transparency in the Context of Recommendation Agents", *MIS Quarterly*, Vol. 38, No. 2, 2014.

Yadamsuren B., "Incidental Exposure to Online News Ineveryday Life Information Seeking Context: Mixed Method Study", *Proceedings of the American Society for Information Science and Technology*, Vol. 46, No. 1, 2009.

Yoo C. B. and Donthu N., "Developing and Validating A Multidimensinal Consumer – based Brand Equity Scale", *Journal of Business Research*, Vol. 52, No. 1, 2001.

Zeithaml V. A., "Consumer Perceptions of Price, Quality, and Value: A Means – End Model and Synthesis of Evidence", *Journal of Marketing*, Vol. 52, No. 3, 1988.

Zhang H. et al., "What Motivates Customers to Participate in Social Commerce? The Impact of Technological Environments and Virtual Customer Experiences", *Information & Management*, Vol. 51, No. 8, 2014.

Zhang K. Z. K. et al., "Understanding the Role of Gender in Bloggers' Switching Behavior", *Decision Support Systems*, Vol. 47, No. 4, 2009.

Zimmer A. and Toepler S., "The Subsidized Muse: Government and the Arts In Western Europe and the United States", *Journal of Cultural Economics*, Vol. 23, No. (1 – 2), 1999.

Zurkowski P. G., "The Information Service Environment Relationships and Priorities", https://eric.ed.gov/?id = ED100391.